JN207490

文化財が語る
日本の歴史

社会・文化編

會田康範
下山　忍　｜編
島村圭一

はじめに
―身近な文化財が歴史を自分事にする―

　私が大学や高校の教育現場で授業するようになり、かれこれ 30 年以上が過ぎた。この間、学生・生徒を取り巻く社会は大きく様変わりしてきた感が強い。それはおかれている学習環境のみならず、身近にある物理的あるいは精神的な面にもあらわれているといえるだろう。

　たとえば、私が教員になりはじめた頃、巷では多くの高校生らがポケットベル（通称ポケベル）を手にし、428 を渋谷と読むような、数字を組み合わせて暗号のように作り出されたそれ特有の語呂合わせを駆使して友人、知人らとの通信、情報交換していたことが思い出される。しかし、2024 年の現在、ポケベルの存在を知る学生・生徒はほとんどなく、たとえ知っていたとしても実際に使った経験があるのではなく、年長者からの話で聞いた、博物館や資料館などでみた、といった類いのものである。

　2022 年 11 月から翌年 1 月にかけ、東京国立博物館創立 150 年記念事業として東博初の公募による展覧会「150 年後の国宝展―ワタシの宝物、ミライの宝物」が開催された。国内外の名品に多くの観覧者を集める展覧会のイメージとは異なるユニークなもので、その点で秀逸の展覧会という印象を私に強く抱かせ記憶に残るものとなった。ずらりと並んだ近過去のモノたち、それらは「150 年後にも残したいモノ、残さないといけないモノ、多くの人々が共感するストーリー・エピソードがあるモノ」という選考基準が示す通り、出展した一人ひとりの思いが詰まったモノたちである。ポケットベルもそのひとつとなり得るものだろうが，当事者の中でそれらはみな「将来の国宝」に値するという宝物で、この展覧会の発想は本書でも意図している未指定・未登録の文化財すなわち「未文化財」という概念と通底するものであろう。

　ところで、教壇で私は主に日本史を中心に教えているが、先行き不透明な現代において、若者の中には将来に希望をもてず、かといって魅力的な過去に憧憬をもつ者も少ないように感じる。つまり、現在のみが唯一無二の絶対的な存在で、過去や未来は関係なし、と決め込んでいる風にもみえるのは私の錯覚だろうか。

　こう感じているのが私だけなのかどうかは措くとして、歴史を教える者と

して大学生や高校生が歴史に自分事として正対し、過去と現在、さらには未来とのつながりを可視化し体感してもらう手立てとして身近な文化財は有効であると痛感している。そこで私は毎年、大学生にも高校生にも身近な文化財を紹介するというレポートを課している。もちろんそれは、何も国宝や重要文化財を取り上げてほしい、というものではない。むしろそれらとは対極にあるかもしれないが（あるいは視点を変えれば「同列」ともいえる）身近になにげなく佇んでいるモノをじっくり観察し、そこから歴史を感じてもらい、人びとの手によって育まれてきた文化財を大切にする気持になってもらうことを意図している。昨年度に提出されたレポートの中には文化財として指定も登録もされていない自分の住む街を取り上げた学生・生徒があり、過去の地域住民から受け継がれてきた身近な生活空間を大切に思い、それを誇りに思うという感想に接することができた。こうした活動を通して教科書に書かれている「大文字の歴史」とは異なる「小文字の歴史」、つまり一人ひとりの生活に根ざした自分事としての歴史の存在に気づき、歴史的思考というものもそこからはじまるのだろうと考えている。

*

　本書は、これに先行して出版した『文化財が語る日本の歴史』（雄山閣、2022年）と『文化財が語る日本の歴史―政治・経済編』（雄山閣、2024年）に続くものである。1冊目を企画した際、その続編や続々編を世に問うことになるなど全く考えていなかった。しかし、刊行後、その趣旨を踏まえれば無数にあるともいえる文化財にもっともっと日本の歴史を語ってもらおうという版元と編者の意向が合致し、政治・経済を主な切り口とした2冊目、社会・文化を切り口とした3冊目の刊行という運びになったのである。

　私は、1冊目の「はじめに」の中で、文化財の損壊の事例をあげて以下のことを述べている。「このような行為に及ぶ背景には、過ぎ去った過去の痕跡を目に見えるかたちで伝えてくれる文化財を保護するという意識が欠けている現状があることは否定できず、啓蒙活動の必要性を感じずにはおれない。人間生活の足跡を脈々と伝えてくれるモノは、それが国指定の文化財だろうが未指定のモノであろうが、私たち人類の共有財産として保護すべき対象なのであり、こうした考えを若いうちから身に付けていく必要が痛感され」ると。また、同書の序章「歴史を語る文化財」の「1. 本書のねらい―今なぜ

文化財が歴史を語るのか—」でも「現在、日本の学校教育では、修学旅行や校外学習等で国内外各地の見学先で文化財に接する機会も多い。その際、時には文化財を損壊するという残念なことが起こっている事実も聞かれるが、そのようなことが起こることを未然に防止するためにも文化財保護思想を学習する機会を学校教育現場の実践課題として位置づける必要があることを強く思う。(中略) 文化財を主語にし、文化財が歴史を語るという仕立てで、初等・中等教育段階の学校教育のみならず、大学生や市民にまで射程を伸ばし、文化財を保護する意義の重要性を説き、その意識の涵養を図ろうとするものである。(中略) このようなかたちでこの問題に向き合うことは、微力ながらこれからの文化財保護と伝承の主体的な担い手を育て、またその意義を理解した直接的および間接的な支援者の育成に一定の役割を果たすものになると確信している」と。

　本書は、前作、前々作の長所も短所も引き取ってより完成度の高いシリーズを目指すことになったが、その結果は覚束ないというのが正直な気持ちである。だが、ぜひ、多くの読者の方々に手に取っていただき、文化財を大切にしたい、そこから日本の歴史を感じたい、という気持ちだけでも伝えることができ、さらに後発のものへとバトンを受け渡していければと願うものである。

2024 年 7 月 28 日

国立能楽堂で教え子の舞台を鑑賞した夜に

會 田 康 範

●文化財が語る 日本の歴史　社会・文化編●目次

はじめに　會田康範 2

＊ 複数の時代にわたって論述したテーマについては、便宜的に主な時代の章に振り分けた。
＊ 未文化財として、指定登録されていないものも前著『文化財が語る 日本の歴史』・『文化財が語る 日本の歴史　政治・経済編』と同様に扱うことにしている。その意図することは、「はじめに」に記した通りである。

第1章　原始・古代・中世

有形文化財 **考古資料**

土器は人々の生活をどう変えたのか

工藤雄一郎

土器から人々の生活文化をよみとく！

1　土器とは

（1）土器とはなにか？

　先史・古代の土器には、縄文土器、弥生土器、続縄文土器、擦文土器、土師器、須恵器などがある。これらの土器とは、「粘土をこねて焼いて作った器」で、器面や器壁に小さな孔や隙間がある多孔質の器である。

　似たような用語に土製品というものがある。これは、粘土をこねて焼いた焼き物の総称であるが、器以外のものを指示する用語として使用されることが多い。土製品には、縄文時代の土偶や土製耳飾り、古墳時代の埴輪などがある。

　土器は、陶器や磁器とも区別される。陶器は粘土をこねて整形し、焼成して製作するのは同じであるが、表面をガラス質の釉薬で覆っているものを指す。磁器は石粉を主な材料として製作され、器面や器壁の芯もガラス化しているものを指す。陶器と磁器をあわせて陶磁器と呼ぶことも多い。

　日本で最古の陶器は奈良時代〜平安時代の緑釉陶器や灰釉陶器だが、素焼きの土器は中世以降も使い続けられている。遺跡を発掘して出土する埋蔵文化財の圧倒的多数を占めるのは、これらの土器のかけら（土器片）である。

　土器は字が示すとおり、容器、すなわち“うつわ”であることから、古来より人々の生活に密着した道具の一つであった。日本列島最古の土器は、青森県大平山元Ⅰ遺跡の無文土器や長崎県福井洞窟の隆起線文土器の最新の年代測定の成果に基づけば、約 16,000 年前頃まで遡る（工藤 2023）。縄文時代の始まりは、土器の出現によって定義されている。煮炊き用の土器を使うよう

になったことの歴史的意義を重要視して評価しているためだ（小林1981）。それ以降、土器はいつの時代にも大量に作られ、そして壊れた土器が生活空間のすぐ近くに廃棄されてきたのである。

（2）土器片は遺跡を発見するための重要な資料

　考古学の調査の基本的な作業に、「分布調査」というものがある。これは、畑などを歩いて、地表に露出している考古遺物がないかを探したり、古墳や土塁、塚や濠などの遺存地形を確認したりすることにより、その場所が遺跡であるかどうかを把握し、遺跡地図を作成する作業のことである。こうして把握された遺跡は、「埋蔵文化財包蔵地」として扱われて遺跡地図に登録され、文化財保護法により、保護・保存の対象となる。

　文化庁は、1960年度から3年間かけて全国的な埋蔵文化財包蔵地の分布調査を実施して、『全国遺跡地図』を作成した。その後も埋蔵文化財包蔵地の調査が度々行われ、現在では46万件を超える遺跡が埋蔵文化財包蔵地として登録されている（奈良文化財研究所編2016）。

　こうした「分布調査」で発見される最初の遺物のほとんどは、縄文土器や弥生土器、土師器、須恵器、かわらけなどの、様々な時代の土器片である。地表に分布する遺物は、畑の耕作などで露出したもので二次的な移動の場合もあるが、散布している土器がどのような時期の土器片なのかがわかれば、地中にはどのような遺跡が残されているのかがある程度判別できる。土器片は、新たな遺跡の発見においても重要な役割を果たしているのだ。

　ところで、畑に落ちていた土器片を子供の頃に拾ったことが、考古学を志

図1　畑に落ちていた縄文土器（千葉県佐倉市の遺跡。2020年11月、筆者撮影）

すきっかけとなった考古学者もかつては多かった。土器片を拾って観察することは、考古学という学問に足を踏み入れる最初の一歩でもあったのだ（最近は、そのような経験を経て考古学専攻に来る学生は少なくなってしまったと聞く）。私の大学のゼミでも、畑に土器片が散らばっている状態にある遺跡を見学に行くことがある（図1）。考古学に関心があっても、遺跡そのものには馴染みがない学生にとっては、数百から数千年前の過去の人々によって使用された土器のかけらが、畑のあちらこちらに普通に転がっている光景（場合によっては耕作の邪魔になるから土器片が畑の隅に山積みになっていることもある……）は、衝撃的でもあるようだ。

（3）土器から読み取れる様々な情報

　それほど大量に遺跡に残される土器片なのであるが、いつの時代の人々にとっても、土器は生活に密着した道具であり、身近なものであっただけでなく、材料となる粘土はどこでも比較的入手しやすいことも、遺跡から土器が大量に出土する要因であろう。また、粘土をこねて整形して焼成する、という製作プロセスは器形に対する自由度が高く、製作者の意図に応じて多様な形や装飾を作り出すことができる。時期や地域によって土器は異なる特徴を示し、変化のスピードも速い。

　こうした諸特徴は、考古学的な時空間の整理において極めて重要であり、土器が考古学の編年（型式学的編年）の基礎となっている最大の理由でもある。土器は考古学においては、編年（時間）と文化的な広がり（空間）を整理するための最も重要な素材なのである。

　型式学とは、対象となる遺物の材質や機能、デザイン、製作技法などの観点から分類し、まとめることでそれらに秩序を与える方法である（山本ほか2022）。土器は、考古学における型式学的研究の最も重要な素材となっている。

　人類が作り出した人工物に見られる一定の共通性に基づいて分類された一つの単位を型式と呼ぶ。型式としてまとめられる土器の特徴は、時間と空間の連続性・不連続性を示すものであり、ある時代・地域の文化と社会を議論するうえでの骨格ともなる。日本では、開発にともなう埋蔵文化財の記録保存を目的とした発掘調査が年間約8,000件以上行われており、出土土器の蓄積とその研究の進展は世界的にみても突出している。土器を用いた精緻な編

年（時間と空間の整理）が、縄文時代以降のすべての時代において作り上げられている。

　一方で、土器の器形や装飾は、人々の生活文化をよみとくうえで欠かせない、極めて重要な資料なのである。深鉢、浅鉢、壺形、注口といった形のバリエーションは、土器の用途の違いを示すものであり、器形の種類は、生活スタイルとも密接に関係する（ただし、器形と用途は必ずしも1対1の関係にあるものではなく、複数の用途に対応することは普通にある）。また、器面には機能性とは異なり精神性が色濃く反映される"文様"や"装飾"が付加されるが、これらの装飾は、精神文化をよみとく重要な鍵となる。

2　土器の歴史的背景

（1）土器の出現とその歴史的意義

　日本列島の先史時代は、旧石器時代、縄文時代、弥生時代、古墳時代と区分されている。これは、「特徴的で、重要で、普遍化していく考古資料の出現をもって画期とする」という時代区分の基本的な考え方（近藤1986）に基づく。縄文時代の始まりは、土器や弓矢、定住的集落（複数の竪穴住居）、貝塚など、いくつかの考古学的要素の出現が重要視されてきたが、中でも「土器の出現」を最も重視し、その出現をもって縄文時代の始まりと定義することが一般的である。

　世界的には、土器が発明された場所は東アジア、西アジア、南米などにあり、なかでも東アジアの土器は最も古い。現在、世界最古の土器は約20,000～18,000年前と推定される資料が中国南部で出土しているが、日本列島も世界的に見て非常に古く、前述のとおり約16,000年前まで遡る。東アジアの土器は、火にかけて煮炊きをするための道具として発明された。現在、最古の年代を示す土器は、青森県大平山元I遺跡の無文土器、長崎県泉福寺洞窟、福井洞窟の豆粒文土器や隆起線文土器である（工藤2023）。

　時代区分の画期としての土器の出現について、その歴史的意義を定義したのが小林達雄（1981）である。小林は、土器使用の効果とは、食物の煮炊きによってもたらされた効果であると指摘し、利用される食料の種類が増えたこと、とくに植物質の食料資源の開発が進んだことによる食料事情の安定化

を重視した。そして、土器の出現こそが縄文時代開幕の原点として最も重要だと定義した。

　日本列島最古段階の土器が煮炊きの道具であったことは間違いないが、縄文時代草創期（約16,000〜11,000年前）は、土器の出土量が縄文時代早期以降と比べて圧倒的に少ない。このため、土器の出現を時代区分の画期とはせず、縄文時代草創期を旧石器時代と縄文時代の移行期として、縄文時代の始まりは土器の出土量が増大し、貝塚遺跡や定住的な集落遺跡が増える、縄文時代早期（約11,000〜7,000年前）からとする意見も提示されている（谷口2002）。

（2）土器の器形

　なお、縄文時代草創期から早期までの土器はほとんどが深鉢と呼ばれる器形で（丸底、平底、尖底などの違いはある）、内外面に炭化物が付着しているものも多数みられる。これは土器の主な用途が、煮炊き用の深鍋であったことを示している。

　浅鉢や液体を注ぐ片口のような土器など、器形に多様性が生まれるのは縄文時代前期以降であるが、土器の組成的には圧倒的に深鉢が多かった。縄文時代後期（約4,400〜3,400年前）には注口土器が登場する。東北地方の縄文時代晩期（約3,300年前〜）の亀ヶ岡文化の土器には皿形土器、壺形土器なども含め、多様な器種の土器がある（図2）。縄文時代晩期の壺形土器は小型のものがほとんどであり、水や液体を貯蔵するような容器ではなかった。

　なお、縄文土器には、土製の蓋がほとんどない。縄文時代後期・晩期に一部の地域で土製の蓋が出土するのみである。これは、縄文土器ではトロミ鍋調理が多かったため、煮炊き中の頻繁なかき回しが必要とされ、食材を煮炊きの

図2　青森県亀ヶ岡遺跡出土土器
（国立歴史民俗博物館所蔵）
縄文時代晩期の亀ヶ岡文化には、深鉢形、浅鉢形、皿形、壺形、注口形など、様々な形の土器がある。

途中で投入するなど、内容物へのアクセス度が高かったことが、蓋がないことの要因として推定されている（小林 2017）。

　縄文土器には壺形がほとんどないことは前述したとおりだが、一転して弥生時代には壺形土器が多くなり、甕と壺がほぼ同量の割合で出土するようになる。高坏や器台など、縄文時代には無かった器種が見られるのも弥生土器の特徴である。弥生時代になると、煮炊き用の甕（深鍋）、液体の運搬や貯蔵用の壺、食膳具としての高坏や鉢などのように、土器の機能的な分化が明確になってきたといえる（小林ほか 2017）。高坏は弥生時代において一貫して主要な器種となったが、弥生時代の水田稲作の定着にともなって米飯用の食器として普及したと考えられる。

　なお、土器には特定の生産活動に特化したものもある。例えば縄文時代後期後葉から晩期中葉にかけて、茨城県の霞ヶ浦周辺では土器製塩が行われていたことが、「製塩土器」の出土によって明らかになっている（阿部 2014）。製塩に用いられた土器は深鉢形であるが厚さ 3〜5mm と極めて薄く、底部は著しく小型であることから、熱効率を重視した煮沸用の器としての特徴がみられる。

（3）先史・古代における土器製作の技術的革新

　約 16,000 年前に登場した縄文土器は、粘土をこねて焼いた素焼きの土器であった。弥生時代の弥生土器、古墳時代の土師器も、基本的には縄文土器の系譜にある。

図 3　大阪府陶邑窯跡群出土品
（堺市文化財課／大阪府教育委員会提供）

　先史・古代における土器製作技術の革新は、古墳時代中期に登場した須恵器であった。朝鮮半島から工人が招かれ、轆轤（ろくろ）を使用した整形技法と窖窯（あながま）による焼成技法を特徴としており、1,000℃ 以上で燃焼し、最後に酸素の供給を抑えて窯内を還元焔焼成（かんげんえんしょうせい）状態にすることで、須恵器特有

の青灰色な焼き物となる。硬質で保水性に優れた須恵器は、ヤマト王権の本拠地である大阪府の陶邑窯跡群(すえむら)を中心に生産されるとともに、各地へと製品や技術が供給された。6世紀末には須恵器生産が日本全国へと広がるとともに、須恵器は日常の器として次第に浸透していった。

　須恵器には、坏類・皿類、椀類などの小型の食膳具・供膳具や、壺・甕・瓶などの多様な形態の中型貯蔵具、大型貯蔵具があり、土師器とともに日常の器や葬祭供献具として古墳時代中期から平安時代にかけて使用された(図3)。とくに、須恵器生産の初期から、容量100ℓを超えるような大型の須恵器甕がさかんに生産されており、特大容器の生産が須恵器の生産において重要な意味をもっていたことがうかがえる。これらの大甕は、酒造りや祭祀に関係した大型の容器であった。

3　土器をよみとく

(1) 付着した炭化物から土器をよみとく

　考古学においては、土器の器形や文様、装飾などの特徴から、これまで様々な研究が行われてきた。一方、いわゆる土器の付着物や残留物から土器をよみとく研究も行われている。土器の残渣分析(residue analysis)と呼ばれる方法である。

　煮炊きに使用された土器には、器面に黒色の付着物が残存している場合がある。これは主に土器で何らかの内容物を煮炊きした際に、内容物が炭化してこびりついたり、燃料材のススが吹きこぼれなどと混ざってこびりついたりしたものである。1990年代以降、縄文土器や弥生土器に付着したこのような土器付着炭化物の自然科学的な分析が行われるようになった。主には、土器の使用年代を明らかにする放射性炭素年代測定に活用されるようになった。

　低湿地遺跡では、まれにユリ科の鱗茎類(りんけいるい)などの煮炊きした植物がほぼそのままの形で炭化した状態で遺存していることもあるが、土器付着炭化物のほとんどは、もとの内容物の形状を留めていない、微量な炭化物として器面にスス状やカサブタ状に付着している。また、多くても数十mg、少ないと数mgしか残っていないが、1990年代には加速器質量分析法(AMS法)によって微量な試料で高精度な放射性炭素年代測定が可能となったことから、近年、

付着炭化物を用いた土器の年代研究がさかんに行われている。土器付着炭化物は、まさに土器が使用されたときに残されたものであり、考古学的な編年、すなわち土器型式に明確な数値年代を与える極めて重要な試料となる。筆者らが作成した「遺跡発掘調査報告書年代測定データベース」（工藤ほか2018）には、日本全国の遺跡発掘調査報告書に掲載された放射性炭素測定例が4万4,425件登録されているが（2022年3月現在）、そのうち土器付着炭化物の分析例は5,567件あり、考古学における年代学的研究に大いに役立てられている。

　一方、土器の内面付着炭化物の炭素・窒素安定同位体分析や残留脂質分析などにより、煮炊きの内容物を明らかにする研究にも用いられるようになった。

　例えば、筆者らは東京都新宿区の百人町三丁目西遺跡から出土した縄文時代草創期の隆起線文土器に付着した炭化物の分析を行っている（工藤ほか

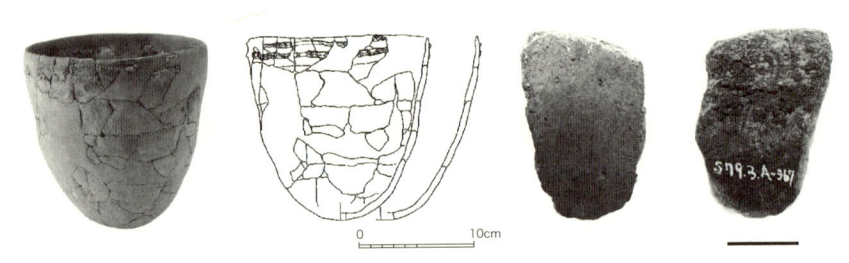

図4　新宿区百人町三丁目西遺跡出土の隆起線文土器（左）と付着炭化物（右）
右の土器片のスケールは1cm。内面に黒色の炭化物が付着している（写真右端）。
（工藤ほか2021@JAQUA をグレースケール化、土器は新宿歴史博物館所蔵）

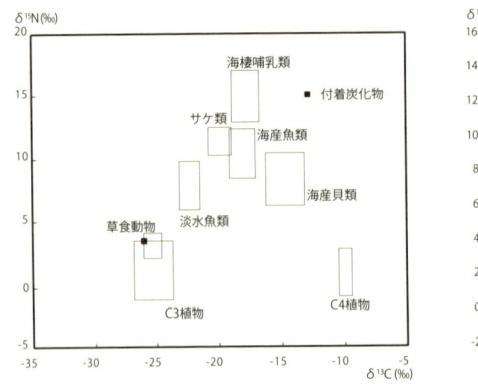
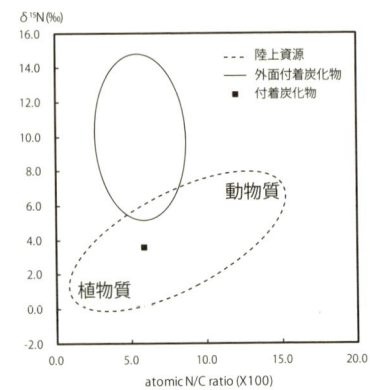

図5　新宿区百人町三丁目西遺跡出土の隆起線文土器付着炭化物の
炭素・窒素安定同位体分析の結果（工藤ほか2021@JAQUA）

2021)。百人町三丁目西遺跡は1994〜1995年に発掘調査が行われ、出土した隆起線文土器は東京都でも最古段階の土器として、新宿区指定文化財に登録された。この土器の復元の際に、接合しなかった小さな土器片が収蔵庫に眠っていたのであるが、分析技術の進歩により微量な付着炭化物の科学分析が可能となったことにより、再び注目を集めることとなったのである。炭化物が付着していた土器片は、この隆起線文土器の一部で3cmにも満たない小さな破片であり、内面に付着していた炭化物はわずか6mgであった。筆者らはこの土器付着炭化物の年代測定を行い、これが約15,200年前の土器であることを明らかにした。また、炭素・窒素安定同位体分析により、煮炊きの内容物が陸上の動植物起源であることを示した（図4・5）。

　土器の内面付着炭化物の炭素・窒素安定同位体分析では、煮炊きの内容物の具体的な種類までは特定することができず、植物（一般的なC_3植物か、雑穀などが含まれるC_4植物か）、陸上動物、海産物、海棲哺乳類などの、大まかなグループのどれに近いのかまでしかわからない。しかしながら、海産物が含まれているか否かがある程度わかるため、土器を用いた水産資源の調理・加工の起源の問題の解明において注目されている。

　例えば、北海道帯広市の大正3遺跡から出土した爪形文土器は北海道で最古段階の約14,000年前の土器であるが、この付着炭化物の炭素・窒素安定同位体分析が行われたところ、サケなどの遡上性の魚などを煮炊きした土器である可能性が高いことが指摘されている（Kunikita *et al.*, 2013、國木田2020）（図6）。ガスクロマトグラフ質量分析法（GC-MS）による土器の残留脂質分析

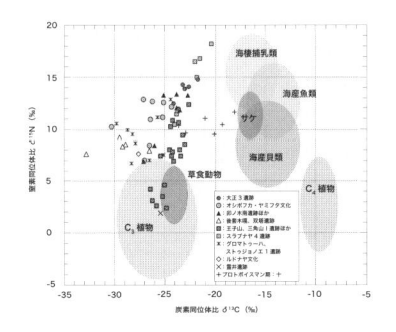

図6　北海道大正3遺跡の爪形文土器付着炭化物の炭素・窒素安定同位体分析（國木田2020）と、土器使用の復元イラスト（イラストは石井礼子画，国立歴史民俗博物館所蔵）

でも、福井県鳥浜貝塚や大正3遺跡出土の縄文時代草創期の土器で海産物などの水産資源を煮炊きした可能性が高いデータが示されている（Craig *et al.,* 2013、庄田・クレイグ2017）。

　日本考古学では、日本列島で最古の土器の出現をもって、旧石器時代と縄文時代を区分するのが一般的である。また、土器出現の歴史的意義については、煮炊き用の土器の登場によってもたらされた効果を重視し、煮炊きによって利用可能となる食料の種類の種類が増え、とくに植物質食料の開発が進んだことによる食料事情の安定化が重視されてきた（小林1981）ことは前述したとおりである。しかしながら、縄文時代草創期の土器付着炭化物の分析からは、海産物を含む水産資源が食料として積極的に利用されていたこと、また土器の利用がそれと関係していたことが明らかになってきている（工藤2015）。土器付着炭化物を用いた煮炊きの内容物の研究はまだまだ事例が少ないが、今後、「土器をよみとく」重要な方法として活用されていくだろう。

（2）土器の凹み（圧痕）に隠された情報をよみとく

　土器の器面には、故意もしくは偶然に付けられた様々な物体の痕跡が陰像として残っている場合がある。土器の胎土は極めて細かなものであり、そこに痕跡として残されている物体の表面上の情報がかなり詳細に転写されている。これを土器の「圧痕」と呼ぶが、粘土や石膏、モデリング、低融点合金などによって痕跡の陽像を復原して分析を行う方法がある。

　このような土器の圧痕の研究は、坪井正五郎（1893）が土器底部に痕跡として残る編物痕を石膏で型取りし、編組技法の研究に用いており、明治時代から行われている方法であるが、稲作の起源との関わりから、稲籾や米の圧痕に

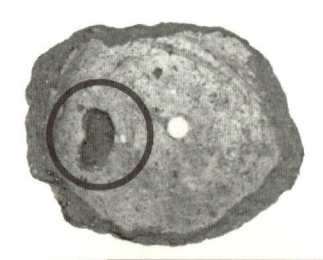
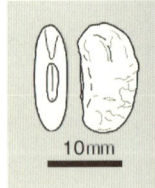
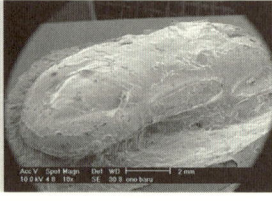

図7　レプリカ・セム法によって土器圧痕から検出された縄文ダイズの例（熊本県大野原遺跡、縄文時代後期、小畑2014より）

対する研究法の一つとして、古くから注目を集めてきた（山内1925など）。

　とくに、1991年に丑野毅が開発したレプリカ・セム法（丑野・田川1991）の導入が契機となって、土器の圧痕研究が活発化するとともに、2000年代になって新たな分析法の確立により研究が飛躍的に進展した。丑野らが開発した方法は、歯科用のシリコンゴムを用いて圧痕のレプリカを採取し、そのレプリカを電子顕微鏡（SEM）で詳細に観察するという手法である。シリコンゴムは印象材として極めて優れており、数ミクロン単位までの分解能を有している。SEMを用いることでレプリカの表面を詳細に観察することができる。また、圧痕という穴のみをみても、その穴をつくった原体が何だったのかを確認することは難しいが、レプリカによって元のかたちを立体復元することで、圧痕を残した原体がそこにあるかのように詳細に観察できることは極めて大きな利点である（丑野・田川1991）。

　その後、1990年代後半から2000年代はじめ頃にかけて、遺跡から出土する土器片の悉皆調査が行われるようになり、縄文時代における栽培植物の種実やコクゾウムシの圧痕などが多数検出されるようになった（中沢・丑野1998、山崎2005）。さらに、縄文時代においてダイズやアズキが栽培されていた可能性が提示されるようになったのも、縄文土器の圧痕から大型のダイズやアズキの種子が検出されるようになったことによる成果である（小畑ほか2007、保坂ほか2008）（図7）。

　縄文時代の栽培植物の探究は、微小な炭化種実を回収するフローテーション法や、低湿地遺跡から出土する未炭化の種実遺体による研究からも行われてきた。しかしながら、微小な種実は異なる時期のものが混入している場合もあり、過去には縄文時代中期や後期に栽培イネの存在が主張されるなど、誤った解釈に結びついてしまうケースもあった。土器圧痕を栽培植物の探究に用いる最大の利点は、土器という確実に時期がわかる資料から抽出した植物圧痕を用いることで、汚染や混入という問題を排除できた点である（小畑

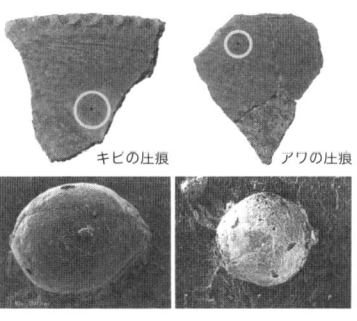

キビの圧痕　　　　アワの圧痕

図8　弥生時代前期のアワとキビの
土器圧痕の例（神奈川県中屋敷遺跡、
佐々木由香氏・小泉玲子氏提供）

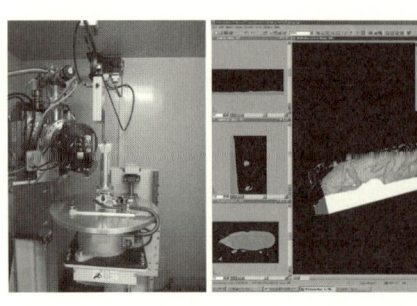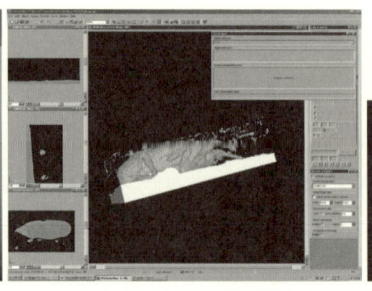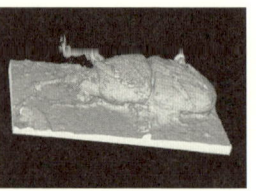

図9　X線CTを用いた土器の内部圧痕の分析例（小畑弘己氏提供）
左：CT撮影の様子。中央に土器片がセットされている。
中・右：検出された内部圧痕。コクゾウムシの四肢まで明瞭に復元されている。

2015a)。

　また、アワ、ヒエ、キビのような大きさ1mm程度の微小な穀物種子が土器
圧痕でも多数検出されるようになってきた（図8）。これにより、イネ科穀物
の利用開始時期についてもかなり状況がわかってきた。北部九州では、弥生
時代早期の稲作の伝来とともにアワ・キビが伝わっているのに対して、東海
地方や中部地方、関東地方などではイネの定着がやや遅れ、アワ・キビ栽培
がイネよりも先行して広がっていったことなども、土器の圧痕研究の蓄積に
よって明らかになってきている（中沢2019）。イネ科穀物の受容と定着には、
日本列島全体でみるとかなり時間差があるようだ（佐々木2023）。

　土器の内部の圧痕についての研究も進んできている。小畑弘己らは、縄文
時代前期の土器に、エゴマ種子が大量に混入された土器が存在することを明
らかにした。土器表面には多数の小さな穴が見られるが、こうした土器片を
X線CTで詳細に観察すると、土器の内部にも空壁が確認され、やはりエゴ
マが器壁内部にも多数混入されていたことがわかった。青森県の三内丸山遺
跡では、土器片の内部からコクゾウムシの圧痕が発見された例などもある
（図9）（小畑2015b）。縄文人が明確な意図をもって、植物の種実を土器の胎土
に練り込んでいる事例は確認例が増えてきており、エゴマのほかにダイズや
アズキ、ミズキなどの例もある。こうした事例は、食生活の復元のみならず、
当時の人々の精神性をよみとく重要な素材にもなるだろう。

4 視点をひろげる―多様な分析方法の活用―

　土器は考古学の研究において、最も多く出土し、活用されている文化財である。その分析の視点には、器形、装飾、文様といった形態的特徴だけでなく、胎土や混和剤も研究の対象となる。また、土器の内外面に付着した炭化物や、器壁内に吸着した脂質も分析の新たな研究の対象となっている。さらには、土器表面に見られる穴ぼこ（圧痕）、土器内部の空壁まで研究の対象が広がっている。

　考古遺物はモノ資料であるが、観察者の視点の違いによって、見えてくる情報、抽出できる情報の種類や質、量は大きく異なってくる。多角的な視点で観察することがいかに重要であるかが、土器の研究ひとつとってみても明らかである。一方で、新たな分析手法や分析機器の開発が、研究上の大きなブレイクスルーになることも多い。固定した分析手法にとらわれず、常に周辺の研究分野の動向にも目を配っておくと、新たな研究へのヒントがみつかるかもしれない。このような視点を常に持ち続けておくのが良いだろう。

●参考文献

阿部芳郎　2014「関東地方における製塩土器の出現過程」『駿台史学』150、pp.1-28

丑野　毅・田川裕美　1991「レプリカ法による土器圧痕の観察」『考古学と自然科学』24―2、pp.13-36

小畑弘己　2015a『タネをまく縄文人―最新科学が覆す農耕の起源―』吉川弘文館

小畑弘己　2015b「エゴマを混入した土器―軟X線による潜在圧痕の検出と同定―」『日本考古学』40、pp.33-52

小畑弘己・佐々木由香・仙波靖子　2007「土器圧痕からみた縄文時代後・晩期における九川のダイズ栽培」『植生史研究』15、pp.97-104

小林達雄　1981「総論」『縄文文化の研究3　縄文土器Ⅰ』雄山閣、pp.3-15

小林正史　2017「鍋の形・作りの変化」『モノと技術の古代史　陶芸編』吉川弘文館、pp.9-55

小林正史・北野博司・宇野隆夫　2017「食器―鉢・浅鉢・皿・坏と高坏―」『モノと技術の古代史　陶芸編』吉川弘文館、pp.59-95

工藤雄一郎　2015「土器の出現とその意義」『季刊考古学』132、pp.34-37、雄山閣

工藤雄一郎・坂本　稔・箱崎真隆　2018「遺跡発掘調査報告書放射性炭素年代測定データベース作成の取り組み」『国立歴史民俗博物館研究報告』212、pp.251-266

工藤雄一郎・米田　穣・大森貴之　2021「百人町三丁目西遺跡出土隆起線文土器付着炭化物の年代と同位体分析」『第四紀研究』60―4、pp.75-85

工藤雄一郎　2023「環境変動と縄文時代のはじまり」『何が歴史を動かしたのか　第1巻　自然史と旧石器・縄文考古学』雄山閣、pp.157-168

國木田　大　2020「北東アジアにおける土器の出現年代と食性分析」『物質文化』100、pp.5-19

近藤義郎　1986「総論―変化・画期・時代区分―」『岩波講座　日本考古学6』岩波書店

佐々木由香　2023「植物資源利用―縄文時代晩期終末の特質―」『季刊考古学』別冊40、pp.111-114

庄田慎矢・オリヴァー＝クレイグ　2017「土器残留脂質分析の成果と日本考古学への応用可能性」『日本考古学』43、pp.79-89

谷口康浩　2002「縄文早期の始まる頃」『異貌』20、pp.2-36

坪井正五郎　1893「西ヶ原貝塚探究調査報告其四」『東京人類學會雑誌』9―93、pp.109-119

中沢道彦・丑野　毅　1998「レプリカ法による縄文時代晩期土器の籾状圧痕の観察」『縄文時代』9、pp.1-28

中沢道彦　2019「レプリカ法による縄文土器圧痕分析からみた弥生開始期の大陸系穀物」『考古学ジャーナル』729、pp.14-19

奈良文化財研究所編　2016『定本　発掘調査のてびき―各種遺跡調査編―』同成社

保坂康夫・野代幸和・長沢宏昌・中山誠二　2008「山梨県酒呑場迿跡の縄文時代中期の栽培ダイズ Glycine Max」『山梨県埋蔵文化財センター研究紀要』24、pp.23-34

山崎純男　2005「西日本縄文農耕論―種子圧痕と縄文農耕の概要」『西日本縄文文化の特徴』関西縄文文化研究会・中四国縄文研究会・九州縄文研究会、pp.59-68

山内清男　1925「石器時代にも稲あり」『人類学雑誌』40―5

山本孝文・青木　敬・城倉正祥・寺前直人・浜田晋介　2022『考古学概論―初学者のための基礎理論―』ミネルヴァ書房

Craig, O.E., Saul, H., Lucquin, A., Nishida, Y., Taché, K., Clarke, L., Thompson, A., Altoft, D.T., Uchiyama, J., Ajimoto, M., Gibbs, K., Isaksson, S., Heron, C.P. and Jordan, P. 2013 "Earliest evidence for the use of pottery" *Nature* 496 (7445), pp.351-354

Kunikita, D., Shevkomud, I., Yoshida, K. Onuki, S., Yamahara, T. and Matsuzaki, H. 2013 "Dating Charred Remains on Pottery and Analyzing Food Habits in the Early Neolithic Period in Northeast Asia" *Radiocarbon* 55, pp.1334-1340

阿弥陀仏は人々からどう信仰されたのか

島村圭一

阿弥陀如来像の来歴から浄土信仰の広がりがわかる！

1 阿弥陀如来像とは

（1）阿弥陀如来

　寺院などで「○○如来」という仏像を眼にすることがあるが、「如来」とは「修行を完成した者」のことであり、厳しい修行を積んで悟りを開いた者で、仏の称号のなかで最高のものである。如来は本来、仏教を開いた釈迦（ガウタマ・シッダールタ）のみで、釈迦如来が唯一の仏像であったが、大乗仏教の思想から、釈迦がこの世に現れる以前の過去仏や、釈迦入滅後の遠い未来に現れる弥勒などの未来仏も生み出された。

　如来の姿は、釈迦が苦行を経て悟りを開いたときの姿であり、基本的には人間と変わらないが、人間を超越した尊い存在であるため、三十二相八十二種好といわれる32の優れた特徴（相）と、相をより細かくした82の特徴（種好）がある。如来は、1枚の袈裟（衲衣とも呼ばれる）を身にまとい、装飾品は身につけておらず、質素な姿をしている。これは、出家するときにすべてを捨てた釈迦の姿に由来している。

　阿弥陀如来は、浄土教の中心をなし、阿弥陀仏とも呼ばれ、略して弥陀ともいう。浄土教は、仏の住む浄土に往生して悟りを得ることを進める教えで、日本では平安時代に天台宗の円仁・源信らが教学と実践の基礎を築き、後述する末法思想の広まりによって、広く信仰されるようになった。阿弥陀は音訳語で、サンスクリット語の「アミターユス」（無量寿＝永遠の命）と「アミターバ」（無量光＝永遠の光）の両方を音写したものである。阿弥陀仏は、時間的に無量の寿命があり、空間的に制限のない救済活動をする仏ということを意

味している。中国では、「無量寿」という意訳語もよく用いられ、無量寿如来とも呼ばれている。

　阿弥陀如来について説いている大乗経典は多いが、日本の浄土教で尊重されてきたのは、法然が「浄土三部経」と名づけた漢訳の『無量寿経』『阿弥陀経』『観無量寿経』である。浄土三部経の語り手はいずれも釈迦で、釈迦が弟子たちに阿弥陀如来の存在と極楽浄土について紹介するという形式をとっている。釈迦は、極楽浄土の素晴らしさを説明し、そこでは容易に仏になれることを説いている。

　浄土三部経のうち、分量がもっとも多く、浄土思想の基盤となっているのが『無量寿経』である。『無量寿経』では、釈迦は法蔵菩薩が阿弥陀仏になった経緯を説いている。世自在王仏という仏の説法を聞いたある王が、悟りを得ようと志し、国も地位も捨てて出家し法蔵と名乗って、衆生救済のために本願（四十八願）を立てた。長い間修行を重ね、今より十劫（「劫」は仏語で極めて長い時間のこと）というはるか以前に、その本願を完成して仏と成り、阿弥陀仏と呼ばれた。この仏は西方十万億仏土を過ぎた安楽（極楽）浄土において現に説法しており、衆生は念仏などの実践法によって、この浄土へ往生することができると説いている。法蔵菩薩が阿弥陀仏になる前に立てた四十八の本願のうち、十八願がとくに重要とされ「王本願」と呼ばれる。十八願には、浄土に生まれたいと願って念仏するすべてのものを救うことが誓われ、これが阿弥陀信仰の中心となっている。

　阿弥陀信仰はインド、中央アジア、チベットや中国に広く流布し、日本には7世紀の初めごろに伝えられた。奈良・平安・鎌倉時代を通じて、次第に広まり、数多くの阿弥陀如来像が造立され、阿弥陀堂が建立された（真鍋編2004、大角訳・解説2019、岩田2023）。

（2）阿弥陀如来像

　日本における阿弥陀如来像の古い作例として、8世紀初頭の作とみられる法隆寺（奈良県斑鳩町）の阿弥陀如来及両脇侍像（伝橘夫人念持仏）（国宝）や840年（承和7）頃のものと伝えられる広隆寺（京都市）の阿弥陀如来像（国宝）などがあるが、阿弥陀如来像は、平安時代後半期の末法思想の広がりにより、盛んに制作されるようになった。現世で幸福が望めず、せめて来世では極楽

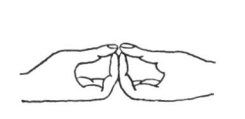   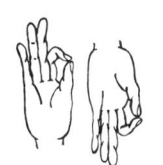

阿弥陀定印	説法印	転法輪印	来迎印

図1　阿弥陀如来の主な印相（『日本石仏事典』雄山閣、1975 を改変）

　浄土に行きたいという祈りを込めて、平安貴族たちは阿弥陀像を造立した。

　多くの阿弥陀像は、阿弥陀定印・説法印（転法輪印）・来迎印のいずれかの印相を結んでいる（図1）。来迎印を結ぶのは、極楽から往生者を迎えにくるときの姿とされ、阿弥陀像に固有の印相である。

　二十五菩薩とともに死者のもとに来迎する阿弥陀の姿は、阿弥陀聖生来迎図として描かれるが、これを造像するのは容易ではない。それでも、平安時代後期には、阿弥陀如来の左右に二十五菩薩を配して、阿弥陀如来が二十五菩薩を率いて来迎する姿を表現した像がつくられていた。即成院（京都市）には、平安時代に制作された木像阿弥陀如来及び二十五菩薩像（重文）（二十五菩薩像のうち15体は江戸時代の補作）が伝えられている。

　阿弥陀如来像は三尊像とされることが多い。阿弥陀如来を中心にして、向かって右に観音菩薩、左に勢至菩薩を配している。中尊を坐像もしくは立像として両脇侍を左右対称の姿につくったものが古い形式である。中尊を坐像とした古い例としては、仁和寺（京都市）の阿弥陀三尊像（国宝）などがある。また立像としては、飛鳥時代の作と伝えられている善光寺（長野市）の阿弥陀三尊像（秘仏）を模したという一光三尊形式のものが、鎌倉時代に多くつくられた。観音が蓮台をもち、勢至が合掌した形式の阿弥陀三尊像は来迎のかたちを示すもので、平安時代後期からつくられるようになった。

　『観無量寿経』では、往生のありようは、生前の功徳の度合いなどから9段階あると説いている。上品・中品・下品のそれぞれが、さらに上生・中生・下生に分かれて9つの浄土が存在するということである。これら9つの浄土のどれかに往生することを九品往生と呼び、印相も9種が定められている。9つの浄土のうち、どこかに往生したいという切実な願いから、9体の阿弥陀像を祀る堂宇が建立されるようになった。11世紀後半から12世紀末にかけて、藤原道長による法成寺をはじめとして多くの阿弥陀堂と九体阿弥陀

如来像が造立されたが、平安時代の阿弥陀堂と九体阿弥陀如来像が揃って現存するのは浄瑠璃寺（京都市）のみである（いずれも国宝）。九体阿弥陀は九品往生になぞらえて9通りの印相で作られることもあるが、これが定まるのは鎌倉時代以降とされ、平安時代の九体阿弥陀には明確な区分がなされておらず、9体揃って並ぶことが重視されたようである。浄瑠璃寺の九体阿弥陀来迎印を結ぶ中尊の左右に、定印を結ぶ脇仏が4体ずつ並んでいる（増田2023）。

　一風変わった阿弥陀像としては、長い時間瞑想していたため、髪が長く伸びたさまをあらわした巨大な頭部をもつ、東大寺勧進所阿弥陀堂（奈良市）の五劫思惟阿弥陀如来坐像（重文）や、斜め後ろを振り返る立ち姿で「みかえり阿弥陀」として知られる浄林寺（永観堂）（京都市）の阿弥陀如来立像（重文）、などがある（真鍋編2004、江里2021、村松2022）。

2　阿弥陀如来像の歴史的背景

（1）末法思想と浄土教

　前述のように、阿弥陀如来像は、末法思想の広がる平安時代後期に盛んに制作されるようになった。末法思想とは、釈迦の入滅（仏滅）後、仏教は正法・像法・末法と経過して衰退するという思想である。正法・像法・末法の考え方は三時説と呼ばれ、正法は、仏滅後1,000年間で、仏の教え（教）と修行（行）と悟り（証）が具わっている時代、像法は、次の1,000年で、教えと修行はあるが悟りがなくなり、末法は、その後10,000年、教えのみがあり、修行も悟りもなくなるという。正法・像法の長さについては、経論により異なり、それぞれ1,000年というもののほか、1,000年・500年、500年・1,000年、500年・500年などの諸説がある。釈迦入滅をいつとするかということにも諸説があるが、中国では穆王の53年（前949年）とする考えが広く受け入れられた。正法・像法を1,000年・500年とすると552年に末法に入り、ともに1,000年とすると1052年に末法に入ることになる。

　日本でもっとも早く末法について記されたのは、景戒の『日本霊異記』（『日本国現報善悪霊異記』、平安時代初期の成立）である。正法500年・像法1,000年説をとり、仏滅から787年（延暦6）までを1722年と計算して「末法に入れり」としている。そして、その時代を「善を修める者は石の峰に咲く花のように

希で、悪をなすものは土の山に生える草のように多い」と嘆いている。

　1052年（永承7）に末法が到来するという考えは、おもに天台宗で受け入れられた。805年に唐から帰国し、天台宗の開祖となった最澄は、同時代が「像末」（像法の末）にあるという意識をもち、時代に相応しい仏教を説こうとした。最澄の危機意識は、天台宗の後継者たちに引き継がれ、天台浄土教として展開されたが、浄土教や阿弥陀如来に対する信仰は、平安時代中期の源信（恵心僧都）の登場により、広がることとなった。

　源信は大和国に生まれ、比叡山で得度し、天台教学を学んだ。学僧として活躍したが、貴族化した比叡山のあり方から距離を置き、隠棲して浄土の修行を続け、『往生要集』を著した。『往生要集』は、博識な源信が浄土思想を体系的にまとめた著作であるが、序は「それ往生極楽の教行は、濁世末代の目足なり」から始まっており、末法が訪れようとしているという時代認識があらわれている。このような時代認識が、不安を感じる人々の心をとらえることとなった。

　この時代は、都でも疫病が流行し、治安が悪化するなど平穏ではない状況で、1019年（寛仁3）には北九州に刀伊（女真族）が来襲して不安が高まった。また、人々を救うはずの僧侶が、僧兵として乱暴を働くなど、末法が近づいたことによる仏法の衰えを実感させる出来事も起こっていた。

　不安な心は、権力者にも共通していたようで、4人の娘を天皇の后とし、後一条・後朱雀・後冷泉の3代の天皇の外祖父として権勢を振るい、「この世をばわが世とぞ思ふ望月の欠けたることのなしと思へば」という歌を詠んだ藤原道長も例外ではなかった。道長は、身体の不調を訴えて、1019年に出家するとともに、法成寺の造営に着手した。造営を急がせて1022年（治安2）には完成し、三昧堂、阿弥陀堂（無量寿院）、五大堂などが立ち並び、阿弥陀堂の本尊は9体の丈六（釈迦の身長が1丈6尺〈約4.85m〉あったということから仏像を1丈6尺、坐像の場合は半分の8尺につくり、丈六と呼んだ）の阿弥陀如来で、黄昏時になると道長や、大勢の僧侶が集まって念仏を唱え、「浄土はかくこそは」と感じられるほどだったという。法成寺は「御堂」と呼ばれ、道長は「御堂殿」「御堂関白」と呼ばれるようになった（道長は一度も関白になっていない）。また、道長やその一門を祖とする有職故実や作法の流派は「御堂流」と称された。

　道長は、1027年（万寿4）12月に62歳で没したが、平安時代の歴史物語『栄

図2　平等院鳳凰堂（京都府宇治市、国宝）

花物語』巻30の「つるのはやし」には、その様子が描かれている。道長は死に臨んで病気平癒の祈禱・修法を強く拒絶し、日常の邸である土御門殿から法成寺阿弥陀堂に身を移して、念誦の間に屏風を高く立て回して閉じこもった。道長はここで臨終を迎えるが、9体の阿弥陀仏の前に北枕で西向きに伏し、阿弥陀如来の手に結ばれた糸を手に、僧たちの念仏のなかで生涯を閉じた。現世で権力をほしいままにした道長も、一心に極楽往生を願い、阿弥陀如来にすがっていたことを読み取ることができる。

　こうして1052年に末法とされる1年目を迎え、仏の教えだけは残っても、修行も悟りもなくなるという暗黒の時代が始まると認識された。この年の8月、長谷寺の火災の報に触れた藤原資房は、その日記『春記』に「末法の最年、此の事あり。これを恐るべし」と記した。その翌年には、関白藤原頼通の平等院鳳凰堂（京都府宇治市、国宝）が完成するが（図2）、1058年（天喜6）には法成寺が炎上し、一夜で灰燼に帰してしまった。東北では前九年合戦（1051～1062）が起こっており、不安のうちに末法を迎え逃げ場のない状況で、厭世観や無常観が広がり、それまで以上に、阿弥陀仏に救いを求めるようになった（末木1996、中村2013、岩田2023）。

（2）定朝と寄木造

　仏像彫刻をする仏師は、奈良時代には官営の造寺司の造仏所に属して活動していた。10世紀後半になると、都を中心として貴族たちによる私的な寺院建立が盛んになり、造仏の需要が増えて、大規模な造仏に応じられる仏所が形成されるようになった。

　私的な仏所の代表的な存在が仏師康尚の工房で、徒弟制度で弟子を育てながら仏像制作を請け負った。康尚の子で、弟子でもあった定朝は、非凡な才能をもつ優れた仏師で、法成寺の造仏を行い、その功によって僧位の第

三位・法橋に任ぜられている。定朝が僧侶の位が与えられた最初の仏師で、仏師の地位を高めることになった。定朝以後、多くの仏師が生まれ、定朝は仏師の始祖とされている。

　平安時代前期までの木彫仏は、頭と体の主要部分を一つの材から制作する一木造であったが、平安時代中期以降、像の主要部を複数の材から制作する寄木造の技法が発達した。10世紀後半になると、頭と体の主要部分を二つの材で木取りをし、十分に内刳（木彫の内部を刳り抜いて空洞にし、彫像の表面の割れを防ぐ）してから接合する寄木造がはじめられ、11世紀中頃の定朝が活躍した時代に、寄木造の技法が完成したと考えられる。

　1053年に完成した定朝作との確証のある唯一の作品である平等院鳳凰堂の阿弥陀如来坐像（国宝）は、頭体幹部を大きさの等しい4つの材（1尺5寸角の檜材）からつくり、左右の肩以下、腰、脚部などを剝ぎ寄せてつくっている。内刳は彫刻面の起伏に沿って入念に行い、材の厚さを均一にしている。

　寄木造によって、大きな像の制作も容易になり、一木造に比べて材も大幅に節約することができるようになる。また、分業もしやすくなったため、大量の造仏の注文にも応えられるようになる。熟練した高度の技をもつ仏師をかかえる工房が、寄木造の技法を駆使して、多くの阿弥陀如来像を生み出したのである（田中1983、江里2021、村松2022）。

3　西光院阿弥陀三尊像をよみとく

　浄土信仰が広まり、都やその周辺のみならず日本列島各地で、阿弥陀如来像の造立や阿弥陀堂の建立が盛んに行われるようになった。奥州藤原氏の栄華をしのばせる中尊寺金色堂（岩手県平泉町、国宝）、白水阿弥陀堂として知られる願成寺阿弥陀堂（福島県いわき市、国宝）（図3）、富貴寺大堂（大分県豊後高田市、国宝）、臼杵磨崖仏（大分県臼杵市、国宝）（図4）などがとくに有名であるが、平安時代後期の浄土信仰が広まった時期の阿弥陀堂や阿弥陀如来像は全国各地に残されている。

　2023年末現在、国宝に指定されている阿弥陀如来像は12件、重要文化財は345件あり、多くは平安時代の後期から鎌倉時代にかけてのものである。これらの像の来歴や特色から、浄土信仰の地方への広まりなどを探るこ

図3　白水阿弥陀堂
（願成寺阿弥陀堂、福島県いわき市、
国宝。筆者撮影）

図4　臼杵磨崖仏ホキ石仏第二群第一龕
（大分県臼杵市、国宝。臼杵市教育委員会所蔵）

とができるだろう。ここでは、西光院阿弥陀三尊像(図5)をよみといてみたい。

　西光院（図6）は、埼玉県東部の宮代町にある真言宗智山派の寺院で、開山は、奈良時代の高僧で東大寺の大仏建立にも尽くした行基（ぎょうき）と伝えられている。かつては京都醍醐寺三宝院の末寺で、末寺門徒塔頭が27か寺を数えたという。現存する江戸時代の境内絵図にも、その片鱗をみることができる。戦国時代には、岩付太田氏の支配下となり、その祈願所として手厚い保護を受けた。江戸時代になると、幕府から寺領50石の寄進を受けた。歴代将軍の朱印状や、徳川家康から拝領したという葵紋入粟田口焼茶碗（あおいもんいりあわたぐちやきちゃわん）などが寺宝として伝えられている。

　阿弥陀三尊像（木造阿弥陀如来及両脇侍）は、1914年（大正3）に旧国宝に指定され、現在は重要文化財に指定されている。中尊の阿弥陀如来像は、像高91.5cmの坐像、左脇侍の勢至菩薩は像高104.5cmの立像、右脇侍の観音菩薩は像高103.8cmの立像である。材は檜で、割矧（わりはぎ）造りである。中尊の膝裏に「□次四郎□、経世尼経円、経阿弥重□□、所□有円、蔵一信女□俊」、中尊台座連弁裏には「西□□、安元二年□□十四日、□月廿七日了」の墨書銘があり、「安元二年」の銘から1176年に造立されたものであることがわかる。平安時代の紀年銘をもつ仏像として極めて貴重である。平安時代末期、この地においても阿弥陀信仰が盛んであったことがうかがえる。

　阿弥陀如来像は、定朝の作風の影響を受けているが、中央の仏師にはみられない地方仏師特有の鄙びた風情や個性もみられる。平安時代末期の東国における仏像造立の水準を示す作品として高く評価されている。なお、西光院

図5　西光院阿弥陀三尊像
（画像提供：東京国立博物館　Image: TNM Image Archives）

図6　西光院本堂（著者撮影）

から1kmほど離れた地蔵院には、12世紀末の作と推定される阿弥陀如来像（像高45.5cm）もある。破損や後世の修理の跡がみられるものの、定朝様の特色をよく留めている（新井1992、宮代町教育委員会編2002）。

　このような高い水準の阿弥陀三尊像がこの地に祀られたのはなぜか、考えてみよう。阿弥陀三尊像がつくられた平安時代末期の西光院周辺は、鎌倉街道の間道が通る交通の要所で、太田荘と呼ばれる荘園の一部であった。太田

荘は隣接する下河辺荘とともに、八条院領であった。八条院とは、鳥羽天皇の第三皇女暲子内親王のことで、1161年（応保元）に院号宣下されて八条院となり、1211年（建暦元）に没するまで、膨大な荘園を支配した。太田荘は、暲子が院号宣下されて八条院となる頃には成立していたと考えられる。

　仏堂は、荘園に暮らす人々の信仰を集め、荘園支配にとって重要な存在であった。平安時代後半に広まった末法思想は、都から遠く離れた東国にも伝わったと考えられ、荘園領主による支配を通じた交流から、浄土信仰も伝えられたと考えられる。西光院や阿弥陀三尊像と八条院との関係は明らかではなく推測の域をでないが、阿弥陀三尊像の造立に八条院やその周辺の人々が関わっていたとも推察され、阿弥陀堂に祀られた阿弥陀三尊像が、末法を迎えて不安を抱える地域の人々に安寧をもたらしたと考えられる。

4　視点をひろげる─信仰と展示のはざまで─

　西光院阿弥陀三尊像は、第二次世界大戦後まで室町時代の創建と伝えられる阿弥陀堂（図7）に祀られ、地域の人々の崇敬を集めていたが、阿弥陀堂は解体修理中の1952年（昭和27）12月、火災で本堂とともに焼失した（図8）。

図7　焼失する前の西光院阿弥陀堂
（宮代町郷土資料館提供）

東京国立博物館に出品中であった阿弥陀三尊像は難を逃れたものの、帰る場所を失ってしまった。それ以来、現在に至るまで、地元に保管できる施設がないことなどから、東京国立博物館に保管され、展示されている。

　文化財は、可能な限り安全なところに保管されるべきであるが、文化財が生まれ、守り伝えてきた場を大切にしなければならない。本来であれば、その文化財が伝えられた場で、安全に保管すべきであると考える。さらに、文化財は単なる「もの」ではなく、仏像であれば信仰の対象であるので、そのことにも配慮しなければならない。

　西光院には、焼失した阿弥陀堂の蟇股（かえるまた）などの部材が一部残されており（図9）、阿弥陀堂を再建しようという動きはあったものの、実現していない。阿弥陀三尊像が東京国立博物館で展示されると、拝観に行くという檀家もいる

図8　西光院阿弥陀堂の火災を報じる新聞記事（読売新聞 1952 年 12 月 9 日）

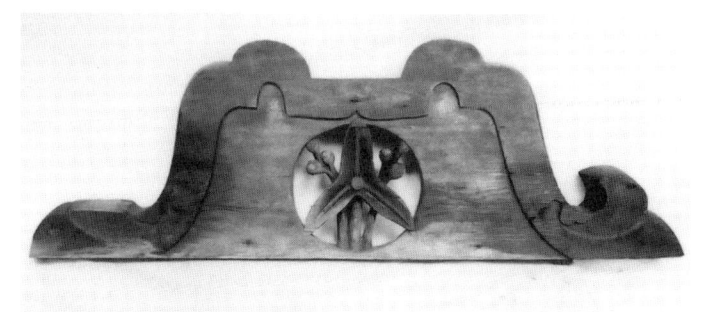

図9　西光院阿弥陀堂の蟇股（宮代町郷土資料館提供）

ようである。1993年（平成5）に宮代町郷土資料館が開館し、一度だけ「里帰り」が実現して、展示されたことがあるが、その際に展示ケースの前で手を合わせる人の姿もみられた。

　近年多発する自然災害で、多くの文化財が失われているが、堂宇などの被災により、行き場を失った仏像なども多い。1995年の阪神・淡路大震災で倒壊した寺院から救出された仏像のうち、帰る場所を失ったままいまだに地域の資料館に保管されているものもある。また、2020年の熊本県などを襲った豪雨で、球磨川が氾濫して、川沿いの多くのお堂も被害に遭い、住民の協力で行き場を失った52点の神仏像が集められたが、戻る場所がなく、2021年末時点で33点が山江村歴史民俗資料館の片隅で保管されているという（村上2023）。

　人類共有の財産でもある文化財を守り、後世に伝えるということを十分に考えて文化財保護に取り組まなければならないことはいうまでもないが、その上で、文化財を生み出し、守り、伝えてきた人々の存在も大切にしなければならない。それぞれの文化財の背景は異なり、答えは一つではないが、文化財をどこで、どのように守り、伝えていくか、真剣に考えることが私たちの使命である。

◉**参考文献**

新井浩文　1992『西光院』さきたま出版会

石井亜矢子　2010『仏像図解新書』小学館新書

岩田文昭　2023『浄土思想』中公新書

江里康慧監修　2015『よくわかる仏像ハンドブック』池田書店

江里康慧　2021『仏師からみた日本仏像史――一刀三礼、仏のかたち―』ミネルヴァ書房

大角　修訳・解説　2019『全文現代語釈　浄土三部経』角川ソフィア文庫

朧谷　寿　2007『藤原道長』ミネルヴァ書房

佐々木英夫　2004『平安時代彫刻の文化史的研究』国書刊行会

末木文美士　1996『日本仏教史―思想史としてのアプローチ―』新潮文庫

田中嗣人　1983『日本古代仏師の研究』吉川弘文館

中野玄三編　1978『日本美術全集7　浄土の美術』学習研究社

中村　元　2013『往生要集を読む』講談社学術文庫

中村　元・紀野一義・早島鏡正訳注　1990『浄土三部経』上・下、岩波文庫

増田政史　2023「九体阿弥陀と極楽往生」『浄瑠璃寺九体阿弥陀修理完成記念　特別展　京都・南山城の仏像』東京国立博物館

真鍋俊照　2004『日本仏像事典』吉川弘文館

宮代町教育委員会編　2002『宮代町史　通史編』宮代町

村上　隆　2023『文化財の未来図―〈ものつくり文化〉をつなぐ』岩波新書

村松哲文　2022『駒澤大学仏教学部教授が語る　仏像鑑賞入門』集英社新書

山中　裕　2023『藤原道長』法蔵館文庫（初出1988）

有形文化財 歴史資料

経典はどのような思いで写経され奉納されたのか

島村圭一

写経から奉納した人々の願いがわかる！

1 経典とは

　経典とは、仏の説いた言葉、またはそれを記した典籍のことで、仏典ともいう。経典を書き写すこと、または、書き写した経典のことを写経という。本来は、経典を広く世に伝えるために行われたが、『法華経』では、写経すると功徳が大きいと述べて写経を勧めており、後には国家の安寧、先祖の冥福、自己の栄達などのための写経が行われるようになった。こうした写経には寺院に必要な経蔵を充たすための蔵経と、願いをかなえるために写経された願経がある。願経にはその巻末に願文を記したものが多く、この願文から写経し、納めた人々の思いを読み取ることができる。

　日本列島への仏教公伝は、538年（『上宮聖徳法王帝説』）あるいは552年（『日本書紀』）といわれ、百済の聖明王から釈迦金銅仏と経論が献じられたという。577年にも百済国王から経論が献じられており（『日本書紀』）、これらの経論がどのようなものかを具体的に知ることはできないが、これらが写されて仏教が広まったと考えてよい。

　『日本書紀』に651年の味経宮（摂津国にあった孝徳天皇の行宮）における僧尼二千余人による一切経読誦、673年の川原寺での一切経書写、694年の『金光明経』百部の諸国への送付などの記述があり、わが国において奈良時代より前から写経が行われていたことがわかる。こうした大量の写経が、仏教の地方への伝播を促したのであろう。

　現存する写経で年次のわかる最古のものは、『金剛陀羅尼経』（河内国志貴評の知識経）（文化庁蔵・国宝）で、巻末の本文と同筆の奥書から、「丙戌」（686年）

図1　大般若波羅蜜多経巻第二百五十
（和銅経。京都国立博物館所蔵、
ColBase（https://colbase.nich.go.jp））

5月に河内国志貴評に住む知識（仏道を説いて人を導き、仏縁を結ばせる人のこと）が七世父母および一切衆生のために書写し、この功徳によって浄土に往生することを願ったものであることがわかる。巻数の多い写経としては712年（和銅5）と728年（神亀5）の長屋王発願による『大般若経』各六百巻がある（それぞれ「和銅経」「神亀経」と呼ばれる）（図1）。「和銅経」は、文武天皇崩御の際に長屋王が天皇の死を悼み、写経生を集めて写経させたものである。その一部が滋賀県の常明寺と太平寺などに伝わっており、国宝に指定されている。「神亀経」は官営の写経所で写されたものである。

　写経所とは、仏典の書写するために設けられた臨時の機構で、その成立は明らかでないが、最古の写経所関係の史料は727年（神亀4）の「写経料紙帳」（「正倉院文書」）であり、翌年の「神亀経」の跋文に書生・校正・装潢の姓名・所属官司（図書寮・散位寮・式部省・陰陽寮）が記されており、この経が写経所で写されたことを伝えている。

　写経所で盛んに写経が行われたのは天平期（729〜749）のことで、光明皇后の皇后宮職が写経所を経営した。唐から帰国した道慈（718年帰国）・玄昉（735年帰国）らがもたらした大量の仏典が写経の原本（本経）として使われた。写経所で写された大部の一切経として、前述の「神亀経」のほか、聖武天皇の「天平六年一切経」・「天平十五年大官一切経」、光明皇后（皇太后）の「天平十二年五月一日経」・「天平十五年五月十一日経」・「天平宝字四年坤宮一切経」、称徳天皇の「景雲経」などがある。この時期には、唐に劣らぬ大量の一切経を所有しようとして多くの写経がつくられた。写経所はその後、造東大寺司に属したが、道鏡が勢力をもった頃から光仁朝末までは、内裏に置かれた。官営の写経所以外に、皇族や貴族、諸大寺も写経所を設けて写経を行った。しかし、国家仏教が仏教の中心であった奈良時代が終わると、官営の写経所も衰退した。

　平安時代以降は、仏法を広めるために大部の一切経を書写するということより、貴族を中心に個人の信仰や心願成就のための写経が多く行われるよう

になった。平安時代後期になると、釈迦が説いた正しい教え（正法）が全く行われなくなる時代（＝末法）が来るという末法が流行した。日本では1052年（永承7）を末法元年としたため、人々が末法の到来を恐れて、浄土信仰や弥勒信仰が広まり、経典を写経して経筒に納めて埋納する経塚も造営されるようになった。また、この時期には、貴族による写経の全盛期で、華麗な装飾経も数多く制作された。

　様々な写経が残されているが、供養のため、故人が生前に書き残した書状などを漉返紙や紙背文書として写経した例もある。清和天皇の后の一人である藤原多美子は、天皇没後に天皇からの書状を漉き返して『法華経』を写経したという（『日本三代実録』864年〈貞観6〉正月27日条）。書状の紙背に写経した例としては、妙蓮寺（京都市）所蔵の「伏見天皇宸翰法華経」（重文）がある。これは、伏見天皇が、父である後深草天皇の供養のため、後深草天皇から送られた書状の裏面に『法華経』を写したものである。

　写経はこのように、信仰や供養など様々な願いを込めて行われてきた。現代では、信仰や供養のためだけでなく、書を学ぶためなど様々な目的での写経も行わるようになっている。

2　経典の歴史的背景

　日本では6世紀の仏教公伝以来、様々な形で経典が写されきたが、ここでは、経塚における埋経と装飾経の歴史的背景について考えたい。

（1）経塚

　経塚とは、塚を築いて経典を埋納したところである。経塚の造営は、仏教の作善（仏縁を結ぶために、造寺・造仏・写経などの善事を行うこと）の一種で、『法華経』が埋納されることが多いが、これに開経（本経の予備として説く序説の経典）の『無量義経』と結経（本経の所説を結ぶ意味を持つ経典）の『観普賢経』を添えた場合もある。『法華経』のほかに、『般若心経』、『阿弥陀経』、『弥勒経』、『大日経』などがみられるが、『大般若経』を埋納したという大規模なものもある。

　埋納経典の材質としては、紙に書いたもの（紙本経）のほか、粘土板に書

いて焼いたもの（瓦経）、銅板の薄板に彫ったもの（銅板経）、滑石に刻んだもの（滑石経）、石ころに書いたもの（礫石経、一字石経）、貝殻に書いたもの（貝殻経）などがある。経塚が営まれるのは、社寺の境内やその近くで、高所が選ばれることが多い。また、後述する金峯山（奈良県吉野町）のように、1 カ所に群集して営まれることがある。埋納の方法は、紙本経の場合、経筒などの容器に入れ、小石室に納めて、その上に土石などで覆っている。その際に、鏡・仏像・仏具・合子・銭貨などをあわせて埋納することが多い。経筒は、通常円筒形で銅製のもの多く、経筒をさらに外容器（筒・甕・壺など）に納めたものも少なくない。瓦経・礫石経などの場合は、直接地中に納めることが多い（石田監 1977、関 1990b、立正大学博物館編 2016）。

埋経の発生時期などは明らかでないが、確実に年代のわかる遺物として、1691 年（元禄 4）に金峯山山頂の蔵王権現湧出岩付近から長徳 4 年（998）の奥書がある藤原道長自筆の『法華経』（金峯神社・東京国立博物館・五島美術館などが所蔵し、いずれも重文）などと、それを納めた寛弘 4 年（1007）の銘のある経筒（金峯神社蔵、国宝）がある。藤原道長の日記『御堂関白記』に、金峯山における埋経の経緯が記されており、これによると、道長は、1007 年 6 月に笠置寺・感神院・賀茂社に参拝し、同年 7 月には百日の精進潔斎をすませ、8 月 1 日に金峯山に登り、埋経を行ったという。この経筒の表面には、511 字の願文が刻され、その内容は『御堂関白記』の記事の内容とほぼ一致している（井口 1997、関 1985・1990a）。

経筒の願文には、道長が『法華経』や『阿弥陀経』、『弥勒経』などに込めた願いが記されており、極楽往生を願う道長の思いを読み取ることができる。仏滅から 2000 年を過ぎて末法の到来を自覚した人々が、56 億 7000 万年後に現れるという弥勒如来に救いを求めて書写した経典を地中に埋納することは、末法思想にもとづく弥勒信仰に根ざした作善である。金峯山は弥勒浄土とみなされ、その後も貴族による埋経が行われた。さらに、全国各地に経塚が築かれるようになった（関 1984・1985・1990a、井口 1997）。

11 世紀後半から 12 世紀前半にかけての時期が経塚造営の最盛期で、遺物も多い。鎌倉時代になると追善供養としての造営されることが多くなり、室町時代には、法華経を 66 部写経して全国 66 ヵ国（壱岐国・対馬国を除く）の寺社に納経する六十六部聖（日本廻国大乗妙典六十六部経聖）の廻国納経の一手段に用い

られたため、経筒は小型化、規格化されるようになった（関1990a、小嶋2022）。

　近世以降は、礫石経塚がその大勢を占めている。室町時代の後半から造営が盛んとなり、江戸時代に最盛期を迎えた。一方で江戸時代には、経筒を用いた経塚はほとんど見られなくなった。近世の礫石経塚は、日本列島のほぼ全域に見られる。礫石経には、河原石などに経典を墨書、あるいは朱書したもので、1石に1文字ずつ記す「一字一石経」と、複数の文字を記す「多字一石経」や梵字を記すものがあり、これらが「一石経」と総称されている。経石は一つの遺構から数万の一石経が発見されることも少なくない。副納品としては銭貨、刀身などが発見される例もあるが、大半は経石のみである。また、経塚の標識として地上に経碑を建立する例もある。経碑から「父母成仏」「自他平等利益」「諸願成就」など様々な願意をうかがうことができる（立正大学博物館編2019）。

（2）装飾経

　装飾経とは、表紙や見返、本文料紙などの経典の構成部分の一部あるいは全体に装飾を加えたものをいう。装飾経は中国の影響をうけ、奈良時代からつくられているが、平安中期以降、法華信仰や浄土信仰が盛んになると数多くの装飾経が制作されるようになり、平安時代後期から鎌倉時代前期にかけて最盛期を迎えた。

　装飾経には、金銀泥模様・金銀切箔などを散らしたもの、綾・羅などの裂に装飾を加えたものがある。また、見返に金銀泥・絵具等で仏画や来迎図などを描いたものや、金銀箔・野毛（金銀箔を細長く切ったもの）・砂子（金銀箔を細かい粉にしたもの）を散らしたものもある。本文の料紙には、紫紙・紺紙や濃淡のある色紙継ぎ合わせたもの、金銀泥・絵具等で蝶鳥などの下絵を描いたもの、金銀箔を散らしたものなどがあり、界線を金・銀・朱・緑などで描き、本文は、金・銀泥、金銀泥交書、絵具を用いて書写したものなどがある。軸にも装飾を凝らし、軸首（頭）は紫檀などの銘木や金銀、玉石を用い、金銀泥・漆塗・蒔絵・螺鈿・透彫金具などを施したものが多い。

　奈良時代の装飾経の遺品には、『絵因果経』の上品蓮台寺本（国宝）、醍醐寺本（国宝）、出光美術館本（重文）、MOA美術館本（重文）、東京藝術大学本（国宝）（これら5本はいずれも別種のもの）、鎮護国家のため国ごとの国分寺の塔

に納められた「紫紙金字金光明最勝王経」（龍光院〈和歌山県高野町〉蔵・奈良国立博物館蔵、いずれも国宝）などがある。

　平安時代後期から鎌倉時代前期にかけての装飾経最盛期の代表作として、藤原清衡が、1126年（大治元）に中尊寺（岩手県平泉町）に奉納した「紺紙金銀交書一切経」（国宝）や、1164年（長寛2）平清盛とその一門が厳島神社（広島県廿日市市）に奉納した「平家納経」（国宝）が挙げられる。

　「紺紙金銀交書一切経」は「中尊寺経」とも呼ばれ、「中尊寺落慶供養願文」に「二階瓦葺経蔵一宇　奉納金銀泥一切経一部　奉安置等身皆金色文殊師利尊像一体」とあるとおり、大伽藍建立事業のなかで、とくに重要な事業の一つとしてこの写経を発願したのである。「中尊寺経」は、近世初頭に寺外に持ち出され、現在はこの「紺紙金銀交書一切経」を残すのみで、大部分は近世以降高野山金剛峯寺（和歌山県高野町）に納められている（破石1999）。

　「平家納経」は、平清盛が伊都岐島大明神に現世の栄華を感謝しつつ、後生の極楽往生を祈って、この『法華経』書写を発願し、厳島神社に奉納したものである。『法華経』二十八品および開経の『無量義経』、結経の『観普賢経』、それに『阿弥陀経』、『般若心経』、清盛願文の合計33巻からなり、金銀荘雲竜文銅製経箱に納められて1164年9月に奉納された。ただし、『般若心経』は、1167年（仁安2）の清盛書写の奥書があることから、奉納当初のものではなく、のちに入れ替えられていることがわかる。

　願文によると、平清盛はじめ平家一門の32人が経典1巻ずつを分担して浄書制作したもので、各巻の見返し絵や料紙装飾および本文写経などに多様な装飾を凝らしている。全33巻とするのは、本地仏である観音菩薩の三十三身にちなむ数と考えられている。願文から写経・奉納の願意が明らかで、ほぼ完全な形で現存している。平家一門の栄華を反映する美の限りを尽くした経巻がほとんど損なわれることのない状態で伝えられているため、歴史的、美術的価値はきわめて高いものであるといえる（梶谷1997、小松1995・2012）。奉納当時の平清盛は47歳で、権中納言であったが、その3年後には太政大臣となっており、清盛が権力の絶頂を極めつつあった時期であった。「平家納経」は、栄華を極めようとする平家一門の富と権力を示すものであるといえよう。

　仏教の経典は仏陀の教えを集大成したものであり、教義を学ぶための教本

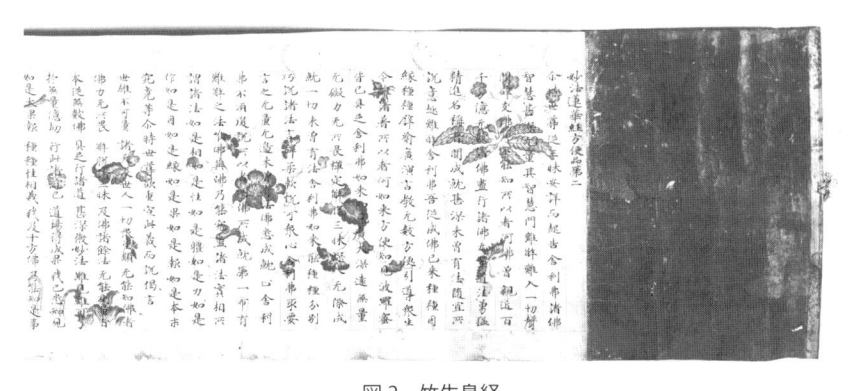

図 2　竹生島経

(東京国立博物館蔵、国宝。ColBase（https：//colbase.nich.go.jp）)

　としての役割を持っているが、経典そのものが仏舎利や仏像と同様に尊崇され、荘厳（仏教用語で装飾を加えること）された。料紙を染めたり、金銀箔を散らしたりする装飾経は奈良時代から装飾経が制作されたが、平安時代の貴族たちは、過剰なまでに装飾を凝らした経巻をつくり、奉納した。「平家納経」は、それらのなかで最高峰のものであるといえよう。

　平安時代後期から鎌倉時代前期にかけての装飾経には、「中尊寺経」や「平家納経」のほかに、「久能寺経」（鉄舟寺〈静岡市〉蔵、国宝）、「法華経方便品」（図 2、「竹生島経」東京国立博物館蔵、国宝）、「扇面法華経冊子」（「扇面古写経」、四天王寺〈大阪市〉蔵、国宝）、「法華経一品経・阿弥陀経・般若経」（「慈光寺経」慈光寺〈埼玉県ときがわ町〉蔵、国宝）などがある。

3　慈光寺経をよみとく

（1）慈光寺

　慈光寺（図 3）に所蔵されている「法華経一品経・阿弥陀経・般若経」（「慈光寺経」）をよみといてみよう。「慈光寺経」は、鳥羽上皇らによる「久能寺経」や前述の「平家納経」と並ぶ、装飾経の代表作とされている。1954 年（昭和29）に国宝に指定され、1983 年に金錯銘鉄剣をはじめとする「武蔵埼玉稲荷山古墳出土品」が国宝に指定されるまで、埼玉県唯一の国宝であった。慈光寺は、埼玉県西部のときがわ町西平の山中にある。この地に、なぜ装飾経の

図3　慈光寺観音堂（筆者撮影）

代表作が伝えられているのだろうか。考えてみよう。

　慈光寺は、都幾山一乗法華院と号し、673年に僧慈訓が千手観音を祀ったのに始まり、8世紀後半に鑑真の高弟道忠が開山したと伝えられる。9世紀には清和天皇の勅願により関東天台別院とされ、関東有数の天台寺院となった。871年、上野国前権大目安倍小水麻呂が書写し寄進した『大般若経』600巻（重文）が現存している。平安時代から畠山氏や吉見氏などの武蔵武士にも崇敬され、鎌倉時代には、慈光寺は将軍家の祈願寺となった。

　『吾妻鏡』1189年（文治5）6月29日条によると、源頼朝が奥州藤原氏を追討すべく出陣する際に、日ごろから尊崇していた愛染明王像を慈光寺に奉納し、別当厳耀と衆徒に祈祷を命じている。当時の慈光寺は、75坊を擁し、武蔵国はもとより、北関東一帯に絶大な宗教勢力を有していた。そのため、源頼朝が奥州合戦のための軍事的結集を図る上で、慈光寺の持つ宗教的権威と畠山氏ら武蔵武士の軍事力に期待して、慈光寺を祈願寺としたと考えられる（加藤1986）。慈光寺には、現在も寛元3年（1245）銘の銅鐘（重文）や鎌倉時代の金銅密教法具（重文）などの文化財が多く残されており、往時をしのぶことができる。

　戦国時代には、松山城主上田朝直に攻略され、一時衰退したが、1591年（天正19）に徳川家康から寺領100石が寄進され、東叡山末として勢力を回復した。1695年には、徳川家光の室で綱吉の生母である桂昌院が、金襴緞子の打敷（仏前、仏具を荘厳にするため、仏前の卓上を覆う布）や茶器などを寄進した。開山塔（重文）は、道忠のために造営されたと伝えられ、現在のものは室町時代後期に再建されたものである。1964年（昭和39）の解体修理の際に、基壇からは平安時代初期のものと推定される火葬人骨を納めた蔵骨器や飾り金具などが出土している。観音堂は、坂東三十三観音の第9番札所である。

（2）「慈光寺経」

　「慈光寺経」は法華経一品ずつに開経の『無量義経』、結経の『観普賢経』、それに『阿弥陀経』、『般若心経』の計32巻からなっていたが、そのうち方便品、薬草喩品、安楽行品、妙音菩薩品の4巻と分別功徳品、普賢菩薩勧発品の一部が散逸し、寛政年間に補写され、その際に普賢菩薩勧発品が前後に2巻に分けられたので、現在は33巻となっている。このほかに1270年（文永7）の目録（「一品書写之次第」）と1790年（寛政2）に補写した際の目録（「一品補書之次第」）が付属している。「一品補書之次第」によると、御三卿の田安家ゆかりの人々により補写されたことがわかる。このように、「慈光寺経」は原本と江戸時代の補写からなっている（ミラー 1986、中村 1998）。

　保存状態は良好であるが、巻頭の表紙部分は、かなり修理されている。修理は、江戸時代に少なくとも1度行われ、近代以降は、1933年と2008年（平成20）から2014年にかけて行われた。平成の修理では、科学的な分析もなされ、これまでの修理で料紙がかなり薄くなっていることが確認されたため、解体が必要な巻を除いては無理な解体はせず、表面のクリーニングと折れの補修などにとどめられた。また、各巻に合わせた保護のための太巻などが制作された（埼玉県立歴史と民俗の博物館編 2015）。

　各巻とも見返しには装飾が施されている。金銀箔や砂子だけによる抽象的または幾何学的な装飾、金銀の装飾と絵具による絵画的な装飾の組合せ、絵画的な手法だけによる装飾がある。絵画的な装飾の主題は、蓮華を中心とするもの、蓮華以外の風景や草木などの自然を主題とするもの、仏・菩薩を主題とするもの、経典の内容に関連のある人物を含むものなどがある。本文の料紙には一部に紺紙などを用いるが、多くは白色の料紙に金銀の切箔や砂子、野毛などを散らし、界線を金・銀・群青などで施している。本文は多くは墨書だが、提婆品などは金字、化城喩品は群青で書写している（ミラー 1986、中村 1998）。

　図4は「授学無学人記品　第九」である。見返しには細線を用いて精緻で色鮮やかな山水を下書き、金銀の切箔や砂子、野毛や群青で霞を表現している。家屋の墨線から絵師の技術の高さがうかがえる。自然描写は『寝覚物語絵巻』との類似が指摘されており、鎌倉時代初期のやまと絵とし

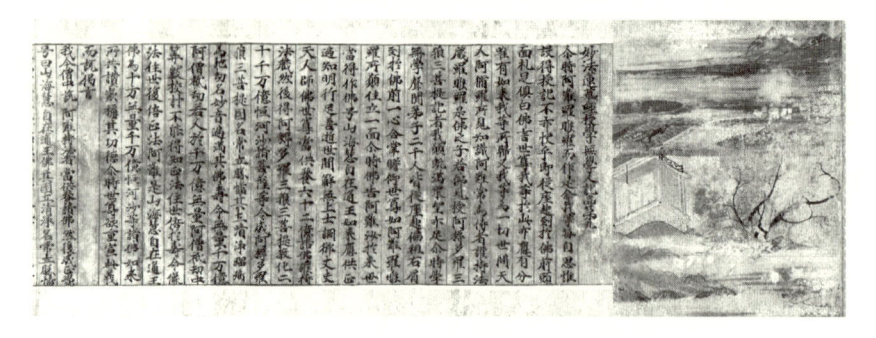

図4　法華経一品経「授学無学人記品　第九」
（慈光寺所蔵／埼玉県立歴史と民俗の博物館提供）

て貴重な作品である。上下に並ぶ遠山の間に流れ入る瑞雲に普賢菩薩の乗り物である白象の前足が確認できることから、普賢菩薩の影向（神仏が仮の姿であらわれること）の場面とわかる。したがって、これは本来、観発品または観普賢経の見返しであったと考えられ、さらに第十八の髄喜功徳品の見返しが観普賢経の見返しであったと推察できるので、第九の見返しは、観発品のものであったと考えられる（ミラー 1986、埼玉県立歴史と民俗の博物館編 2015）。

　「慈光寺経」は鎌倉時代に入ってから制作されたものであるが、平安時代の繊細な装飾経の伝統を備えた作品である。宮廷文化の伝統を受け継ぐ九条家を中心とした人々が、宮廷の画家や工人の技術の粋を結集して制作させたものであろう。

（3）なぜ慈光寺に納められたのか

　「慈光寺経」は鎌倉時代の制作と伝えられ、前述の「平家納経」と同じく、『法華経』八巻二十八品の各品を 28 人が 1 品ずつ受け持って 1 巻に仕立てられている。荘厳を尽くした経巻を制作することにより、功徳を積むというものである。このような荘厳な経巻がどのように制作され、慈光寺に納められることになったのだろうか。制作や奉納の経緯については、史料を欠き、詳しいことは不明である。それでも、1270 年の「書写次第」（図5）という目録が残されており、この目録から推測することが可能となる。ここに書かれた人名は通称で、全員を特定するのは困難であるが、「宜秋門院」が一つの手

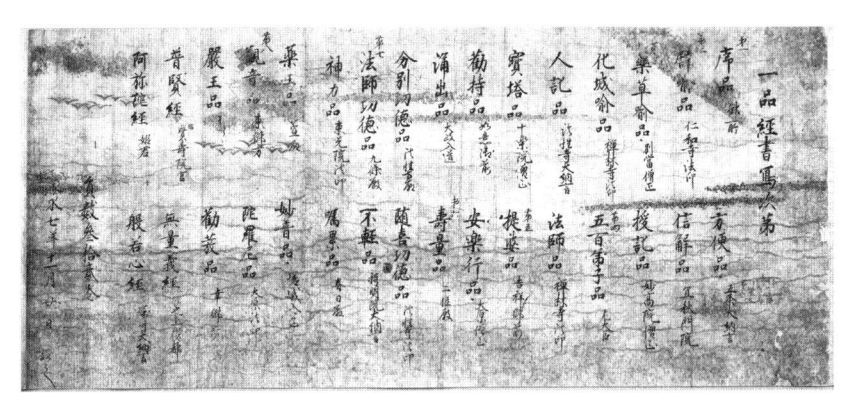

図5　法華経一品経「書写次第」
（慈光寺所蔵／埼玉県立歴史と民俗の博物館提供）

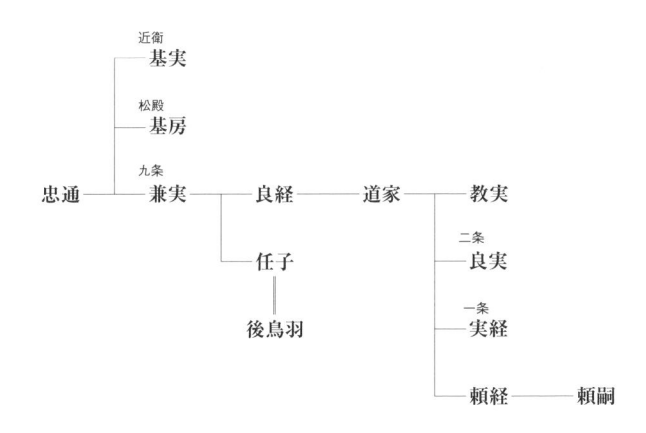

図6　九条家略系図（筆者作図）

がかりとなる。宜秋門院は、摂政九条兼実の娘の任子で、後鳥羽天皇の中宮であった。このことから、目録にある「御所」は後鳥羽天皇であると推定される。この目録から、ジェフリー・ミラーにより、それぞれの人物が推定されている（ミラー 1986）。

　人物の推定について、諸説はあるが、序品の「御所」は後鳥羽上皇、信解品の「宜秋門院」は後鳥羽天皇中宮九条任子、分別功徳品の「法性寺殿」は任子の父で摂政、関白や太政大臣などを務めた九条兼実、法師功徳品の「九

条殿」は兼実の孫で摂政、関白や左大臣を務めた道家と考えられている。道家の父で兼実の子であり、土御門天皇の摂政であった九条良経が1206年（建永元）3月に38歳で死去し、その供養のために、九条家の人びとが中心となって制作されたと考える説が有力である。（図6）この説に対する大きな疑問はないようであるが、目録が作成された1270年は、宜秋門院が死去した1239年（暦仁2）から30年以上を経ていることを考慮しなければならない。法華経の各巻には奥書がなく、納められていた箱なども現存しない状況で、手がかりとなるのはこの目録のみであるので、制作や奉納の時期、奉納に至る経緯などについて断定的なことはいえない。

　九条良経の供養のために、九条家の周辺で制作された法華経一切経が、完成して間もなく、京から遠く離れた慈光寺に納められたとは考え難い。奉納時期が下るとして、いつ、誰により、何のために納められたのだろうか。九条家と関東との関係から、推察してみよう。九条良経の長子道家は、鎌倉幕府と緊密な関係を持ち、1219年（建保7）に鎌倉幕府第3代将軍源実朝が暗殺されると、第4子の頼経を2歳で鎌倉に下向させた。頼経は、1226年（嘉禄2）に将軍宣下を受けて第4代将軍となった（摂家将軍）。摂家将軍は、頼経の子頼嗣に引き継がれ、1252年（建長4）に宗尊親王が将軍になるまで続いた。推測の域を出ないが、次のように考えることができる。九条家の周辺でつくられた法華一品経は、九条頼経・頼嗣の2代が将軍であった時期に鎌倉にもたらされ、頼経・頼嗣が将軍であった時期には、持仏堂に祀られるなどして大切に扱われていたであろう。1252年2月に頼嗣は14歳で将軍職を解任され、京に戻ることになったが、法華経一切経はその後も鎌倉に残され、鎌倉幕府と関係の深い名刹である慈光寺に納めされることになったと考えられる。そして、慈光寺が苦しい時期も乗り越えて、現在に至るまで守り継がれている。

4　視点をひろげる―現代の写経―

　写経とは、文字通り経典を書写する行為であるが、英単語や漢字の書き取りなどのことを「写経」と呼び、意味のないことをしていると揶揄されることがある。これでは、写経が意味もなく経典を書写する行為であるかのよう

な誤解を受けることになりかねず、このような誤用は慎むべきである。近年、日本のIT業界で、コンピュータープログラミングを学習する際に、教科書やウェッブサイトに掲載された手本のソースコードを、コピー・アンド・ペーストせず実際に手を動かしてキーボードで書き写すことによって深い理解を得ようとする方法があるが、このような学習方法を仏教の修行に因んで「写経」と呼ぶことがある。こちらは、写経の意味を多少なりとも理解しての使い方であろうか。

　現代の写経は、『般若心経』を書写することが多く、その目的は信仰や供養のためだけでなく、心を静めることや書を学ぶことであることも少なくない。また、書家が経典を作品とする場合もある。このように、現代の日本人にとって、写経は比較的身近な存在であるともいえる。

　仏教各宗派や寺院のホームページ（HP）に、写経の案内が掲載されている。例えば、高野山真言宗総本山金剛峯寺のHPには、「高野山で体験」というページがあり、体験できることの一つとして写経が紹介され、「心を込めて浄書すれば、雑念を払い、心を安らかにさせてくれることでしょう。豊かな心を育む実践修行としておすすめいたします。」とある（2024年1月7日閲覧）。また、写経の手本や写経用紙、なぞり書きできる用紙などが数多く販売されており（図7）、写経をはじめようとする人に、門が開かれている。写経の目的は様々であるが、本来は宗教行為であるので、その本来の意味や歴史的な意義も理解して行われなければならない。

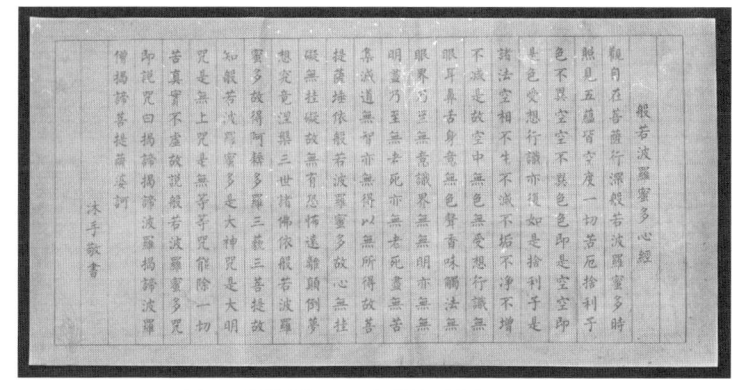

図7　市販されている写経用紙（筆者撮影）

●参考文献

安藤孝一編　2011『経塚考古論攷』岩田書院

井口喜晴　1997「金銅藤原道長経筒」『週刊朝日百科　日本の国宝 010』朝日新聞社

石田茂作監修　1977『新版仏教考古学講座　第 6 巻　経典・経塚』雄山閣出版

市川理恵　2017『正倉院写経所文書を読みとく』同成社

梅沢太久夫　1989『慈光寺』さきたま出版会

大山仁快編　1979『日本の美術 156 号　写経』至文堂

梶谷亮治　1997「平家納経」『週刊朝日百科　日本の国宝 028』朝日新聞社

加藤　功　1986「慈光寺と鎌倉武士」金井塚良一編『慈光寺』新人物往来社

小嶋博巳　2022『六十六部日本廻国の研究』法藏館

小松茂美　1995『平家納経の世界』中公文庫

小松茂美　2012『国宝　平家納経　全三十三巻の美と謎』戎光祥出版

埼玉県立歴史と民俗の博物館編　2015『特別展　慈光寺―国宝法華経一切経を守り伝える古刹』埼玉県立歴史と民俗の博物館

ジェフリー・ミラー　1986「慈光寺経をめぐる諸問題」金井塚良一編『慈光寺』新人物往来社

関　秀夫　1984『経塚地名総覧』ニューサイエンス社

関　秀夫　1985『経塚』ニューサイエンス社

関　秀夫　1990a『経塚の諸相とその展開』雄山閣出版

関　秀夫　1990b『日本の美術 292 号　経塚とその遺物』至文堂

田中塊堂　2022『写経入門』講談社学術文庫

都幾川村史編さん委員会編　2001『都幾川村史　通史編』都幾川村

中村順昭　1998「法華経一品経・阿弥陀経・般若経」『週刊朝日百科　日本の国宝 089』朝日新聞社

奈良国立博物館編　1983『奈良朝写経』東京美術

破石澄元　1999「紺紙金字一切経」『週刊朝日百科　日本の国宝 098』朝日新聞社

宮崎健司　2006『日本古代の写経と社会』塙書房

立正大学博物館編　2016『第 10 回特別展　経塚の諸相』立正大学博物館

立正大学博物館編　2019『第 13 回特別展　礫石経』立正大学博物館

梵鐘は人々のどのような思いを
あらわしているのか

冨樫　進

> 梵鐘から南北朝の動乱をよみとく！

1　梵鐘とは

　寺院の鐘楼に吊り下げられ、打ち鳴らされる「鐘」すなわち梵鐘の淵源は、古代中国で祖先祭祀に用いられたハンドベル状の青銅製小型打鳴器「鐘（「執鐘」「甬鐘」とも）」に求められる。六朝時代（222〜589）後半に大型化した鐘が寺院に設置され、仏教儀礼に用いられるようになったらしい。

　唐の禅僧・百丈懐海（749〜814）が制定した禅門の規範（「百丈清規」「古清規」）を基に編纂された『勅修百丈清規』によると、寺院に梵鐘が設置された本来の目的は、斎会や法事をはじめ寺院の諸行事の合図を行ったり、朝夕の時報を通じて衆生の迷いを覚まし仏道へと帰依させたりする点にあったらしい。

　梵鐘は中国・日本のほか朝鮮半島でも製造され、形状や様式・装飾の面でそれぞれ独自性を有している。日本製の梵鐘（和鐘。以下、「梵鐘」は和鐘を指す）の多くに共通する特徴として、二つの獣頭と宝珠・火焔を象った竜頭（蒲牢）や鐘身を縦横に走る帯によって構成された「間」から成る文様、最上段の間（乳の間）

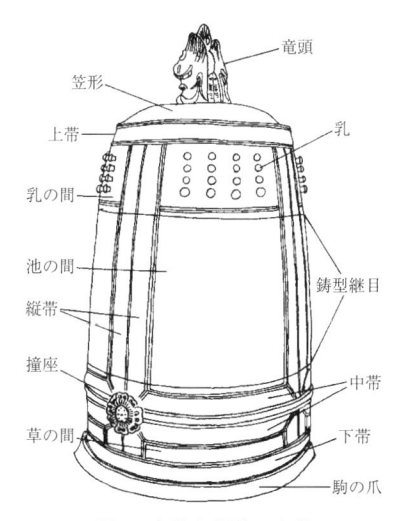

図1　和鐘各部分の名称
（奈良国立文化財研究所編 1993 より）

49

に配された「乳」と呼ばれる突起物、蓮華文様を象った軒丸瓦を連想させる「撞座」や裾の部分を一周する帯状の「駒の爪」などを指摘できる（図1）。

ところで、読者のなかには有名な『平家物語』の冒頭部分を思い出し、「梵鐘の起源は中国ではなく、仏教発祥の地・インドなのでは？」と疑問に思う方がいるかもしれない。

『平家物語』（覚一本）巻第一「祇園精舎」は以下のように語り起こされる。

祇園精舎の鐘の声、諸行無常の響き有り。沙羅双樹の花の色、盛者必衰のことわりをあらわす。奢れる人も久しからず、唯春の夜の夢のごとし。

「祇園精舎」とは古代インド・コーサラ国の首都シラーヴァスティー（舎衛城）にあった僧坊であり、「祇樹給孤独園（給孤独園）」とも漢訳される。この精舎はスダッタ（須達。「給孤独」とも）長者がジェータ（祇陀）王子から買い取った園林に建立され、釈迦によって多くの説法がなされたと伝えられる。

一方、7世紀前半に「西遊記」に登場する三蔵法師のモデルとして知られる玄奘（602〜664）がインドを訪問した頃の祇園精舎は、釈迦在世当時シラーヴァスティー国を治めていたプラセーナジット王（「勝軍」「波斯匿」とも。前6〜5世紀頃）の王宮跡から南方5〜6里（1里＝約532.8m）の地点とされていた。しかし、玄奘が訪れた時には既に伽藍の姿はなく、マウリヤ王朝第3代アショーカ王（「阿育王」「無憂王」。前268〜232）が東門の左右に建立したという高さ70余尺の石柱2本と、金像を安置した煉瓦作りの家屋1軒だけが残っていたという（『大唐西域記』巻第六「室羅伐悉底国」）。つまり、玄奘は祇園精舎で鐘の音を聴くどころか、そもそも鐘らしき物質を目にしていなかったようなのだ。

果たして、祇園精舎に「諸行無常」の響きをもつ鐘はあったのだろうか。

日本で「祇園精舎には、諸行無常の響きをもつ鐘がある」ことを初めて紹介したのは、天台浄土教の学僧・源信撰『往生要集』（985年成立）留和本（初稿本）系諸本の以下の一節である（後藤1928）。

問ふ。何等の相を以て厭心を生ずべきや。

答ふ。もし広く観ぜんと欲せば、前の説く所の如き六道の因果・不浄・苦等なり。…（中略）…或はまた①大経の偈に云く「諸行は無常なり　是れ生滅の法なり　生滅の滅し已れば　寂滅を楽となす」と。

②祇園寺の無常堂の四隅に頗梨の鐘ありて、鐘の音の中にまたこの

偈を説く。③病僧、音を聞いて苦悩即ち除（のぞ）こり、清涼の楽を得、三禅（さんぜん）に入るが如くして、浄土に垂生（すいしょう）せんとす、と。

（下線①②③、筆者）（『往生要集』巻上）

　源信は、穢（けが）れに満ちた現実世界を厭（いと）い捨て去る（厭離穢土（えんりえど））気持ちを生じさせるため、凡夫（ぼんぷ）は何を心に思い浮かべればよいのかという問いに対して、六道、すなわち天（てん）・人（にん）・修羅（しゅら）・畜生（ちくしょう）・餓鬼（がき）・地獄（じごく）といった迷いの世界に展開する（輪廻転生（りんねてんしょう）の原因となる）因果応報や不浄・苦しみの諸相、あるいは雪山童子（せっせんどうじ）が雪山（せつ）（ヒマラヤ山脈）で自らの身命を賭して羅刹（らせつ）（食人鬼。実は童子の信心を試そうとして、帝釈天（たいしゃくてん）が化身したもの）から聞き取ったとされる詩句「諸行無常（しょぎょうむじょう）　是生滅法（ぜしょうめっぽう）　生滅滅已（しょうめつめつい）　寂滅為楽（じゃくめついらく）」（いわゆる〈雪山偈（せっせんげ）〉。「作られたものはすべて無常であり、生じては滅していくことを本性とする。生滅するものがなくなり、静まっていることが安らぎである」（『岩波仏教辞典』）という真理を示す。）を想起するとよい、と答える（下線①部分）。そして、源信は祇園寺の無常堂の四隅に設置された「頗梨」すなわち水晶製の鐘の響きのなかに雪山偈が説かれていたこと（下線②部分）、病僧が鐘音を聞くや否や苦痛が取り除かれ、まるで第三禅天（だいさんぜんてん）に上って極楽往生を遂げるかのような清々しい心持ちになった（下線③部分）、と述べる（黒田1989）。

　つまり「諸行無常の響き」とは、苦痛を取り除くという功徳を有する鐘音のことであり、そのような功徳をもつ祇園精舎の鐘の存在を世間に広めるきっかけは源信による浄土教の教えだった、ということになる。

　それでは、源信は何を通じてこの言説を知ったのだろう。

　その典拠と考えられるのが、中国僧・道宣（どうせん）（596～667）によって667年（唐（とう）・乾封2）に撰述された『祇洹寺図経（ぎおんじずきょう）』という書物である（黒田1989）。

　同書によると、祇園精舎の鐘は「無常院」（およびその敷地内に別置された「無常堂」）に合計8口（こう）設置されていた。無常院は祇園精舎に設置された一種の終末期療養施設とされ、僧も仏も、ともに病を経て死へと至ることを示す意図のもとに構想・設置されたことを窺わせる（黒田2015）。

　無常院には白銀製の鐘と玻璃（はり）（水晶）製の鐘がそれぞれ4口ずつあり、前者は無常院の四隅、後者は無常堂の四隅にそれぞれ設置されていた。白銀の鐘には1口ごとに銀槌を手にした「白銀人（びゃくぎんにん）」が、玻璃の鐘にはやはり1口ごとに白い払子（ほっす）を持って金の獅子（しし）に跨がる「金崑崙（こんこんろん）」が一人ずつ控えていた

という。一般的に「崑崙」とは黒人のことだが、金崑崙とは黄河の水源とされる伝説上の山「崑崙山」に住む仙人のことのようだ。『祇洹寺図経』によると、両者はともに無常院（無常堂）に収容された僧侶が危篤状態に陥った時、白銀人と金崑崙によって打ち鳴らされ、浄土への往生を助ける役割を果たしたという。

「（僧の病状が進行した際、金崑崙が白払子を掲げることで）玻璃の鐘が自然と鳴り響く」という同経の記述は『往生要集』と対応しており、まさしく『平家物語』冒頭の「祇園精舎の鐘」の原典といえる。

また、白銀の鐘は帝釈、玻璃の鐘は月天子によってそれぞれ造られ、仏滅後はすべて「本土（兜卒天・月）」に昇天したという説明も、『大唐西域記』に「祇園精舎の鐘」に関する言及が存在しない点と整合する。

しかし、『祇洹寺図経』は道宣が先行文献を参照しつつ、「天人」すなわち天上界の住人から聞いたという奇特な話をも積極的に採り入れた、経典というよりも「志怪」や「伝奇」と呼ばれる怪異譚的記録というべき文献であり、実在した祇園精舎のありさまを正確に記録した史料ではない。無常院（堂）の四隅に設置されていたという鐘も、中国南部から東南アジア一帯にかけて分布した金属製の打楽器「銅鼓」をモデルとする、想像上の楽器であったと考えられる（黒田 2015・2022）。さらに、この銅鼓（腰鼓）は冒頭部分で紹介した中国由来の「鐘」とはまったく関係のない楽器であることから、祇園精舎はもとより、インドを梵鐘発祥の地と規定することはできない（坪井 1976）。

それではなぜ、『祇洹寺図経』の説が広く信じられるようになったのか。

道宣は、玄奘がインドから持ち帰った大量の仏教経典の翻訳事業に携わった経験をもつと同時に、日本に戒律をもたらした鑑真を孫弟子とする、初唐屈指の仏教学者であった。中国、そして日本の仏教の歴史に占める道宣の重要な位置と大きな影響力とを考慮するならば、中国で寺院に梵鐘が設置されるようになって程なく、『祇洹寺図経』所収の説話を通じて「梵鐘はインド発祥の楽器である」「梵鐘の音には衆生を苦しみから解放し、浄土への往生や成仏をもたらす功徳がある」という観念が流布・定着したと考えるのが自然であろう。

2 梵鐘の歴史的背景

　日本における早い時期での梵鐘の使用を窺わせる史料として、文献史料では高句麗に遠征した大伴 連 狭手彦が戦勝に乗じて宮室から「 銅 鏤 鐘三口」を持ち帰り蘇我稲目に贈ったという 562 年（欽明 23）8 月の記事（『日本書紀』19）、出仕および退庁の合図に使用したという 636 年（舒明 8）7 月の記事（『同』23）・「鐘匱の制」と呼ばれる訴訟制度に用いたという 645 年（大化元）8 月の記事（『同』25）・「鐘鼓」を時報に用いたという 671 年（天智 10）4 月の記事（『同』27）がそれぞれ存在するほか、美術作品では鐘楼で梵鐘を叩く僧侶の姿を描く「天寿国繡帳」（中宮寺蔵）の存在を指摘できる。

　また 1990 年（平成 2）には、蘇我氏系の氏寺と推測される田中廃寺（奈良県橿原市）から竜頭の鋳型と思しき粘土片や銅滓（銅の屑）、鋳造に用いる鞴の羽口（送風口）や坩堝が出土したことにより、7 世紀中頃には梵鐘の鋳造されていたことが明らかとなった（杉山 1995、鳥取市歴史博物館 2011）。

　現存する梵鐘のうち、鋳造年代が確定できる最古の梵鐘は、698 年（文武天皇 2）に相当する「 戊 戌 年」の銘を有する 妙心寺鐘（京都市右京区）、そして、無銘ながら妙心寺梵鐘と同一の原型から鋳造されたことが明らかな観世音寺鐘（現、福岡県太宰府市）の 2 口である。

　752 年（天平勝宝 4）閏 3 月には東大寺鐘が落成し、翌月 9 日の盧舎那仏（大仏）開眼供養に先立つ孝謙天皇の行幸に際し鐘楼に懸架された（『南都七大寺巡礼記』）。坪井 良平氏の実測によると、本鐘は通高 386.5 ㎝（※竜頭の先端部分は欠損）・口径 271 ㎝・厚さ平均 23.7 ㎝・重量 26.3t に及ぶ日本最大の巨鐘であり（坪井 1970）、のち「南都太郎（奈良太郎）」の愛称で親しまれるようになる。

　飛鳥・奈良時代には、興福寺や薬師寺・新薬師寺、法隆寺（東院・西院）や当麻寺に梵鐘が設置され、続く平安時代前期には「三絶の鐘」と称された神護寺鐘（京都市右京区）や道澄寺鐘（同市伏見区。現在は和歌山県五條市・栄山寺蔵）といった名品を筆頭に、畿内のみならず中国・四国地方にも梵鐘が分布するようになる。しかし、現存もしくは史料上に確認できる梵鐘の新造例は、平等院鐘（無銘。11 世紀中頃鋳造か）のような少数の例外を除くと 10 世紀後半から 12 世紀後半にかけて一時的に途絶えており、この 2 世紀の間に何らかの

理由で梵鐘の鋳造・寄進が低調となったことを示唆している（坪井1993）。

　鎌倉時代を迎えると、畿内では奈良時代鋳造の南都太郎（東大寺鐘）に匹敵する大作「高野二郎（金剛峯寺大塔鐘。のち、より大型の知恩院鐘・方広寺鐘が鋳造されたため「高野四郎」とも呼ばれる）」や「吉野三郎（金峯山寺鐘）」が鋳造された。一方、東国（現在の関東地方）に目を転じると、奈良時代以来河内国を拠点としてきた鋳物師の一部が鎌倉開府を機に相模・上総両国へと移住し、円覚寺鐘や建長寺鐘（いずれも神奈川県鎌倉市）、眼蔵寺鐘（千葉県長柄町）をはじめ数々の作例を遺している。また東国以外の各地でも、院政期を通じて荘園村落を拠点に勢力を拡大してきた武士団が地域の寺院に梵鐘を寄進する動きが顕著となっていく。

　ここではその一例として、南北朝時代に出羽国小田島荘（現、山形県村山地方）を支配した小田島（平）長義（生没年不詳）によって鋳造、仏日山普光寺に寄進された梵鐘（以下、「普光寺鐘」）を取りあげることにする。

3　普光寺鐘をよみとく

　普光寺鐘について見ていく前に、施主・長義を含む小田島氏一族の来歴と、鎌倉時代から南北朝時代を通じての消長について概観することにしよう。

　小田島荘はもと摂関家を領主とする荘園で、同荘を含む出羽国は院政期を通じて奥州藤原氏の支配下にあった。しかし、奥州合戦を経て出羽国は鎌倉幕府の直轄地となり、鎌倉御家人として初めて出羽守を務めた中條家長の実父・兼綱が小田島荘の地頭職を源頼朝から拝領することになった。さらに、兼綱の子・義季（苅田義季とも）は地頭職を兼綱から相伝して小田島姓を名乗るとともに、和田義盛の養子となることで平姓三浦氏の流れを嗣ぐことになり、以後、小田島氏は鎌倉時代を通じて確固たる勢力を村山地方に築いていく。

　「小野氏系図」（『続群書類従』166所収）によると、長義は義季の孫であり、北条重時（1198～1261）の長男為時（苅田時継）の母・荏柄尼西妙と、重時の乳母・霊山尼（東根市1995）という二人のおばがいた。

　鎌倉では執権制の確立を経て北条氏の権力が次第に強まり、1213年（建暦3）の和田合戦において義季の義父・義盛が敗死、さらに1285年（弘安8）の霜月騒動を経て得宗専制体制が確立する。一方、小田島荘の支配権は前後一

貫して義季の子孫に委ねられており、北条氏は小田島一族を厚遇したようだ。

　続く南北朝時代、小田島氏は村山の地にて一貫して南朝を支持するものの、観応の擾乱（1350〜52）を機に東北地方における南朝の劣勢を挽回せんとする鎮守府将軍・北畠顕信の思惑により、小田島荘の地頭職は白河結城氏三代当主・顕朝に宛てがわれることになった（村山市史編さん委員会 1993）。小田島氏は在地における強固な支配を背景に小田島荘の本主権を主張するものの、最終的には北朝方の勢力拡大に伴い圧迫されて村山の地を逐われ、新庄（現、山形県新庄市）以北へと退却した（東根市 1995）。

　普光寺鐘が鋳造されたのは、北朝方による圧迫のきっかけとなった斯波（最上）兼頼の山形入部と同じ 1356 年（正平 11 ／延文元）のことである。本鐘には南朝元号「正平」が銘記されており、長義の政治的立場のみならず梵鐘寄進の意図を窺わせる要素となっている。

　現在、普光寺鐘は長義が築城したと伝える東根城跡（現、東根市立東根小学校）近く、龍興寺に隣接する龍興寺沼公園内の鐘楼に保存されている（※普光寺と龍興寺との関係については不明）。鑑賞はいつでも可能だが、鐘身に大きな亀裂が入っているため、残念ながら音響を楽しむことはできない。

　普光寺鐘の寸法は、竜頭から裾部分までの通高 120.8cm（竜頭の先端部分は欠損）・口径 69.6cm・厚さ平均 8.5cm（坪井 1970）、乳の間にはそれぞれ 5 段 5 列の乳を配している。また、同時期の他の作例と比較した際の主な特徴として、①撞座が竜頭に対して直角に交差する方向に配される点、②上帯に雲文、中帯および下帯に唐草文が陽刻されている点、③鐘身内部に補強のためと思われる水平の帯状突起体が合計 4 ヶ所施されている点、の 3 点が指摘される（図2）。とくに①に関して、鎌倉期以降に鋳造された梵鐘のほとんどが竜頭と平行方向に撞座を配しているのに

図2　普光寺鐘（筆者撮影）

対し、普光寺鐘は10世紀以前の諸作例に散見される「古態」を踏襲する点で注目される。

　銘文は側面を4つに区切った池の間（面積は一区あたり33.0cm×37.0cm）二区を使い、鋳造後の鐘身に鏨を用いて文字を凹状に彫り込む陰刻で、楷書によって史料1のように記されている。

　第一区の池の間に刻まれた合計20句から成る偈文は、前半の12句において小田島荘東根の地を出羽国の中央と位置づけ、普光寺の所在地および梵鐘の鋳造地・製作時期や様子・鋳造に要した鋳型や熟銅の量が示される。一方、後半の8句では①〈空〉、すなわちすべての現象には固定的・恒常的実体がないという仏教的真理を遍く世間に拡散させること、②朝夕の時報を通じて天地の永久不変および（恐らくは長義の支配下にある小田島荘の）檀家・信徒の吉祥を予祝することの、合わせて二つの功徳が謳われる。

　〈空〉という概念は『大般若経』『金剛般若経』といった般若系諸経典においてとくに重視されていた。般若系諸経典のうち、私たちにとってもっとも馴染み深い『般若心経』では「色即是空、空即是色（色、すなわち物質的存在はまさしく空に他ならず、空はまさしく色である）」という前提のもと、すべての物質的存在や現象が空であることを見極めることのできた者は完全な真実の悟り（阿耨多羅三藐三菩提）を得ることができるとされる。さらに、同経末の一句「掲諦、掲諦、波羅掲諦、波羅僧掲諦、菩提、娑婆賀」が一切の苦を除く真実の呪文とされる点に象徴されるように、般若系諸経典では〈空〉の体得を通じて心身双方の苦痛が解消できると説かれている。したがって、後半8句のうち「大解脱器　吸空吐腸　円満覚口　吐寺外方」の部分は、自ら吸引した〈空〉を鐘口から拡散することによって衆生を一切の苦から解放するとともに、彼らを「解脱」＝悟りへと誘うという普光寺鐘の功徳を意味する内容となり、鐘音を通じて諸行無常の理を拡散したという「祇園精舎の鐘」の功徳とも軌を一にする内容といえる。

　一方、後に続く「天暁告報　地久天長」「日暮扣発　檀信吉祥」の部分も各々普光寺鐘の功徳を示すものの、前者は天地の長久、後者は（有限である）檀那・信徒の吉祥をそれぞれ重視・保証する内容となっており、先の4句で示された〈空〉観に基づく功徳とはいささか次元を異にしているようだ。

　「地久天長」という表現は、「天は長く地は久し（原文「天長地久」）。天地の

史料1　普光寺鐘の銘文（坪井 1970）

（第一区）

羽州中央　　小田嶋庄

東根境致　　白津之郷

山号仏日　　寺号普光

鋳鐘六月　　林鐘時当

借炉炎熱　　通冶風涼

一楼鯨骨　　万斛銅湯

大解脱器　　吸空吐膓

円満覚口　　吐寺外方

天暁告報　　地久天長

日暮扣発　　檀信吉祥

（第二区）

正平十一年 ｜丙申｜ 六月廿四日

住持比丘閑雲叟　希孚

大檀那前備前守従五位上平朝臣長義

願主比丘紹欽

　　　　大工左衛門大夫景弘

（意訳）

＊第一区に刻まれた銘文を正確に現代語訳するのは非常に難しいが、おおよその意味を取るならば以下のようになるだろう。

　出羽国の中央、小田島荘東根の風光の地（「境致」とは、「風光・風致」を意味する禅語）白津の郷の仏日山普光寺、その寺のあった六月坂にて鐘を鋳た。それは林鐘（陰暦六月）の時に当たる。

　銅を溶かす炉に充満する炎は熱く、（鞴の羽口から）炉へと送り込まれてくる風は涼しい。一軒の楼閣にも匹敵する鯨骨（梵鐘の鋳型か）、一万斛（約180万ℓ）もの銅の湯が用いられた。

　この大解脱の器（梵鐘）は空を吸い込んで鐘身の内部へと吐き出し、さらにそれを円満なる覚口より遠方へと吐き出す。明け方には天地が永久に不変であることを告げ報せ、日没には檀家や信徒にめでたいことが起こる前兆を打ち放つ。

能く長く且つ久しき所以は、其の自ら生ぜざるを以てなり。故に能く長生す。是を以て聖人は、其の身を後にして身は先んじ、其の身を外にして身は存す。其の私無きを以てに非ずや。故に能く其の私を成す」という、『老子』第

7章の一節をふまえたものと考えられる。

「天と地がともに永久不変に存在できるのは、それらが自ら生きようと意識しないためであるのと同様、聖人は我を通そうという意識をもたないため、却って自己実現を果たすことができるのだ」という『老子』の文脈を踏まえて銘文の後半部分を解釈するならば、「地久天長」以下の4句には、（我を通し、日本の頭領になろうと決起した「叛逆者」北朝に対する）南朝、および（我を通し、小田島荘の支配権を簒奪しようとする結城一族に対する）小田島氏一族による支配の下、朝な夕なに響き渡る鐘音を通じて未来永劫に及ぶ小田島荘の安定と荘園住民の繁栄とを予祝する功徳（檀信吉祥）への期待を窺うことができよう。

このように、南朝支持の姿勢と所領支配の正当性とを主張しようとする長義の意識を色濃く滲ませた「天暁告報　地久天長　日暮扣発　檀信吉祥」の4句は、〈空〉観に基づく梵鐘の功徳について述べた「大解脱器」以下の4句や、「祇園精舎の鐘の音」に象徴される「諸行無常　是生滅法　生滅滅已　寂滅為楽」の教えとは対照的な内容をもつものとなった。

全体を通して解釈すると、普光寺鐘に刻まれた銘文は仏教思想的視点に基づけば矛盾としか言いようのない、木に竹を接ぐかのような内容である。しかし、見方を変えれば、この偈文は北朝の有力武将である斯波兼頼の脅威を間近に感じつつ、同志のはずの北畠顕信からは背信的とも言える仕打ちを受けていた長義の切迫した立場を如実に反映した内容をもつものとして理解することもできよう。

当時は全国各地において武士団の対立抗争が頻発しており、出羽国も例外ではなかった。例えば、小田島荘に近接する石行寺（現、山形県山形市）に伝わる1353～1375年（文和2～応安8）書写『大般若経』の奥書には、南北両朝の対立に伴う戦乱により各国が飢渇に陥っていること、諸国において上下貴賤を問わず多数の死者が出ていることなどが書き留められている（村山市史編さん委員会1993）。一方、小田島荘内における大規模な戦乱の有無について現存の史料からは確認できないものの、長義のみならず荘民たちも苦境に立たされていた可能性は高い。

一切苦からの解放と解脱（悟り）への誘い、小田島氏一族による安定支配とその下での荘民の繁栄を功徳に謳う梵鐘から毎朝毎晩響き渡る鐘の音を、長義や荘民は果たしてどのような思いで聴いていたのであろうか。

4 視点をひろげる―梵鐘をめぐる地域間のネットワーク―

　さて、偈文の刻まれた第一区の池
の間から、第二区の池の間へと目を
転じてみることにしよう。

　第二区には南朝の元号「正平(1346
~1370)」に基づく鋳成年月日「正平
十一年六月廿四日」の後に、普光
寺住持の僧侶（住持比丘）閑雲叟希
孚、大檀那として梵鐘鋳造を主導し
た長義、普光寺への梵鐘設置を発願
した僧侶（願主比丘）紹欽、そして
梵鐘を鋳造した鋳物師（大工）景弘
の名が刻まれる。

　うち、長義以外の3名については

図3　新宮熊野神社鐘（筆者撮影）

図4　普光寺・新宮熊野神社・黒河の位置関係図

いずれも出自や経歴が不明であるものの、鋳物師・景弘の出自を推測するうえで重要な史料として、かつての小田島荘の地を含む山形県とは飯豊連峰を挟んで隣り合う福島県会津地方北西部にある、新宮熊野神社（現、福島県喜多方市）の梵鐘の存在を指摘できる（図3・4）。

　新宮熊野神社の起源は、出羽守・陸奥守を歴任した源 義家（1039〜1106）が後三年合戦（1083〜1087）の際、紀伊国の熊野三社をそれぞれ当地に勧請したうちの新宮社に遡るという（『新宮雑葉記』）。

　新宮熊野神社の梵鐘（以下、「新宮神社鐘」）は1349年（正平4／貞和5）に鋳造されたものであり、現在は、拝殿として建立されたと考えられる長床（国重要文化財）の向かって左隅方向に位置する鐘楼の中に懸架されている。本鐘の保存状態は極めて良好であり、亀裂や目立った傷もなく、梵鐘そのものの鑑賞はもとより高く澄んだ美しい音響をも楽しむことができる。

　新宮神社鐘は竜頭から裾部分までの通高130.5cm・口径80.0cm・厚さ平均8.0cm（坪井1970）、池の間二区（第三区・第四区）には浄土経典からの影響と思われる池中蓮華図が陽鋳（文字や絵を鐘身表面に凸状に浮かび上がらせる技法）によって表現される一方、別の池の間（第一区・第二区）には、それぞれ史料2のような文言が刻まれている。

　第二区に大旦那として列記される「従満大姉」「地頭平朝臣明継」のうち、前者「従満大姉」は新宮時明（後述）の妻、後者は彼女の曾孫で当時新宮荘

史料2　新宮神社鐘の銘文（喜多方市史編さん委員会1999）

（第一区）
奉冶鋳
奥州會津熊野山
新宮社之鐘一口
（第二区）
　　　一山衆徒三十人
大旦那従満大姉
　　　同地頭平朝臣明継
　　　　　阿闍梨覺賢
　　　　　結縁衆百余人
　　　　大工　景政
貞和五 |己丑| 七月廿一日

の地頭を務めていた新宮明継（?～1379）と推定される（林1935）。

　新宮氏は相模国の豪族三浦義明の末子・佐原義連を祖とする会津蘆名氏の傍流であり、明継の曾祖父時明は佐原（蘆名）氏二代・盛連の曾孫にあたる。当時、新宮荘のあった陸奥国耶摩郡には新宮氏を含め三浦（佐原）氏の流れを汲む一族が多く居住していたが、新宮神社鐘が鋳造された1349年には、当時会津の守護職にあったと思われる蘆名氏直系の直盛と明継との間で、のちに「会津小松合戦」と称される紛争が勃発している（喜多方市史編纂委員会1999）。

　鋳成年を北朝年号「貞和五年」にて表記する点に象徴されるように、明継は小田島長義と対照的に北朝を支持していた。その一方で、三浦家の末裔として平姓を名乗る点、地頭職として代々荘園を支配していた一族に出自を有する点、南北朝の動乱の影響により（同志や同族の者に）在地の支配権を脅かされていた点において、明継は長義と似た立場にあった。

　以上の点を念頭に、①新宮神社鐘の鋳物師「景政」と普光寺鐘の鋳物師「景弘」がいずれも「景」を含む名をもつ点、②新宮神社鐘は、撞座が竜頭に対して直角に交差する方向に配される「古態」（前節参照）や乳の間に配された乳の数（一間あたり5段×5列＝計25個）などが普光寺鐘と共通し、さらに下帯に配された唐草文様や撞座の意匠が同鐘と類似する点、③普光寺のある出羽国村山地方と新宮熊野神社のある陸奥国会津地方とは、会津米沢街道・羽州街道を介して古くから人的往来があった点、などを考慮すると、普光寺鐘と新宮神社鐘の作者はいずれも畿内、あるいは相模や上総といった東国の鋳物師ではなく、中世の東北地方における鋳物師集団の拠点の一つ・黒河（現、福島県会津若松市）の鋳物師であったと考えられる（坪井1970、五十川2003）。

　畿内や東国から遠く離れた黒河のような鋳物師の拠点には、梵鐘のような「大物」を鋳造できる高度の技術をもった棟梁クラスの鋳物師を中心に、農具や鍋釜のような日用品を造る一般の鋳物師らによって構成される工房が形成されており、鋳物師たちは本拠地の工房における鋳造のほか、近隣の地に出張しての現地製作（出吹き）を行っていた（市村1991）。前節にて紹介した普光寺鐘も、新宮神社鐘を鋳造した景政とは師弟、または同門関係にある景弘が小田島荘に出吹きを行って造立したものと考えていいだろう。さらに、景弘が小田島荘に派遣された背景として、新宮荘と小田島荘との交流関係を

も想定し得る。

　中世において、大きく重い梵鐘の移動は極めて困難であった。それゆえ、それぞれ離れた土地に設置された複数の梵鐘に類似点や共通点があるとすれば、そこには人や物の往来を通じて各地を結ぶ文化的なネットワークが構築されていた可能性が高い。

　地理的条件や当時の交通事情などをふまえ、可能であれば現地に足を運びつつ、俯瞰的な視点から各地で発生した歴史的事件の相互関係に思いを馳せることも、歴史を学ぶ醍醐味のひとつといえよう。

● 参考文献

五十川伸矢　2003「古代中世東北の鋳物生産」『白い国の詩』566、東北電力株式会社広報・地域交流部

市村高男　1991「中世鋳物師研究の視点と方法」石井　進編『帝京大学山梨文化財研究所シンポジウム報告集　考古学と中世史研究』名著出版

井上光貞監訳　2020『日本書紀（下）』中公文庫

喜多方市史編さん委員会　1999『喜多方市史　第一巻　原始・古代・中世』喜多方市

黒田　彰　1989「祇園精舎覚書―注釈、唱導、説話集―」『愛知県立大学文学部論集（国文学科編）』38、愛知県立大学文学部

黒田　彰　2015「祇園精舎覚書―鐘はいつ誰が鳴らすのか―」『京都語文』20、佛教大学国語国文学会

黒田　彰　2022「祇園精舎の鐘と銅鼓―祇洹寺図経覚書（結）―」『説話文学研究』57、説話文学会

後藤丹治　1928「平家物語難語考（一）」『国語国文の研究』21、京都国語国文研究会

杉山　洋　1995「飛鳥時代の梵鐘」『日本の美術』355、至文堂

坪井良平　1970『日本の梵鐘』角川書店

坪井良平　1972『日本古鐘銘集成』角川書店

坪井良平　1976『梵鐘―その源流と変遷をたどる―』学生社

坪井良平　1993『新訂　梵鐘と古文化』ビジネス教育出版社

鳥取市歴史博物館編　2011『（図録）梵鐘―鐘をめぐる物語―』鳥取市歴史博物館

奈良国立文化財研究所編　1993『梵鐘実測図集成　上』奈良国立文化財研究所

林　佐平　1935「會津新宮熊野神社梵鐘に就て」『會津史談會報』11

東根市　1995『東根市史　通史篇上巻』山形県東根市

保角里志　2002「普光寺の鐘」東根の歴史と民俗を探る会編『ひがしねのお宮さん・お寺さん』、東根の歴史と民俗を探る会

村山市史編さん委員会　1993『村山市史　原始・古代・中世篇』山形県村山市

文化的景観 農村景観

荘園遺跡はどのような景観を残したのか

松井吉昭

> 荘園遺跡にのこる文化的景観と絵図から中世社会をよみとく！

1 荘園遺跡とは

遺跡とは、過去の人間の活動の痕跡の場所をいう。その規模は、数点の土器しか発見されなかった小さな遺跡から、数km²に及ぶ遺跡までさまざまである。その中で「荘園遺跡」というのは、「広域村落遺跡」といいかえてもいいだろう。その対象は、中世荘園の典型と考えられる領域型荘園である。

中世の村は、多くが「荘園」と呼ばれる私領に編成されていた。その起源は 11、12 世紀の院政期から 16 世紀の戦国期までの中世にさかのぼることができる。荘園は皇室や貴族、寺社の領地であり、独立した小世界となった。集落及び山野や川・道を含めた領域を安定的に開発・経営したことにより、維持されてきた歴史的・伝統的農村景観が、今日激しく変化している。

近年、荘園遺跡の保存や研究が進んできた。それらの成果に学びながら、荘園の景観とは何かを考えてみたい。

荘園景観のよく残されているとされる二つの荘園、大分県の田染荘（たしぶのしょう）と岩手県の骨寺村（ほねでらむら）をとりあげ、荘園の景観とは何か考えてみたい。この 2 地域は、ともに「重要文化的景観」に選定されている。

宇佐八幡宮領田染荘は、近衛家を本家とし宇佐大宮司家が領家である。この田染荘が中世荘園景観と一つとして取り上げた理由を、石井進はいくつか挙げている（石井 2000）。それによれば荘園が所在する国東半島には、六郷満山（ろくごうまんざん）と呼ばれる八幡信仰と天台宗が融合した寺院群が見られる。平安末期の富貴寺（ふきじ）をはじめ、真木大堂、そして熊野磨崖仏に代表される石造文化財である。

　また、古文書や文献が豊富であり、特筆すべきは、古文書の中世の地名と現在の地名とが一致し、今でも使われていることである。荘園がどのように開発されていったのかを知る、重要な手掛かりである。

　田染荘は、時代順に大きく3つに区分できる。荘園成立間もない平安時代後期の「蕗地区」、鎌倉時代から開発される「小崎地区」、そして桂川支流の一つ大曲川の谷にある「大曲地区」である。なかでも景観がよく残る「小崎地区」を見てみたい。

　骨寺村は、中尊寺経蔵別当領である。骨寺村の「村」表記は、史料上1280年（弘安3）5月25日中尊寺経蔵別当領永栄譲状（『鎌倉遺文』12983）からである。以後、骨寺村と記す。

　1126年（天治3）、藤原清衡発願の国宝「紺紙金銀字交書一切経」の写経を奉行した自在房蓮光が、その功により中尊寺の初代経蔵別当に任命された。蓮光は私領の骨寺村を経蔵に寄進し、同地を荘園として経営することを認められた。骨寺村の四至については、『吾妻鏡』（1189年〈文治5〉9月10日条）に「東鎰懸、西山王窟、南岩井河、北峯山堂馬坂」とあり、荘園絵図の記載に一致する。

　中尊寺には、鎌倉時代後半の骨寺村を描いたと思われる2枚の絵図が残されている。絵図A（詳細絵図・在家絵図）と絵図B（簡略絵図・仏神絵図）がある（以下、絵図A・絵図Bと記す）。絵図Aの裏にも絵図があり、紙背絵図と呼ばれている。絵図に描かれている神社や小祠、不揃いな形の水田、点在する家々、その光景は、今と大きく変わっていない。絵図の分析に福田アジオ（1982）の村落の領域構成論を援用し、サト（集落＝ムラ・田畑＝ノラ）とそれを取り囲む自然空間としてのヤマ（大師堂・不動石屋・骨寺「堂」跡）、さらにその延長上のタケが考えられ、用水源としてのタケ（ハヤマ・山王岩屋）とより高さが強調されるタケ（オクヤマ・駒形「根」）がある（松井1991）。

2　荘園遺跡の歴史的背景

　豊後国田染荘小崎地区を取り上げ、中世地名が残る景観と荘園の開発に見る多様な姿を見てみよう（図1）。

（1）蹴地区

桂川の支流の蹴川流域の谷に展開した別名（国衙が特別の符宣をもって成立させた特別区域）的開発地区である。桂川が田染盆地から抜け出るところで合流する蹴川に展開するもので、この地域には、有名な平安時代の阿弥陀堂である富貴寺大堂が存在する。地形図にみるように、蹴川の谷を中心に糸永名

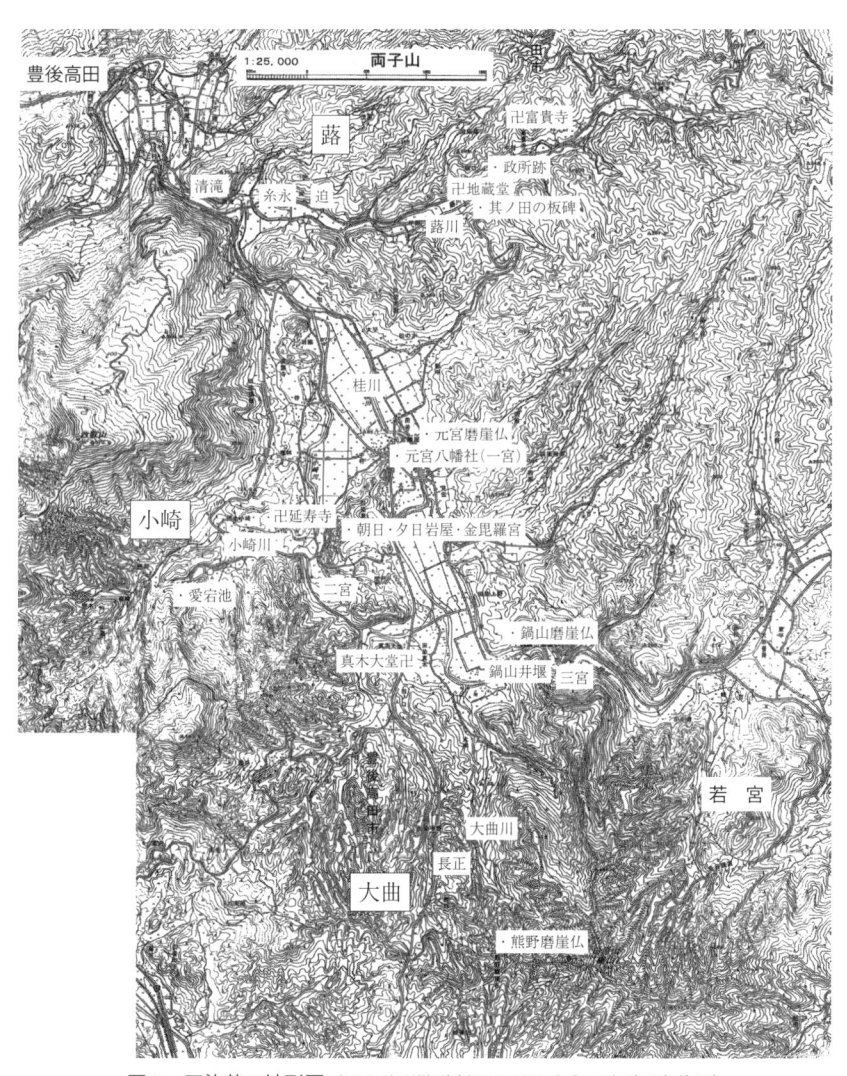

図1　田染荘の地形図（国土地理院発行の2万5千分1地形図を使用）

が存在した。田染盆地の西北部から小崎川の流域にまで展開した名であった。

1223 年（貞応 2）5 月日宇佐公仲寄進状案（『鎌倉遺文』3110）には、「蕗浦阿弥陀寺」（富貴寺）に田染荘内の末久名の田畠と、糸永名から切り離して宇佐大宮司家の直轄地とした田 1 町 5 段と荒野を寄進している。

（2）小崎地区

①鎌倉時代の小崎と重安名
桂川を南下し小崎川をのぼると小崎地区である。田染の三邪馬の一つ間戸耶馬といわれる峰々の中腹に、六郷満山の山岳信仰の対象である朝日・夕日岩屋が祀られている。金比羅宮は江戸時代後期に広まったものである。朝日・夕日岩屋から西の方角に西叡山がみえる。

鎌倉時代前期には、小崎一帯はまだ原野に近い状況であった。海老澤衷によれば、田染荘では有力な開発領主は現れず、小規模な水田開発を行う名主がいた。重安名・永正名・末次名がそれで、これらの名主は荘内で水利条件の良い小崎川流域に着目し、個別に開発を行った（海老澤 1991・2012）。この小崎地区に最初に住みついた人物は覚妙という（『鎌倉遺文』10800）。1271 年（文永 8）3 月 15 日宇佐大宮司公氏下文には、「可早任当知行旨、尓能重以下舎弟等、安堵領掌当荘内重安名田畠」「親父覚妙死去之刻、依譲得之」とあり、重安名は覚妙が知行していたが、覚妙が死去したのでその子の能重に譲られたものである。覚妙の時代、水田の開発にあたって宇佐宮と何らかの関係はあったと思われるが、恒久的な権利を得るには至らず、能重になって宇佐八幡宮御馬所検校という地位について、宇佐宮内での地位を得て、重安名が相伝の所領として公認されたものである。

②近世の村絵図に見る「小崎村」（図2）
小崎村は桂川の支流小崎川の中上流域にある。北に西叡山、西に華岳、南に烏帽子岳があり、北東に向けて開けた地域である。鎌倉時代後期には、宇佐八幡宮の神官であった田染氏の居館が字上ノ原の延寿寺付近にあった（図1）。

「小崎村」絵図（大分県宇佐風土記の丘歴史民俗資料館 1986）などの村絵図は、原本は 1689 年（元禄 2）で、1836 年（天保 7）に書写されたものである。描かれた溜池や明細帳の石高等の検討の結果、この村絵図が 1689 年の状況を描いていると考えられている。絵図は縦 33.3 cm×横 43.5 cm で、田・畑、川・水路・溜池、道、家・寺社、堂祠、高札場が描かれている。

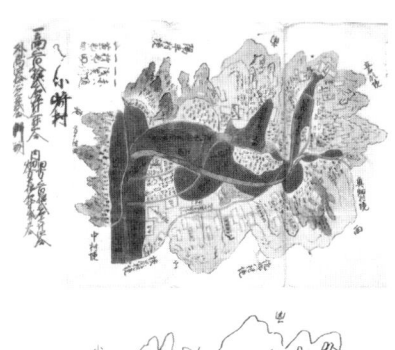

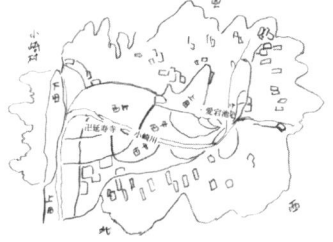

図2 小崎村絵図（大分県宇佐風土記の丘歴史資料館編 1986 より転載）
1689 年（元禄 2）に田染地区を支配していた島原藩に提出した絵図を、その後 1836 年（天保 7）に写し取ったもの。1689 年当時の村の様子がよくわかる。原本は豊後高田市田染支所所蔵。下は筆者描き起こし図。

表1 1315 年（正和 4）6 月日妙覚大間帳（処分状）から作成した田染定基の関係所領（石井 2000 より転載）

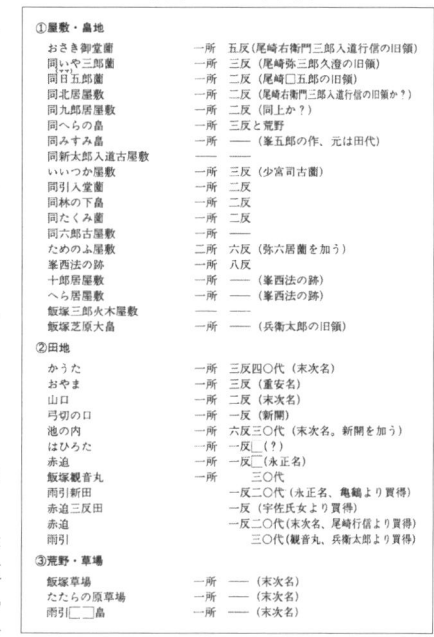

①屋敷・畠地

おさき御堂園	一所 五反	(尾崎右衛門三郎入道行信の旧領)
同いや三郎畠	一所 三反	(尾崎弥三郎久澄の旧領)
同日五郎園	一所 二反	(尾崎□五郎の旧領)
同北居屋敷	一所 二反	(尾崎右衛門三郎入道行信の旧領か？)
同九郎居屋敷	一所 二反	(同上か？)
同へらの畠	一所 三反と荒野	
同みすみ畠	一所 ――	(峯五郎の作、元は田代)
同新太郎入道古屋敷	一所 三反	(少宮司古園)
いいつか屋園	一所 二反	(少宮司古園)
同引入堂園	一所 二反	
同林の下畠	一所 二反	
同たくみ畠	一所 二反	
同六郎古屋敷	一所 ――	
ためのふ屋敷	二所 六反	(弥六居園を加う)
峯西法の跡	一所 八反	
十郎居屋敷	一所 ――	(峯西法の跡)
へら居屋敷	一所 ――	(峯西法の跡)
飯塚三郎火木屋敷	一所 ――	(兵衛太郎の旧領)
飯塚芝原大畠	一所 ――	

②田地

かうた	一所 三反四〇代	(末次名)
おやま	一所 三反	(重安名)
山口	一所 二反	(末次名)
弓切の口	一所 一反	(新開)
池の内	一所 六反三〇代	(末次名。新開を加う)
はひろた	一反	_(？)
赤磐	一所 二反	(永正名)
飯塚観音丸	一所 三〇代	
雨引新田	一反二〇代	(永正名、亀鶴丸より買得)
赤迫三反田	一反	(宇佐氏女より買得)
赤迫	一反二〇代	(末次名、尾崎行信より買得)
雨引	三〇代	(観音丸、兵衛太郎より買得)

③荒野・草場

飯塚草場	一所 ――	(末次名)
たたらの原草場	一所 ――	(末次名)
雨引□□畠	一所 ――	(末次名)

　耕作地を見ると、田は小藤、空木など小崎川上流部にまで描かれており、近世初期における開発の進行がわかる。小崎村では、開発が中世からかなり進んでおり、近世前期までに開田可能な土地の多くがすでに開田されていた（出田 1986・1988）。そのため、新たに開田する余地が少なかったと指摘されている。出田の「明細書と絵図記載の田畑面積表」（出田 1986）によれば、小崎村の明細書の「田」は 28 町 7 反 5 畝 24 歩で、「畑」は 16 町 8 反 8 畝 21 歩である。絵図では「田」25 町 7 反 5 畝 24 歩、「畑」16 町 7 反とあり、全体として 3 町ほどの増加があるが、それほど多くはない。

　一方、畑は村絵図には 74 カ所描かれている。畑は 2 種類に描き分けられており、一つは谷底部を中心に田や集落に近接した比較的平坦な所に所在する不定型な畑と、もう一つは、斜面中腹に多く見られる短冊形の畑である。後者の短冊形には、絵図に「切畑」「新切畑」と記載がある。これは国東半島でかつ

て行われていた、「ナギノ」「苅畑」と呼ばれる焼畑耕作と考えられる。田染荘の中世の古文書には、現在のところ焼畑の史料は確認できない。焼畑には原則として年貢がかからず、明細帳には切畑等の記載はない。こうした近世の村絵図の記載から、中世における焼畑の比重の大きさを類推することができる。

　溜池については、絵図には愛宕池の下流に溜池が描かれている。下流の溜池は、明治時代中期にはすでになくなっており、そこは現在「キレイケ」と呼ばれ、池の名残を小地名に残している。この絵図のキレイケから小崎川に合流する水路は、現在では愛宕池からの水路とつながっている。

　③田染氏の本拠地の景観　村絵図で村の中心集落である延寿寺の場所が、中世、田染氏の居館の跡地（台園ともいう）で、江戸時代初期に寺としたのである。この延寿寺の境内には、応仁2年（1468）の銘がある石殿がある。石殿は、鎌倉時代の後半に宇佐若宮神主の地位にあった宇佐定基の4代目の後継者にあたる栄忠が奉納したものである。

　宇佐定基（妙覚）は神領興行法に基づいて、一度手放した神官の所領集積を行い、相当の成果を収めた。1315年（正和4）、妙覚は子女らに所領の処分状を書き残している（妙覚大間帳『鎌倉遺文』25556）（史料1）。この処分状には、荘内の田、畠、荒野など71筆、所従（11人）などが記載されている。

　この処分状から石井が作成した「田染定基の所領関係表」（表1）を見てみたい。もともと定基の家は、図3にある小字「松尾」「ホリノウチ」（堀の内）を本拠としていたらしい。上ノ原（台園）付近は同族で、妻の実家尾崎氏（田染氏を名乗る。小崎の由来だろう）の本拠地であったが、定基は台園地域の進出を成功させたのである。

　石井は、表1から、鎌倉時代末期の台園には3つのグループが群居していたと指摘する（石井2000）。表1には、定基（妙覚）の妻の祖父能重の弟に尾崎右衛門三郎行信と名乗る人物がおり、さらに尾崎弥三郎久澄・同五郎、さらに新太郎入道などの人物がいたことがわかる。おそらく定基は神領興行法をつかって、尾崎氏一族の所領を手に入れたのであろう。

　その中心にあたるのが、「おさきのミたうその五反」（尾崎の御堂園）である。小字上ノ原（台園）内の小地名「ミドオ」にあたるだろう。北居屋敷はその北にあり、周囲に尾崎一族の屋敷や畠や田、荒野が「ムラ」の南側にあった。その他尾崎氏とは別系統の「ためのふ（為延）屋敷六反」2カ所、従者にあ

たる「いや六きその（弥六居園）」が１カ所ある。また、「いつかのやしき（飯塚屋敷）三反少宮司古園」と「いゝつかの六郎かふるやしき」など、飯塚の屋敷、園、畠などのグループ（図３上ノ原西北に「イイツカ」の小地名がある）があった。

「定基の関係所領」の田地部分と図３を参照して見てみよう。

所領の田地名として「あかさこ」（赤迫、61小字名）、「あまひき」（雨引、神社名・井堰名）、「山口」（井堰名・35、57小字内小地名、ヤマノクチ）、「ゆみきり」（弓切・42小字名）、「いけのうち」（小字名33）、「おやま」（井堰名・34小字内小地名、オヤマ）がある。これらの小字名や小地名は、現在まで残っており、海老澤の研究（1986）をもとに中世の水田の状況をみてみたい。

「あまひき」は、妙覚処分状の「荒野くさはのぶん」のうちに記載され、「一

史料１　正和４年６月日　妙覚大間帳（所領配分状）

（前略）
一　かんぬしたゝもとかふん
御神りやうふんこのくにたしふのしやうすへ□□（つきカ）ミやう以下
所々さんさい
田地
一所　おゝその一丁五反末次名
一所　同くすのきの下五反二十同名
一所　同かうた三反四十同名
一所　なかまさ名南そのた二反
一所　同名さるハミ弐反二十
一所　同庄いとなかミやうのうちにたゝ二反三十
一所　同庄内宇佐若宮奉寄田一丁よしまつ以下所々散在
一所　同重安名おやま三反
（中略）
□□□□（いやしカ）きならひにはたり
一所　なかまさミやうのうち□（本カ）やしき当屋敷也
一所　同ミなミのその
一所　おさきのミたうその五反
一所　同いや三郎のその三反
（以下略）
＊下線（筆者記載）は、地名として残されている。「田染地域小字境界図」（図３、『豊後国田染荘の調査Ⅱ附図』参照）

図3 「田染地域小字境界図」の小崎地域の小字・小地名
（大分県宇佐風土記の丘歴史資料館編 1986 より転載）

所　永正名内西野同あまひ□（きヵ）」とある。小字赤迫の西に辺り、現在雨引神社が存在し、湧水のため湿田であり、天水灌漑である。周辺の小字赤迫は、近くの雨引井堰より取水している。1296 年（永仁4）10 月宇佐定基申状（『鎌倉遺文』19178）には、「一　永正名雨引新田一反二十代」「亀鶴の手より、定基がこれを買得し、これを当知行す」とある。定基が買得した田地で、小規模な湧水灌漑の田地であり、若干の荒野があったようである。

　室町時代前期（応永年間頃＝1394～1428 年か）とされる「田染荘永正・恒任名坪付注文」（大分県宇佐風土記の丘歴史民俗資料館 1985）に、「一所　三反三十代」「あまひき　むかしハ年貢田今ハ神田」とあり、田地が3反ほどになっている。

　「あかさこ」は雨引井堰により小崎川から取水し、現在では灌漑面積約4町歩で、乾田が多く小崎のなかでは最も安定した水田であるという（海老澤1986）。永仁4年の宇佐定基申状には、「一　赤迫三反田内一反」「宇佐氏女初生子の手より、定基がこれを買得、当知行」、「一　末次名内赤迫一反二十代」「行信房の手より、定基がこれを買得、当知行」とみえる。正和4年の処分状には、「おとあい御前の分」として、「一所　田染荘なかまさ（永正）名のうち赤迫一反□」とあり、鎌倉時代末期の段階で田地1反が存在していた。

末次名の1反20代は、1359年（延文4）10月10日田染荘末次名土帳案（『田染荘史料』183）にみえる。また永正名については、「田染荘永正・恒任名坪付注文」（『豊後国田染荘の調査Ⅰ』）に、「一所三反　此の内一反ハたうめん尻一反ハ寺免　あかさこ」とあり、3反の田地が存在し、永正・末次合わせて4反強の田地が存在していたと思われる。

　次に「山口」である。処分状には「一所　同庄すゑつきの山口二反」とある。地名としては、小字堂山・原（図3、57・35）にある小地名である。「灌漑体系の変遷」（海老澤1986）によれば、「現在堂山橋の下に位置する山ノ口井堰の灌漑する水田」で「灌漑面積は1.8haで、小崎川を挟み、赤迫に面している」「原の集落の崖下に位置」する。

　さらに1495年（明応4）10月吉日田染荘重安名田畠坪付（『田染荘史料』457）には、「一反二十代　　山ノ口」と、重安名内に1反20代が存在した。「田染荘永正・恒任名坪付注文」には、「永正名田地分」として「一所　一反二十　山之口」とあり、末次・重安・永正名あわせて4反40代となる。

　次に「ゆみきり」である。地名地図の小字弓切（42）であり、愛宕池の奥にある田地である。愛宕池は、中世には存在していなかったと思われるが、湿潤であったようである。処分状には、「一所　同ゆミきりの口新かい一反」とあり、新開とあるように新しく開かれた田地である。鎌倉時代後期の開発の前線が、雨引、弓切の口付近であったといえる。

　「いけのうち」は、図3の小字名池ノ内（33）にあたる。処分状には、「あいます丸分」として「一所　同庄すゑつきミやうのうちいけのうち六反三十加新開定」とある。地名からして、小規模な灌漑池がつくられ、「新開」とあるように新しく開発されたものと考えられる。「いけのうち五反」は、1453年（享徳2）5月3日田染荘段銭請取状（『田染史料』332）に、「いけの内　一所五反」とある。いけのうち5〜6反は、小規模な灌漑池によって鎌倉時代から室町時代まで存続していたといえる。

　「おやま」は、処分状には「一所　同重安名おやま三反」とある。この「おやま」は、地名地図の小字下ノ山（34）内の小地名にある。自然の小河川で灌漑を制御しやすく、早くから井堰が造られ、開発が行われた。

　以上、小崎地区においては、鎌倉時代後半の処分状の段階で、おおよそ12〜3反の田地であった。室町時代にかけて開発も行われて、15世紀の後半

頃には重安・末次名の田畠合わせて18町9反10代とされている。

　鎌倉時代末期の小崎地区の景観は、石井（1995）が指摘するように、おおむね小崎川の支流から10m程度の水路で水を引き、あとは田越し灌漑による特徴をもっている。田地は元禄の村絵図（約28町7反）よりはるかに少なく、荒野や畠、焼畑のなかの「点」的存在であった。また、収穫も決して安定したものではなく、自然災害等による不作のため損田が多かったといえる。

3　荘園遺跡・陸奥国骨寺村をよみとく

　いま一つ中世荘園の景観を知り得る荘園として、近年、荘園遺跡村落として調査研究が進んでいる中尊寺領骨寺村を取り上げたい。

　2枚の絵図A（在家絵図）（トレース・図4）、絵図B（仏神絵図）（トレース・図5）を見てみよう。

（1）骨寺村絵図に見る水田

　骨寺村絵図のうち、在家や田の記載がある絵図Aを中心にみてみたい。広田純一・菅原麻美（2017）の研究によれば、「水田開発の分類との対応でいえば、①本寺川北岸の沢水掛かりの田、および③中沢（川）沿いの水田が第一段階（古代的共同体）、②本寺川南岸の河川掛かりの水田、および④方形・大区画水田が第二段階（天台「聖」）」と示され、水田造成の技術的な難易度からすれば、「③が一番容易で、次が①、少し難易度が上がって②、そして④は飛躍的に難しくなる」と指摘されている。

　絵図Aに描かれた在家と水田が、ほぼ現地比定でき、独立的に在家と水田のセットが散在する絵図の村落景観が、絵図作成時すなわち鎌倉時代後半の景観を描いていると確認できた。

　また、平塚明ほかの調査研究によれば、骨寺村の稲作は10世紀に始まったことが明らかにされた（平塚ほか2013、平塚2017）。とすれば、骨寺村の開発は、先学（大石1984、吉田2008、入間田2016）の指摘通り、中尊寺領以前（10世紀後半頃か）に人が住みついて第一段階の開発、その後12世紀に僧蓮光に代表される天台系聖たちの入植によって第二段階の開発が行われ、本寺川沿いの水田や馬坂新道が開かれたのであろう。

図4　中尊寺骨寺村在家絵図（絵図 A）の
トレース図（一関市博物館編 2017 より転載）
中世荘園村落の様子が分かる絵図である。鎌倉
時代後半の成立か。

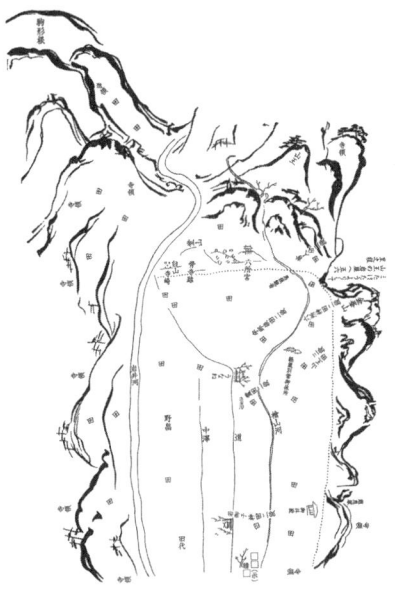

図5　中尊寺骨寺仏神絵図（絵図 B）の
トレース図（一関市博物館編 2017 より転載）
図4と同じく中世荘園村落の様子が分かる絵図
である。鎌倉時代末期から南北朝時代頃の成立か。

（2）絵図 B の「野畠」「田代」

　在家絵図の記載水田の景観については、田数の記載を合計しても1町1反
である。また、絵図 B の寺社免田の田数を合計しても1町3反である。年
月日欠（南北朝時代か）の「骨寺村在家日記」（一関市博物館編 2017）には、合計
5,700 刈（1反＝100 刈とすると、5町7反）、それに「六所田三反」「こまか田二反」
を加えて、合わせて6町2反である。それに「若ミこ千かり、たゝし、いま
はふさく也」とあるようの、不安定な水田も多いと見ることができる。また、
「在家日記」には、在家ごとに「つく田百」とある。単位を「かり」と考え
れば、合計6反と半在家「二十八足」が加わる。それでも6町8反強である。
こうした状況を考えると、中世の荘園村落の水田というのは、とくに山間荘
園では荒野や畠・焼畑のなかの点のような存在であったと考えられる。

　さて、「野畠」「田代」について、かつては開発され、それがのちに放置さ
れてたもので、小規模な再開発可能な土地とした（松井 2000）。神谷美和（2013）

によれば、「野畠」「田代」記載の場所は、「ヌマブクロ」というしこ名を持つ湿地を含む、「カイコン」というしこ名で呼ばれる土地であり、絵図Ａには草の葉のような植物（麻との指摘もある。入間田 2016）が描かれている。

　骨寺村にあっては、藪や荒地が少なくなかったであろう。この「カイコン」一帯は、火を入れて野を切り開いた焼畑地であった可能性が高く、一時的に畑として作物は作られたが、定畠化するのは難しかった場所である。

　さらに「骨寺村所出物日記」（1318 年〈文保2〉、『鎌倉遺文』26625。以下、「所出物日記」とする）に、「山畠粟同前」「栗所干栗同前」が住民全員に賦課された公事として記載されている。「山畠」は山間で行われた焼畑を意味する（伊藤 1995）。史料に「同前」とある。これは「随年不同」ということであり、固定性のない不安定な畠（畑）で、粟が栽培されていたのではないだろうか（神谷 2013）。「栗所干栗」については、花粉分析の結果から（平塚ほか 2013）、9～14 世紀に栗花粉が増加していることからも、人工的な栗林が考えられる。栗は住人の食用としては、実を茹でて干し、臼で搗いて皮をとったものであろう。貢納品としては、茹でるか蒸すかして干したのであろう。栗は、骨寺村の人々にとって重要な日常食であったとも考えられる。

（3）「骨寺村所出物日記」・「骨寺村在家日記」に見る人々の暮らし

　中世の荘園の人々の暮らしを知ることのできる史料として、「所出物日記」と「骨寺村在家日記」（一関博物館編 2017）がある。

　1318 年（文保2）「所出物日記」には、骨寺村の住人に田屋敷分在家と作田分在家の2種類が存在していた。田屋敷分在家は年貢・公事を賦課され、作田分在家は年貢のみを請け負う農民である。田屋敷分在家のうち首人のみ「地絹一切代七百文」とあり、他の負担の記載はない。村人らを束ね、村共同体の首長としての優遇処置といえる（入間田 2019）。

　「所出物日記」には、田屋敷5、作田分8の計13、「骨寺村在家日記」（「在家日記」と略記）では在家6、半在家1のほかに「わつ田（割田）」「いゝおか（飯岡）」「梅木田」「かはた（蒲田）」の水田があり、耕作農民が想定される。さらに「まつり田」のこととして、6カ所の水田が記載されている。それぞれの農民を想定してみると 17 となる。

　吉田敏弘（2008）が指摘するように、在家絵図に描かれた屋敷数十（在家跡

2を加えると12）、水田片20という数は、実際の村人の数値に近いものがあるといえるかもしれない。

　「所出物日記」には、年貢・公事として絹の他に「所当籾」、「口物」は所当の追加物、「節料早初合」として「白米・鰹」、「細々小成物」は米以外の収穫物で代銭納、さらに「宮々御祭立物用途」、「山畠粟」、「栗所干栗」、「歳末立木」がある。白米・鰹の公事は、田屋敷在家のみが負担している。「合」とあるので、「節料」（節日の法会）・「早初」（神饌）であり、「歳末立木」については、正月用の薪の束及び門松用に使用された（小岩2015）。

　「在家日記」には、農民の負担として立木（在家別12束、これは「所出物日記」と変わらない）、そなへ（供え餅）3枚、あぶら（荏胡麻）5盃、米5盃、むしろ（筵）、こも（薦）、もわた（シナノキの樹皮繊維で織った布）、五ほう（牛蒡）、うるし（漆）1盃、銭がある（小岩2015）。「所出物日記」にみられた「鰹」が、「在家日記」にはみられなくなった。神祭の縮小が行われたのかもしれない。これらの公事は、1126年（天治3）経蔵別当職補任状案に「毎年正月修正、二季彼岸懺法、毎月文殊講、彼以骨寺田畠、一向可募之」（一関市博物館編2017）とあり、概ねこれら法会・神祭・年中行事に関係する物品ということができる。

　骨寺村は、絵図に描かれているように水田はサトの中の「点」の様な状況であった。瀬原村には、1140年（保延6）「灯油料畠一所」・1328年（嘉暦3）「せわらのそりはたけ」（一関市博物館編2017）とあり、この「そりはたけ」は1434年（永享6）行栄譲状に「ソリ畠三段」とある。「ソリ」とは、「ソウリ」ともいい、東日本に多く分布する焼畑地名の一つである（『日本民俗大辞典』吉川弘文館）が、骨寺村の「野畠」のような不安定な畠の場合と異なり、切替畑のように恒常的に存在する定畠があった。山間の骨寺村は、里山に大きく依存した暮らしが想定される。

4　視点をひろげる─中世荘園の景観とその教材化─

　日本史の授業の中で、教えにくい単元の一つに「荘園」がある。荘園が難解であるのは、歴史的にも地域的にも多様であることが要因の一つであるが、教科書の記述にも原因があると考えられる。現在の高等学校の日本史教科書の多くは、奈良時代に三世一身法・墾田永年私財法とともに初期荘園が登場

する。そして 10 世紀から 11 世紀の摂関時代、いわゆる受領の登場とともに負名田堵制が登場する。さらに後三条天皇の延久の荘園整理令などを経て、荘園公領制の体制へと変化する。こうした記述の枠組みは、教える側においても内容が分断されて教えにくいといえる。

　今から 40 年前に小山靖憲 (1981) は (a) 初期荘園、(b) 免田・寄人型荘園、(c) 領域型荘園との荘園類型を立て、荘園景観に着目して中世荘園の成立を論じた。この荘園類型論は、私も歴史教育の場において有効と考えている。

　また、学習指導要領の改訂にともなう新しい科目「日本史探究」の教科書の一つをみると、荘園に関する記述がより工夫されている。教科書第 2 編の第 1 章の最初に「中世社会はどのようにして成立したか」とテーマをおき、中世荘園の典型を領域型荘園として、1 カ所に「荘園」の項目が記述されており、教える側も歓迎すると思われる。

　また、初期荘園など、荘園という用語が定着しているが、生徒にとっては混乱をきたす要因とも考えられるが、今後の課題である。

　田染荘は宇佐八幡宮領、骨寺村は中尊寺経蔵別当領であり、ともに山間の膝下荘園といえるだろう。この二つの荘園をもとに、領域型荘園の荘園景観の何を理解するのかを考えたい。

　まず、授業プランをどう考えるか、みていこう。

［1 時間目］古代荘園（初期荘園）から中世荘園へ

①743 年（天平 15）の墾田永年私財法を契機として、貴族や大寺院が大規模な土地の占有と開墾地の集積を行ったことによって初期荘園（律令制の班田制を補う制度）が成立。東大寺領越前国道守村開田地図から、以下の特徴を考える。

特徴

・荘園の支配領域の境界はなく、荘園の中心となる荘（宅や倉庫）、耕地（墾田や野地）はあっても、専属の荘民はいない。

・近隣の農民が 1 年契約の小作人として小作料（地子）を支払って耕作する。

・現地の国司・郡司が経営に関与している。

②902 年（延喜 2）の荘園整理令によって、地方の「富豪層」（有力農民）が浮浪・逃亡した農民を集めて田地を開発したり、自分の経営する田地や自宅

を貴族の田地や宅という形式のもとに国司への租税納入を拒否したりすることが禁止された。このため、富豪層と中央貴族との結託による荘園の設立が阻止された。

③10世紀に政策が転換され、朝廷は国司に一定額の税の納入を請け負わせ、一国内の統治を委ねた（受領と呼称）。徴税システムが人から土地へと変化した。

・国内の土地を名に編成、田堵と呼ばれる有力農民に名の経営を請け負わせる。

・臨時雑役の賦課や免除は国司の権限に属す。国免荘は臨時雑役の免除で、年貢（官物）は納める。

④11世紀、開発領主が出現し開発を行った。

⑤10世紀～11世紀前半、免田型荘園（免田寄人型荘園）が出現した。

・開発領主は、自らの私領を中央の貴族に寄進して保護を求める。

・国司が貴族・寺社への給付されていた封戸を、特定の免田を指定して封物に相当する分を納めた（便補という）。

・国家機能の一翼を担う権門に仕える寄人が耕す税の減免要求し、国司が認める場合があった。

・免田・寄人型荘園も耕地のみで、集落・住民はいない。

［2時間目］11世紀後半以降の領域型荘園

中世荘園の典型といえる領域型荘園の要素は田畠だけでなく、集落・住人、山野河海、寺社、さらに領域があることであろう。

①領域：田染荘は、12世紀初期以前に摂関家領として成立。近衛家が本家職、宇佐大宮司家が領家職という関係。「八幡宇佐宮神領大鏡」に「田染荘四至」とある。骨寺村は、『吾妻鏡』（1189年〈文治5〉9月10日条）に「東鑓懸、西山王窟、南岩井河、北峯山堂馬坂」とあり、絵図の記載に一致する。

②田畠：田染荘は、前身は田染郷であり、律令時代から荒野に水田が開かれていった。1285年（弘安8）の「豊後国図田帳」によると、本郷40町と吉丸名20町・糸永名30町の2群に分かれて記載されている。本郷40町は、班田制の時代から存在し、桂川流域の田染盆地に条里制の

跡（横溝条里・池辺条里・上野条里）が残る。吉丸名・糸永名は条里制耕地の外にあり、別名として開発されたものである。その特徴は桂川の支流（例えば蕗川・小崎川）流域であること、小河川と桂川との合流点に若干の沖積地がある。開発は井堰及び天水による灌漑が中心である。小崎村をみれば、1689年（元禄2）の村絵図があり、それと比較検討して中世の小崎村（地区）における焼畑の比重が大きく、水田は、田越し灌漑（たごしかんがい）による特徴を持っている。荒野・畠・焼畑が多かったといえる。

　骨寺村においても、在家絵図に記載されているように、天水・湧き水灌漑による水田と「檜山河」の井堰灌漑による開発であるが、水田面積は少ない。不安定な畠や焼畑・荒野が多いといえる。どちらも焼畑に比重が多く、それによる粟・ソバの占める比重が大きかったと考えられる。

③集落・住人：田染荘は、早くから住人が居たと思われる。小崎地区には、中世、田染氏が図1の地形図の延寿寺に居館を構え、勢力を広げた。また、尾崎氏などの開発領主がいた。骨寺村では、絵図Aや「所出物日記」等から、鎌倉時代後半で17戸程度の農民数がいたと想定される。

④寺社・信仰：田染荘では、平安時代末期の阿弥陀堂を代表する富貴寺大堂、また、国東半島一帯に広がる「六郷満山（8世紀に八幡の化身僧仁聞（にんもん）によって開かれた八幡信仰と天台宗が融合）」の寺院群の一つ真木大堂、熊野摩崖仏などの多くの石造文化財がある。田染三所八幡社と称される荘園鎮守社。骨寺村では、栗駒山里宮としての六所宮（ろくしょ）、若御（神）子社、白山社、また水神としての宇那根社があり、山王岩屋にみる山王信仰がある。さらに金聖人霊社がある。絵図A・絵図Bに寺社や宗教施設の記載がある。

⑤最後に、山間荘園の人々の暮らしを、骨寺村の「所出物日記」「在家日記」から考えてみる。たとえば、海から遠いこの地で「鰹」はどのようにして手に入れたのだろうか。焼畑で栽培した物は何か。「山畠粟」とは何か。栗はどのようにして食べられたのか、などである。こういったことを調べさせるのもいいだろう。

●参考文献

飯沼賢司　2012「荘園村落遺跡と文化的景観」海老澤衷・服部英雄・飯沼賢司編『重要文化的景観の道』勉誠出版

石井　進　2000「宇佐・国東の村」『中世の村を歩く』朝日選書（初出 1995『週刊朝日百科日本の歴史　別冊歴史の読みなおす 9　中世の村を訪ねる』朝日新聞社）

一関市博物館編　2017『骨寺村荘園遺跡村落調査研究総括報告書』

出田和久　1986「近世村落景観の復原―地籍図と村絵図―」大分県立宇佐風土記の丘歴史民俗資料館編『豊後国田染荘の調査Ⅰ』

出田和久　1988「豊後田染荘の近世村落景観」水津一郎先生退官記念事業会編『人文地理学の視圏』大明堂

伊藤寿和　1995「平安・鎌倉時代の「山畑（焼畑）」に関する歴史地理学的研究」『日本女子大学文学部紀要』45

入間田宣夫　2010「骨寺村所出物日記にみえる干栗と立木について（覚書）」『季刊東北学』21（『中尊寺領骨寺村絵図を読む』高志書院、2019 所収）

入間田宣夫　2012「荘園遺跡の文化的空間」海老澤衷・服部英雄・飯沼賢司編『重要文化的景観の道』勉誠出版

入間田宣夫　2014「骨寺村絵図に描かれた駒形根と六所宮について（覚書）」『一関市博物館研究報告』17

入間田宣夫　2015「骨寺村絵図に描かれた駒形根と六所宮について（覚書・続）」『一関市博物館研究報告』18

入間田宣夫　2016「骨寺村の成立は、いつまで遡るのか」『一関市博物館研究報告』19

入間田宣夫　2017「骨寺村遺跡の顕著な普遍的価値（OUV）について」『骨寺村荘園遺跡村落調査研究総括報告書』

入間田宣夫　2018「骨寺村絵図ににみる神と仏の世界（序説）」『平成 30 年度骨寺村荘園遺跡村落調査研究報告書』

入間田宣夫　2019『中尊寺領骨寺村絵図を読む』高志書院

入間田宣夫　2022「骨寺村における均等在家の成立をめぐって」『令和 3 年度骨寺村荘園遺跡村落調査研究報告書』

海老澤　衷　1986「灌漑体系の変遷」大分県立宇佐風土記の丘歴史民俗資料館編『豊後国田染荘の調査Ⅰ』

海老澤　衷　1991「Ⅱ. 国東の荘園歩く　1. 豊後国田染荘（たしぶのしょう）」『シンポウム「中世の村と現代」』大分県立宇佐風土記の丘歴史民俗資料館

海老澤　衷　2000『荘園公領制と中世村落』校倉書房

海老澤　衷　2012「田染荘域における水田開発の初段階と小崎」海老澤　衷・服部英雄・飯沼賢司編『重要文化的景観の道』勉誠出版

大石直正　1984「中尊寺領骨寺村の成立」『東北文化研究所紀要』15

大石直正　1990「東北中世村落の成立―中尊寺領骨寺村―」羽下徳彦編『北日本中世史の研究』吉川弘文館

大石直正　1997「陸奥国骨寺村絵図（在家絵図）、同（仏神絵図）解説」小山靖憲・吉田敏弘ほか編『中世荘園絵図大成』河出書房新社

大石直正　2012「膝下荘園としての骨寺村」『一関市博物館研究報告』15

大石直正　2013「中尊寺領骨寺村の構成―南北朝内乱紀の再開発―」『一関市博物館研究報告』16

大分県立宇佐風土記の丘歴史民俗資料館編　1985『豊後国田染荘の調査Ⅰ』

大分県立宇佐風土記の丘歴史民俗資料館編　1986『豊後国田染荘の調査Ⅱ』

神谷美和　2013「中世骨寺村の開発と公事」『一関市博物館研究報告』16

神谷美和　2014「骨寺村荘園遺跡・駒形根神社の歴史と伝統的信仰について」『一関市博物館研

　　究報告』17

神谷美和　2015「ウナネ社再考」『一関市博物館研究報告』18

木村茂光　2018「中尊寺経蔵別当領骨寺村の性格と骨寺村絵図」『平成30年度骨寺村荘園遺跡
　　村落調査研究報告書』

木村茂光　2023「陸奥国骨寺村」鎌倉佐保・木村茂光・高木徳郎編『荘園研究の論点と展望』
　　吉川弘文館

小岩弘明　2015「骨寺村の「日記」記される公事を再検証する」『一関市博物館研究報告』18

小岩弘明　2017「骨寺村の公事が示すもの」『骨寺村荘園遺跡村落調査研究総括報告書』

小山靖憲　1981「古代荘園から中世荘園へ」『歴史地理教育』329（のち1998『中世寺社と荘園制』
　　所収）

鈴木弘太　2017a「『陸奥国骨寺村絵図』を復元する」『骨寺村荘園遺跡村落調査研究総括報告書』

鈴木弘太　2017b「「馬坂新道」に関する研究ノート」『骨寺村荘園遺跡村落調査研究総括報告書』

鈴木博之　2012「骨寺村からの貢納品」『一関市博物館研究報告』15

服部英雄　2012「田染荘小崎の学術的価値」海老澤　衷・服部英雄・飯沼賢司編『重要文化的
　　景観の道』勉誠出版

平塚　明・島田直明・吉木岳哉・吉川昌伸　2013「一関市厳美町本寺地区岩井川左岸の旧河道
　　における花粉分析」『骨寺村村落景観調査研究自然関係調査業務報告集』

平塚　明　2017「一関市厳美町本寺地区の植生変遷」『骨寺村荘園遺跡村落調査研究総括報告書』

広田純一・菅原麻美　2016「骨寺村荘園遺跡における田越し灌漑システムの変容」『平成27年
　　度骨寺村荘園遺跡村落調査研究報告書』

広田純一・菅原麻美　2017「骨寺村荘園遺跡における田越し灌漑システムの実態と骨寺村絵図（在
　　家絵図）に描かれた水田の推定」『骨寺村荘園遺跡村落調査研究総括報告書』

福田アジオ　1982『日本村落の民俗的構造』弘文堂

福田アジオ　1989『時間の民俗学・空間の民俗学』木耳社

誉田慶喜　2017「骨寺村の宗教世界」『骨寺村荘園遺跡村落調査研究総括報告書』

松井吉昭　1991「陸奥国骨寺村絵図」「陸奥国骨寺村絵図を歩く」荘園絵図研究会編『絵引荘園
　　絵図』東京堂出版

松井吉昭　2000「骨寺村絵図―聖地を描く絵図」奥野中彦編『荘園絵図研究の視座』東京堂出版

吉田敏弘　1989「骨寺村絵図の地域像」『絵図のコスモロジー』下、地人書房

吉田敏弘　2008『絵図と景観が語る骨寺村の歴史』本の森

渡辺澄夫編　1984『豊後国荘園公領史料集成一　豊後国田染荘・田原別符史料』（『田染荘史料』
　　と略す）別府大学

有形文化財 書跡・典籍

説話は何を伝えるのか

松井吉昭

> 『三国伝記』の内容から人々の交流をよみとく！

1 典籍とは

（1）文化財としての典籍

典籍とは、書籍・書物、つまり本のことで、古典籍という言い方もある。近代以前（江戸時代末まで）につくられた書物のことを古典籍といっている。文化財保護法では、書跡・古文書・典籍その他の有形の文化的所産で、我が国にとって歴史上または芸術上の価値が高い美術品・工芸品や学術上価値の高い歴史資料などを「有形文化財」と呼んでいる。

書跡は、書道のすぐれた作品や禅僧の書いた書（墨蹟）などであり、古文書は、記録や日記、手紙などのことで、和紙や板に墨で書かれたものが多い。典籍は、中国の古い本（漢籍）、仏教のお経や教えを書いた本（仏典）、ヨーロッパで発行された本（洋本）、『万葉集』などの日本の古い本（国書・和書）などがある。

典籍（本）を形態で分類すると、大きく筆写本（書写本・写本）と印刷本（版本・板本・刊本）とがある。これは典籍特有の分類である。一般に写本とは、紙に文字を筆で書いた本のことを指す。写本の特徴はその性格が多彩であることである。通例、筆者が自身の著作物を筆写した場合、その本を「自筆本」という。例えば冷泉家本でいえば、藤原定家の『明月記』などは自筆本である。しかし、自筆原本ではなく、後に書き改めて浄書したものを「清書本」という。

写本の多くは、他人が著作した本を別人が筆写した本を「写本」と呼んでいる。その書写に使用された本を底本、それを「親本」と呼ぶが、何のために写したのか、忠実に写したのかどうか判断することが大切である（山本2004）。

　また写本は、中世末までを原則とし、慶長・元和年間（1596〜1614・1615〜1624）のものを準じて古写本とする。写本は江戸時代のものが圧倒的に多いので、これに対して、明治初年以後の写本を普通「新写本」として区別する。

　版本は、印刷の用具、機器によって大別されるのが通例である。板木で印刷した整版印刷か、銅・木の活字による印刷かの区別がある。整版本、銅活字本、木活字本、キリシタン版に大別される。

　典籍の内容分類でいえば、図書館分類法がある。いわゆる十進分類法である。その他典籍の分類には、「装訂」（製本の仕方）や「書型」（本の大きさ）による分類がある。内容による分類は図書館分類法をあげたが、それもさまざまな考え方がある。『国書総目録』の分類では、「総記、思想、神祇、仏教、宗教、言語、文学、音楽・演劇、歴史、地理、政治・法制（附故実）、風俗・（生活）」などが分類項目としてある。本稿で取り上げる説話集は「文学」に分類される。

　日本の歴史や文化を理解する上で重要な役割を果たしているのが、典籍である。

（2）『三国伝記』とはどういう説話集か？

　説話集といえば、平安時代末の『今昔物語集』をはじめ鎌倉時代の『宇治拾遺物語』、さらに『古事談』（源顕兼）・『古今著聞集』（橘成季）・『発心集』（鴨長明）・『沙石集』（無住）・『雑談集』（無住）など、中世には多くの説話集が編纂された。説話集の性格を説明するのは難しいが、簡単に言ってしまえば貴族社会に伝えられていたさまざまな言い伝えや噂などを集めたものである（大隅 2017）。説話集の内容を見ていくと、中世の貴族たちが何に関心を持ち、どのような知識を伝えようとしたのかを読み取ることができる。例えば『古今著聞集』は、『今昔物語集』に次いで多くの説話を集録しているが、橘成季が集めた 30 の篇目と内容を見てみると、そこに中世の文化を構成する基本的な項目が読み取れるという（大隅 2017）。

　では『三国伝記』を取り上げて説話からどのような中世文化がみえるか考えてみよう。『国史大辞典』の説明によれば、「室町時代の仏教説話集」で、「沙弥玄棟（伝記未詳。近江の人で、延暦寺関係の天台僧かと推定される）著。十二巻」とあり、成立年時については諸説あるが、1407 年（応永 14）以後、1446 年（文安 3）以前とする説が有力という。内容は高僧伝・縁起譚・因果応報譚・霊験譚・

発心往生譚など仏教説話を主体とし、一般説話も交わっている。各話の冒
頭は、「梵曰」・「漢言」・「和云」で始まるが、梵語坊・漢字郎・和阿弥の3
人が清水寺に参詣して偶然に出会い、座談会が開かれた。それぞれ自国の話
を語ったのである。インド・中国・日本の三国の話が順に配置され、各巻と
もこのサイクルが繰り返される。口承であれ書承であれ、それぞれの話はど
こかから伝承されてきたものであって撰者の創作ではない。さらに『三国伝
記』には、文献の典拠が判明している話が多い（池上 1999）。

　『今昔物語集』などの他の説話集に比べて、これまで日本文学史上ではあ
まり注目されてこなかった説話集である。その理由として、一つには、この
説話集特有の話が少ないと評価されたためである。『三国伝記』の日本説話
の主な取材源は、『太平記』『発心集』『長谷寺験記』『沙石集』などであるが、
実は『三国伝記』特有の話もある。それらは近江の湖北・湖東の寺社の縁起
である。それもその多くは、この地が戦国の戦いの中ですべて失われてしまっ
た寺社の話が多い。近江はいうまでもなく比叡山延暦寺の膝下にある土地で
ある。織田信長による比叡山焼き打ちをはじめ、この土地において信長と浅
井・朝倉・六角勢との争いによって滅んだ寺社も多い。それらの寺社の伝承
をうかがい知れることのできるのが『三国伝記』である。また、この作品が
成立した時代背景について、池上は「平和と国際化の時代」であったと指摘
している（池上 1999）。湖東に残る伝承・縁起の世界を見てみたい。

2　『三国伝記』の歴史的背景

（1）「犬上明神縁起」

　『三国伝記』（巻第2第18）に「不知也河〔辺〕狩人事」という話が載せら
れている（史料1）。

　犬上郡の地名伝承と犬上（神）明神の縁起譚である。この話についてはす
でに徳田和夫の詳論（1990）があり、比較説話学から世界的に分布する昔話「忠
義な犬」の話の型をそっくりそのまま利用してつくられた話であることが指
摘されている。こうした「忠義な犬」の話型は、「多年にわたって猟師など
の主人に飼われていた犬が、山中での狩りの時、主人の居眠りの最中に大蛇
などの化物を発見し、激しく吠えたてる。危険の迫ったことを知らぬ主人は、

史料1　「不知也河〔辺〕狩人事」(『三国伝記』)

和云、昔、江州イサヤ川ノ辺ニ狩人有リ。出テハ山ノ鹿ヲ殺シ菩提ヲ求ル事無ク、
入テハ家ノ犬ヲ飼テ煩悩ヲ不レ厭。昼ハ千鳥ガ岡ニ遊テ遅々タル春ノ日ヲ暮シ、夜
ハ鳥籠　山ニ臥テ耿々タル秋ノ夜ヲ明ス。彼ノ所ハ山深シテ鬱々タリ。林茂シテ
森々たり。或時、萋々タル林ノ中ニ獣ヲ射トスルニ日已ニ暮ヌ。人倫遠シテ何トヤ覧
物スゴシ。弓ニ雁俣取添テ大ナル朽木ノ本ニ立寄テ夜ヲ明サントスル処ニ、比良片ノ
目検枷ト云ッ犬ノ子ニ小白丸トテ秘蔵ノ狗ヲツナギツレタリケルガ、及ビニ深更ニ
此ノ犬主ニ向テ頻リニ吠ル。彼ノ猟師声ヲ出シテ咤呵スレドモ、尚飛揚々々吠ケル程ニ、
猟師腹ヲ立テ打ッ刀ヲ抜テ犬ノ頸ヲ打落シタリケレバ、其ノ頸飛上テ朽木ノ上ヨリ大
蛇蚊下リテ師子ノ頭ノ如クナル口ヲ開テ猟師ヲ呑ントスル咽ニ嚙付テ、則チ大
蛇ヲ喰殺セリ。狩人是ヲ驚怖悲泣セリ。其ノ処ニ祠ヲ立テ彼ノ犬ヲ神ト崇ム。今ノ
犬神ノ明神是レ也。彼ノ処ヲ犬上郡ト云フ、此ノ故也。

(大意)

　昔、近江の不知也川の辺に猟師がいた。ある日狩りに出て林の中で日が暮れた。
猟師は大きな朽ち木の根元で夜を明かすことにした。夜半になって犬が主人の猟師
に吠えかかった。犬の名は「比良片の目検枷」の子で「小白丸」という。猟師は声
を出して叱ったが、犬はなお飛び上がって吠えかかる。猟師は腹を立てて犬の首を
切った。すると犬の首は猟師の頭上を飛び上がり、朽ち木の上に大蛇がいて、獅子
の頭の如く大きな口を開けて猟師を飲み込もうしていた。犬の頭は、その大蛇の喉
笛に嚙みついて大蛇を殺した。猟師は驚き悲しみ、祠を立ててその犬を祀った。そ
れが犬上（神）明神の由来であり、付近を犬上郡というのもそのためである。

　犬がしきりに吠えたてるのを、わが身への反抗と誤解して、犬の首を切り落
とす。その頸は空中に飛びあがり、樹上の化物に喰いつき、退治する。これ
を知った主人は犬の忠義に気づいて後悔し、手厚くとむらう」という物語で、
動物報恩に分類されると指摘する（徳田1990）。日本での「忠義な犬」の早い
例は、『今昔物語集』巻29第32話の「陸奥の国の狗山の狗、大蛇を咋ひ殺
せる語」に見ることができる。
　『今昔物語集』の話では、陸奥の猟師は太刀を抜いて、吠えかかる猟犬の
うちの一頭を殺そうとしたときに、猟師を狙っている大蛇に気づき太刀で蛇
を殺した。ここには、「忠義な犬」の死はないので、当然、犬の供養と祭祀
の話はない。

84

　室町時代に成立した『三国伝記』では、説話題目「不知也河（辺）狩人事」
の下に「犬上明神本跡也」とあり、犬上（神）明神の縁起譚の体裁をとる。
地名として「イサヤ川」「千鳥ガ岡」「鳥籠山」がある。『三国伝記』の頭注（池
上校注1987）によれば、「イサヤ川」は芹川をさすが、この話の舞台は、犬上
神社や大蛇の淵がある犬上川のほとりである。また「千鳥ガ岡」は、「彦根
市の北部、鳥居本にある小山」、「鳥籠山」は、「彦根市の東部、正法寺にあ
る山。床の山」とある。両地名とも芹川の北側に位置する地名である。同じ
く『三国伝記』巻4第21話「三人同道ノ僧俗愛知川ノ洪水ヲ渡ル事」に、「今ハ、
近江路ニ、誰ガ宿ヲモ柏原、本ノ心ヲ今迄ニ、捨ヲ身ナラバ憂ラマシ、浮世ノ夢モ
サメガイニ、若キヤ沈マン磨針ノ、行ク末へ細キ小野ノ道、問ヘドモ答ヌイサヤ川、
今日モ暮ヌ卜夕露ノ、珠ヲ懸ダル旅衣、片夕敷ク床ノ山隠ニ、鳴千鳥ノ岡越テ、馬
屋ノ原ヲ過ギケルニ」と、道行き文に織り込まれている。古くは『万葉集』に「狗
上の鳥籠山にある不知也河」「淡海路鳥籠の山なる不知也川」と詠まれ、し
ばしば歌枕として「鳥籠山」は「イサヤ川」と読み合わされていて、全国的
に知られた地名であったが故に、「イサヤ川」が説話伝承のなかにとりいれ
られたのではないだろうか。

　滋賀県犬上郡多賀町を流れる犬上川の上流域に「大蛇の淵」があり、その
ほとりに大滝神社がある。犬上神社は大滝神社の末社で、大滝神社は多賀神
社の末社である。県道佐目敏満寺線（227号）をはさんで、鳥居の向かい側に
犬胴塚があり、昔あったという「犬胴松」の由来の立札がある（犬の名は「小
石丸」となっている。池上2008）。

（2）「忠義な犬」の在地の伝承

　この伝承は近江国の近世の地誌類に、どのように伝承されてきたのだろ
うか。徳田が指摘するように（徳田1990）、『淡海秘録』（多賀大社1977）をは
じめ『淡海温故録』や『淡海木間攫』・『近江国輿地志略』に「犬上三国
伝に出」とか「委く三国伝記に出たり」とあり、『三国伝記』の話を載せて
いる（松井2000）。しかし『近江落穂集』（多賀大社1977）には、「一犬上郡犬
上神社、往昔右大将頼朝卿朝臣近江国御順見被レ遊し時、供奉の面々には北
条四郎時政・梶原平三景時・日置判官・埴谷四郎・和田義盛等也」とあり、
彦根山金亀の観音・多賀社とを参詣し、「さて夫より寺僧・郷士とも供奉し

奉りて犬首のやしろへ御参詣也」とある。その時に頼朝が、寺僧や郷士に「犬首社」＝犬上社の縁起を尋ねた。

寺僧らが語ったその縁起は、「往古此辺稲木の辺に嶋津良子三郎、甥のいすか入道とて、名高き貳人の野武士にて、（中略）此のもの常に飼犬貳匹ありしか、壹匹ハ名犬鹿と名つく、今壹匹は小白丸と云。或時此貳匹を召連れ、（中略）山野に出て貳人狩りせられ候処、当所滝之宮の淵に至り、草原に貳人とも弓矢をさし置少しまとろみ候。其時右の小白丸大聲にて鳴ける故、これはいか成事とおもひ居る所に、貳人の主人へ飛懸りし事数度也。貳人のあらもの不仁不法の荒者故、臥なから山刀をぬき小白丸を切殺せり。又壹匹の名犬鹿と名付しは一こゑも鳴すして、只淵の方をみてねらいすませしよし。其時貳人者夢さめてあたりをみれは、」白黒の鼎（かなえ）のようなものが淵から出てきて2人の足に糸を巻き付けて水中に戻っていった。恐ろしくなった2人は、天照大神を念じて祈ると、妖怪は水中に姿を消した。2人は主人に危険を知らせた小白丸を斬り殺したことを後悔し、「此所に宮を建立し右之小白丸を犬首大明神とあかめ申候なり。此やしろより起こって犬首郡と改申なり。それまでは白石郡と申候」、さらに頼朝が犬上郡と定めたという。そしてこの化け物は「川古母血（カワコモチ）」といい、かつて伊豆の海中にも出たと、頼朝の家来埴谷四郎が言ったそうである。

この話は、『三国伝記』とは異なり、主人は嶋津良子三郎と甥のいすか入道の2人、犬も小白丸と鹿の2匹である。さらに、天照大神を念じたことによって妖怪を退けたことになっている。

それでは、大滝神社の本社である多賀神社に残されている伝承はどうであろうか。

1775年（安政4）写の「多賀大社儀軌」（巻四）（多賀大社 1978）に、「犬上滝大明神」とある。また、1781年（天明元）写の「多賀大社本末神名記」（多賀大社 1979）に、「犬上社」がある。江戸時代後期の資料であるが、両者とも犬の名前を欠く以外『三国伝記』の話が多賀社に伝承されてきたことを物語る。

3 『三国伝記』をよみとく

（1）多賀社参詣曼荼羅の図像にみる「忠義な犬」

　多賀社には、文献資料以外に図像の資料がある。多賀社参詣曼荼羅は現在3本確認されている。仮にA本(サントリー美術館所蔵)、B本・C本(多賀大社所蔵)とする。C本がなかでも1番新しい江戸時代初期と考えられ、A本・B本は16世紀頃のものと思われる。全体のトレース図（図1）はC本のもので、図の向かって右下に犬上明神の図像がある。A本〜C本の「忠義な犬」の図像を見てみよう。

　A本（図2）　馬上に乗った猟師、右手に刀、左手に弓矢を持つ。犬は1匹で白犬（小白丸）である。犬上川の大蛇の淵から出てきて大きな口を開けた大蛇（竜）に飛びかかっている。大滝神社は犬上川の右岸にある。

　B本（図3）　犬上川の左岸に人物は2人描かれているが、服装が同じ色であり顔の描きかたも似ており同一人物と考えられる。猟師というより武士の

図1　多賀社参詣曼荼羅トレース図（C本、大坂市立博物館編 1997『社寺参詣曼荼羅』より）

図2　多賀社参詣曼荼羅（A本）

図3　多賀社参詣曼荼羅（B本）

図4　多賀社参詣曼荼羅（C本）

ようである。下方の人物は、まどろみから目覚めたばかりのようで、刀や弓矢は側に置かれている。上方の人物は、右手に刀を持ち、左手をかざして前を見つめている。犬は1匹で白犬であり、武士の側にいて大蛇（竜）と対峙している。犬上川に滝があり、大蛇の淵から出てきた大蛇が口を開けている。さらに犬上川に衣冠束帯姿の貴人を乗せた小舟が浮かぶ。源頼朝主従一行の巡見であろう。

　C本（図4）　人物2人が描かれている。服装の色は、上方の武士が赤、下方の武士が橙色である。明らかに2人の異なる武士が描かれ、上方の武士は半身を起こした格好で傍らに弓矢、右手に刀を持つ。下方の武士は胡座をかき、右手に刀を持って左手をかざして大蛇を見ている。犬は1匹の白犬で、下方の武士の前にすわる格好で大蛇と対峙している。滝の脇から大蛇が現れる。大滝神社は犬上川の左岸にあり、川には貴人を乗せた船が浮かぶ。源頼朝主従一行の近江巡見であろう。

　また、源頼朝が犬上川辺りに来たことについては、『近江落穂集』の他に『淡海温故録』に記載がある。『淡海温故録』の「犬上郡」の「富ノ尾」の説明に、「此処に地蔵菩薩あり。往古より霊験名高く聞こへありて、鎌倉ノ右大臣（将）頼朝御祈願在けるに、観応忽顕れ、御願成就して」とあり、今は地蔵のあるのを知る人は少ないと記す。1190年（建久元）の頼朝上洛の話が

下地になっているのかも知れない。

　3本の図像は、犬に関してはすべて1匹で白犬である。『三国伝記』の伝承に則ったものである。猟師（武士）に関しては、1人の場合と2人の場合があり、A本・B本は『三国伝記』型といえようか。ただし、A本の場合、馬上の猟師（武士）の図像は、猟師が馬に乗って狩りに出かけたとの伝承があったことを物語るだろう。3本の図像から、徳田の指摘のように（徳田1990）、同一地域においても伝承に相違があることを知り得る。

（2）「忠義な犬」小白丸の親犬

　『三国伝記』の「忠義な犬」小白丸の話では、「比良片ノ目検栁と云フ犬ノ子ニ小白丸トテ　秘蔵ノ狗」と、小白丸の親犬の名前にこだわっている。国会図書館蔵の写本では、「比良河の目検校」とある（池上1999）。「目検栁」にしても「目検校」にしても、犬の名前としては奇妙である。親犬の名前に関しては池上の詳論（池上1999）があり、それを参照して考えてみたい。

　『近江の伝説』（駒・中川1977）に、湖北の伝説として「大滝神社に胴塚を残す小白丸の親犬、目建解の墓」と、言い伝えられている石があるという。その石は犬塚といい、長浜市平方町の平方天満宮という小祠の境内にある。伝説では、

　　　むかしこの社に怪物が現われるので、毎年附近の村から人身御供の娘を出すことになっていた。その期日が近づいたある夜、通りがかった旅人が、湖から得体の知れない怪物が上がってくるのを見た。怪物は境内をのそのそと歩きながら、しきりに口の中で何か呟いている。恐ろしさをこらえて耳をすますと、「メタテカイに喋るな、メタテカイに喋るな」と聞こえた（「メッキに言うなよ、メッキに言うなよ」との話もある〈長浜むかし話編集委員会編1977〉）。

　　　翌る日旅人が近くの村でそのことを物語ると、それは浅井の野瀬の長者が飼っている犬の名前にちがいないといい出す者があった。村びとたちは早速その犬を借り出して、人身御供を供える夜、ひそかに社殿の蔭に待ち伏せた。湖の水が騒いで怪物が上がってくると、目建解は猛然と飛びかかっていった。怪物は「喋ったな」と叫んで水中へ逃げこもうとしたが、たちまち噛み殺されてしまった。年を経た川獺だったそうである。

　平方天満宮の犬塚の犬は、浅井の野瀬の長者の犬でメテカイ（目建解）といい、怪物は川獺だったという話である。そのほか、『淡海温故録』の坂田郡の「平瀉」の項に、小白丸の親犬として「此処ハ下坂ノ濱也昔此処ニ目健解ト云名誉ノ犬アリ其子ニ小白丸ト云犬アリ神変ヲ顕シ後犬上明神ト祭ルト云コト三国伝記ニ見ヘタリ又川瀬ノ功領アリテ金瘡ノ妙法ヲ人ニ授伝タル由其方当処ニアルト云ヘリ」とある。同じく『淡海木間攫』の平方村の項に、「目健解ト云名誉奇特ノ犬」が記録されている。

　これまで見てきたように「メタテカイ」が、「目建解」の読みである。『三国伝記』の「目検枷」や『目検校』（国会図書館写本）も同じ名前であるはずである。当てている漢字が違うだけで、もともと同じ名前であった。池上が指摘したように、この小白丸の親犬の名前も昔話「猿神退治」に由来する（池上 1999）。厄難克服の物語で、人身御供を要求する猿神の苦手な犬を偶然耳にして、諸国を旅する者（僧や猟師など）がその犬を探し出して猿神を退治する話である。全国に分布するこの話の犬の名前は、「シッペイ太郎」、「メッケ犬」「メッケイ犬」などが多い。『三国伝記』の「目検枷」「目検校」も「メケンゲ」「メケンゲウ」で、「メッケ」の訛ったものである。正確に言えば、「メケンゲ」の当て字が「目健解」だったことになる。そして今度はこの当て字に、「メタテカイ」の仮名が振られたということになった。これが『近江の伝説』に採用されているということである。また近世の地誌類の多くは、『三国伝記』の影響下にあって、「目検枷」を受け継いでいったものと思われる。

　「忠義な犬」小白丸の親犬に関しては、浅井の野瀬（旧浅井町）–平方天満宮–犬上郡富之尾の大滝神社（犬上神社）とつながって伝承されてきた。長浜の名犬伝説と多賀の名犬伝説は、本来それぞれの土地と結びついた話であったが、湖上や陸上交通による人と人の交流のなかで、それぞれの伝承が結びついたものである。なかには、『三国伝記』とは異なる伝承も伝えられていた。

4　視点をひろげる —湖北・湖東地域の交通と交流—

　近江の湖北・湖東の交通と交流を少し考えてみたい（図5）。
　前節で見たように源頼朝は、1190年（建久元）上洛した。『吾妻鏡』に「（11月）

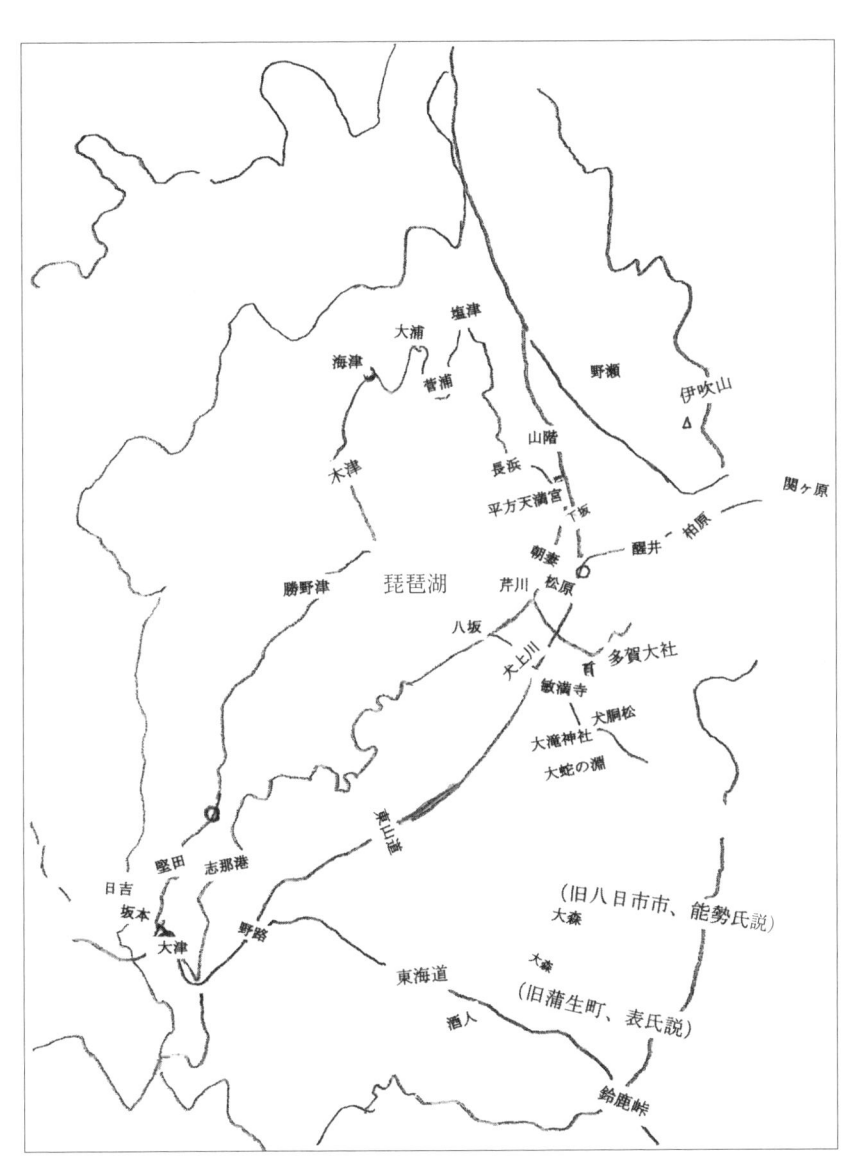

図5　近江の交通の概略図（筆者作成）

2日　近江国柏原において」「5日　野路宿（現、草津市野路町）に着到」とある。中世を通じて近江では鈴鹿峠を回避して、尾張から美濃へ、関ヶ原ルートの東山道が一般的であった。前記の『三国伝記』巻四第21話の道行文には、「柏原（坂田郡）・サメガイ（醒井）・磨針・小野」と記載されている。

　また湖上交通では、古代以来物資の輸送が行われていた。北陸地方の物資は、敦賀から陸路で塩津へ運ばれ、琵琶湖の水運（菅浦・木津・勝野津・比良湊・堅田）を経て坂本、大津に運ばれ、再度山越えをして京都に運ばれた。湖上を往来した人々も多く、例えば前関白一条兼良は、奈良から美濃へ行く時、大津を経て坂本で宿したあと翌朝、船で坂本から堅田浦、対岸の八坂を経て朝妻で下船し、東山道を美濃へ向かった（木村 1995）。

　近江における人の交流を、猿楽を通してみてみよう。1430年（永享2）頃成立の世阿弥の『申楽談儀』に、

　　　　近江は、敏満寺の座、久座也。山科は、山科と云所の悴侍成しが、敏満寺が女と嫁して、申楽に心ざして、山科の明神、春日にて御座歟、籠て進退を祈る。烏社壇の上より物を落とす。見れば翁面にてまします。此上はとて申楽に成。嫡子をば山科に置き、弟をば下坂に置き、三男をば日吉に置く。其より三座の流れと成。然共、山科総領なれば、日吉の神事、今に正月朔日より七日に至る迄、山科独して翁をす。彼面也。此能は、昔の山科、夫婦連れて大晦日に籠りし時、三歳に成子頓死しければ、末代迄、子々孫々に於きて、正月朔申楽を勤むべきと、祈念しければ、蘇生せし、其願也。今の岩童祖父、下坂と云名字を除きて、日吉と号す。近比、山よりの下知といへ共、無念成こと也。敏満寺、大森、酒人。下三座。

と記されている。

　この記載によれば、当時近江国には、日吉神社の神事申楽に参勤した猿楽座として、山科（山階）座・下坂座・日吉（比叡）座の座があり（上三座）、それ以外に下三座と呼ばれる敏満寺座・大森座・酒人座があった。これらの座の所在地については、能勢朝次が考証しており（能勢1938）、山科（山階）座は滋賀県長浜市山階、下坂座は同長浜市下坂、日吉（比叡）座は同大津市坂本、敏満寺座は同犬上郡多賀町敏満寺、大森座は同東近江市大森町（表章は東近江市蒲生大森町とする。表・加藤1974）、酒人座は同甲賀市水口町酒人とされ

た。日吉神社に参勤した猿楽座が山階座・下坂座のように琵琶湖の対岸から参勤したのである。また、「敏満寺の座、久座」とあるように、敏満寺座は近江における猿楽座の根本の座であった。後藤叔は、古利としての敏満寺が、1571 年（元亀 2）、織田信長によって焼き打ちされて廃絶以降、敏満寺としての名は地名として存在したが、中世においてはあくまで寺の名であり、地名としては別に北坂村と呼ばれていた事を考証した（後藤 1961、山路 1989）。この敏満寺座は、地元では「北坂座」と呼ばれていた。

　この敏満寺座と関わりのあった地域は、例えば敏満寺に隣接した犬上郡郡鎮守多賀社の 1467 年（文正 2）7 月 2 日多賀大社所務渡算用状注進（多賀大社 1983:83）に残されている。6 月の祭礼猿楽に、楽頭の馬淵（まぶち）の馬見岡（うまみおか）樹木大夫・山階大夫・日吉大夫とともに「当所北坂大夫」が参勤していることがわかる。また 1550 年（天文 19）6 月 20 日近江国守護奉行人連署奉書（多賀大社 1983:68）に、「多賀大社今月二十日神事能、三座立相之事、日吉大夫能州仁在国之条、当所以手能衆、北坂、山階如両座、三座為立相可相勤之」とある。日吉座が能登まで出向いていて、当時この多賀社の神事能が三座の立合で演じられており、日吉座の欠を手猿楽衆（素人集団）が補っている。

　この敏満寺座を示す史料は、他に 1473 年（文明 5）9 月 8 日井戸村備後守沙弥定阿弥讓与目録（『近江国古文書志 3 巻　坂田郡編・下』）に「敏満寺猿楽乙若大夫に預け置候証文もと者文明三年二月十八日にうしない候とて」とあり、1471 年（文明 3）2 月 28 日の東西両軍（細川方と山名方）の近江米原山における合戦のおりに、敏満寺猿楽の乙若大夫に預けた証文が失われたというのである。井戸村氏は近江浅井氏に仕える坂田郡箕浦村の土豪である。さらに近江菅浦文書のなかに、2 通の敏満寺座に関わる文書がある。一つは、年欠 8 月 29 日敏満寺座虎若太夫書状（滋賀大学日本経済文化研究所史料館編 1960:355・435）に、菅浦から敏満寺へ猿楽に来てくれという招待状があったのに対する、承諾の礼状である。二つは、1548 年（天文 17）11 月 3 日敏満寺座広名大夫楽頭職売券であり、菅浦惣中に神事能の楽頭職を売り渡している（山路 1989）。

　猿楽の敏満寺座のように、湖東をはじめ湖北にまで往来があったことがわかる。近江国は、古代より交通の要衝であった。東海道・東山道が通り、琵琶湖の水運によって日本海側の物資も運ばれてくる。人や物の流れとともに

情報も伝わる。こうした環境ともう一つ知の総本山というべき比叡山の存在が、『三国伝記』成立の背景にあるといえる。

●**参考文献**

池上洵一校注　1982・1987『三国伝記　（上）（下）中世文学』三弥井書店

池上洵一　1999『修験の道　三国伝記の世界』以文社

池上洵一　2008「近江湖東地域寺社縁起基礎資料」『池上洵一著作集第三巻　今昔・三国伝記の世界』和泉書院

大隅和雄　2017『日本文化史講義』吉川弘文館

表　章・加藤周一　1974『日本思想体系　世阿弥・禅竹』岩波書店

木村至宏　1995「琵琶湖の湖上交通の変遷」木村至宏編『近江の歴史と文化』思文閣出版

小助川元太・橋本正俊編　2021『室町期の文化・社会・宗教』勉誠社

後藤　叔　1961「近江猿楽北坂座考」『演劇学論集日本演劇学会紀要』4

後藤　叔　1965「近江猿楽に関する二、三の問題」『演劇学論集日本演劇学会紀要』7

駒　敏郎・中川正文　1977『日本の伝説19　近江の伝説』角川書店

滋賀県地方史研究科連絡会編　1976『淡海温故録』（近江史料シリーズ）

滋賀県地方史研究科連絡会編　1980『淡海録』

滋賀県地方史研究科連絡会編　1990『淡海木間攫』

滋賀大学日本経済文化研究所史料館　1960『菅浦文書　上巻』滋賀大学日本経済文化研究叢書1

多賀大社　1977『多賀大社叢書　典籍篇』

多賀大社　1978『多賀大社叢書　記録篇（一）』

多賀大社　1979『多賀大社叢書　記録篇（二）』

多賀大社　1983『多賀大社叢書　文書篇』

徳田和夫　1990「彼我の「忠義な犬」譚と「犬神明神の縁起」」『絵語りと物語り』平凡社

長浜むかし話編集委員会編　1977『長浜のむかし話』長浜市老人クラブ連合会

能勢朝次　1938『能楽源流考』岩波書店

藤井　隆　1991『日本古典書誌学総説』和泉書院

松井吉昭　2000「多賀社参詣曼荼羅を読む」日本史攷究会編『岡田芳朗先生古希記念論集　時と文化』総合出版社歴研

水野章二編　2020『よみがえる港・塩津』サンライズ出版

山路興造　1989「近江猿楽座再考」『芸能史研究』105（『翁の座』平凡社、1990所収）

山本信吉　2004『古典籍が語る―書物の文化史―』八木書店

記念物 **史跡**

古道は何をつないだのか

島村圭一

鎌倉街道を探ると中世の人々の往来がわかる！

1　古道とは

（1）古代の道

　人々が行き来をすると道ができるが、政治権力または一般民衆の利用のために設けられた道を「道路」と呼ぶ。本格的な道路の成立は古代国家形成期であるが、日本列島では、邪馬台国の時代に、中国大陸から朝鮮半島経由をして、九州から本州を結ぶ海陸の交通路が、一定の政治権力の下で成立していたことを『魏志』倭人伝からもうかがうことができる。

　律令制下には、都から全国の国衙へ向かう山陽道・東山道・東海道・北陸道・南海道・山陰道・西海道の幹線と、国衙から国内各地への支線が整備された。このように国家により整備、維持・管理された道を「官道」と呼ぶが、これらの官道は、京と大宰府とを結ぶ山陽道が主幹線で、それぞれ大・中・小路の格付がなされた。おおむね道幅10m内外の一直線の道で、道筋には側溝または測堤が設けられ、並木のあるところもあった。これらの官道は、租税の運搬や兵士の移動に不可欠なものであった。律令政府は、山陽道以下の七道を「駅路」とし、30里（約16km）ごとに駅（駅家）を置き、つねに駅馬を配置して、中央から地方への連絡や、地方から中央への報告がリレー方式でスムーズに行えるようにしていた（児玉編1992、木下1995・1996、武部2015）。

　古代の官道はどのようなものだったろうか。近年の発掘調査により、その規模や整備状況が次第に明らかになった。1994年、静岡県静岡市の曲金北遺跡で、古代の東海道の道路遺構が発掘された。古代の東海道の遺構が発見されたのは、このときが初めてだったが、この道路の幅は約12mあり、こ

れが東西約350mにわたって直線に延びていた。この道路幅は現在の道路の4車線分にあたる。また、この道路の両側に、道路に平行して幅約3m、深さ30〜70cmの側溝が設けられていた。さらに、路面がぬかるまないように、大量の木の小枝や砂や赤土・黒土を交互に敷き詰めるなどして、地盤の改良をしている事例も確認された。律令政府が、多くの人員と資材を投じて道路を整備したことがわかる事例である（静岡県埋蔵文化財調査研究所1996、須田・清水2022）。

　埼玉県所沢市の狭山丘陵を南に望む柳瀬川左岸に立地する東の上遺跡の発掘調査では、1989年に幅約12mの道路跡が確認された。遺跡からは、墨書土器、漆紙文書、炭化米や馬具なども出土した。当時、東山道に属していた武蔵国の国府から上野国府につながる「東山道武蔵路」で、7世紀後半に整備されたと考えられる（所沢市教育委員会2011）。

　東京都国分寺市では、古代の道路跡が長さ約340mにわたって発掘された（西国分寺地区遺跡調査団編著1999）。両側に側溝を持ち、幅12mの道路が一直線に造られていたこの道路跡は、「武蔵国分寺跡附東山道武蔵路跡」として、2010年に国の史跡に指定されている。道路跡のうち約300mが歩道形式で保存されており、谷部へ下る切り通しの部分の遺構平面レプリカが野外展示されている。

　中央政府の力で官道が整備されたが、律令制が衰退すると十分に管理されなくなり、荒廃することになった。古代の官道は直線を基本としたため、山があれば切り開き、谷があれば埋め立てて造成された。そのため、人の手が入らなくなると荒れて、機能しなくなるのである。

（2）律令制の衰退と中世の道

　11世紀末に奥州藤原氏が平泉を中心に勢力を拡大すると、金や鷲羽、水豹の皮などが盛んに流通するようになり、平泉から京都につながる奥大道－東山道が物流を担うようになった。奥大道とは、鎌倉から陸奥外ヶ浜を結ぶ主要な道で鎌倉から陸奥へ至る道として名づけられた。源頼朝は、鎌倉幕府成立後、奥州藤原氏を滅ぼして東北地方を支配下に置くとともに、このルートも掌握した。また、鎌倉幕府は、京と鎌倉を結ぶ東海道を幹線道路として整備し、駅制を敷いて、沿道を本貫（出身地）とする御家人に管理させた。京・

鎌倉の行程は 12〜15 日であったが、早馬による通信は 3〜4 日とされていた。東海道は古代の官道をほぼ引き継いでいる。さらに、鎌倉と関東各地を結ぶ、「鎌倉街道」が新たに整備されるようになった。

　中世の道は道幅が狭く、直線のものは少なくなる。古代の官道が直線だったのに対して、曲がりくねった道が多くなるのはなぜだろうか。それは、山や川が入り組んだ日本列島の地形で、直線の道路を造って維持するには、大きなコストがかかるからである。廃絶された古代の官道にかわって自然条件をうまく生かし、自然の猛威にも対応できる道を造成し、地域の人々が生活道路として、維持・管理していたのである。

（3）鎌倉街道

　鎌倉時代、多くの武士たちは、将軍（鎌倉殿）と主従関係を結び、御家人と呼ばれた。御家人は、本領安堵（武士が開発したり相伝したりした土地の領有を、鎌倉殿から承認されること）や新恩給与（新たに土地を与えられること）などの将軍からの御恩に対して、戦時の軍役や、平時でも朝廷の警護を勤める京都大番役、将軍の警護をする鎌倉番役などの奉公をしていた。鎌倉街道は、御家人たちが、「いざ鎌倉」といわれるような非常時に鎌倉に馳せ参じるためや、鎌倉番役で鎌倉へ向かうための道である。鎌倉街道の呼称は、鎌倉街道に直接かかわる唯一の一次史料である 1321 年（元亨元）8 月□日付山川暁尊書状（『鎌倉遺文』27851 号）に「鎌倉大道」と記されており（高橋 2017）、『吾妻鏡』には「鎌倉往還」とある。江戸時代の地誌である『新編相模風土記』や『新編武蔵風土記』などに「鎌倉街道」、「鎌倉海道」、「鎌倉より奥州えの街道」などとみえるところから、「鎌倉街道」という名称のはじまりは、おそらく江戸時代のことであると思われる。

　各地の御家人が鎌倉へ行く道はすべて「鎌倉街道」であったともいえるが、主な街道は上道、中道、下道である。上道は武蔵道とも呼ばれ、鎌倉から化粧坂を越えて境川流域を北上し、武蔵府中から、堀兼・笛吹峠・児玉を経て上野国に入り、信濃・越後に向かう道である。中道は、鎌倉の山内から関東平野の中央部を北に向かう道で、王子・岩槻を経て、高野の渡で利根川を、古河の渡で渡良瀬川を越えて、古河・小山・宇都宮を経て陸奥に至る奥大道につながっている。鎌倉街道下道は、武蔵金沢から江戸湾を東に向い隅田川

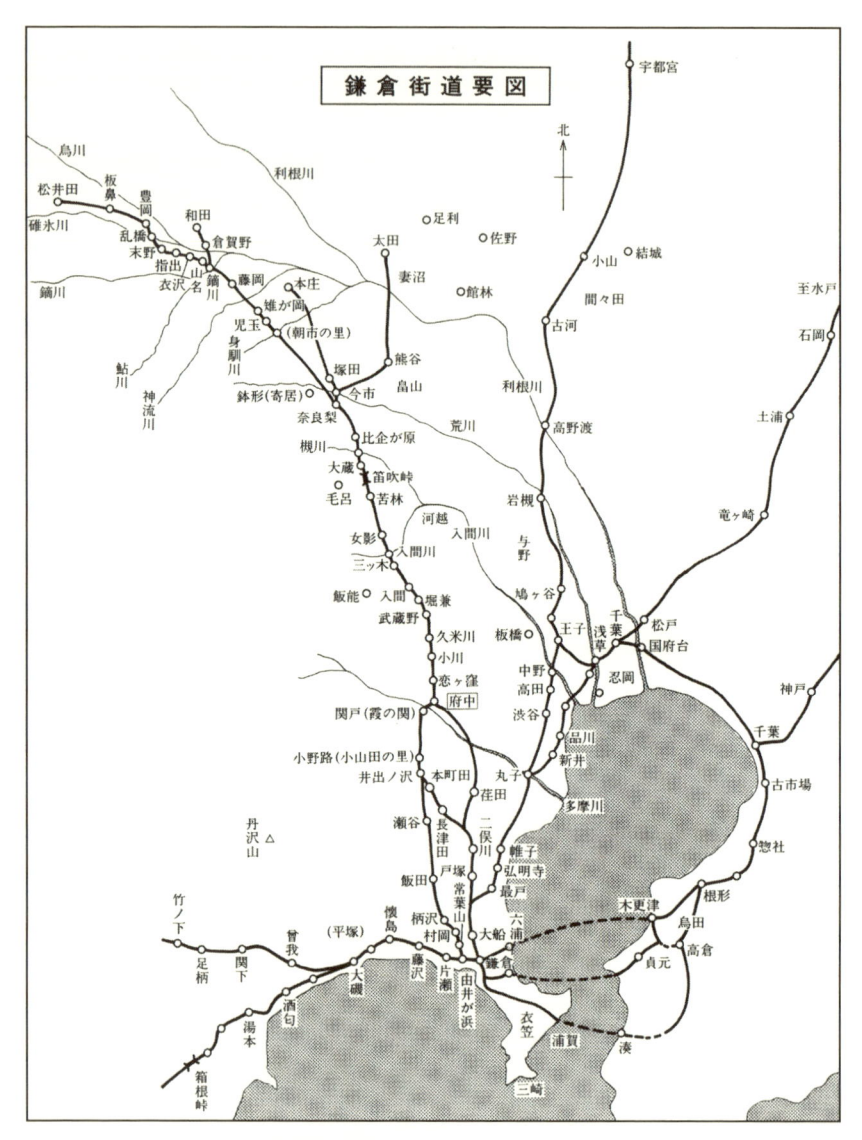

図1　鎌倉街道要図（峰岸 1998：pp.12-13 より転載）

を渡って下総・上総・常陸方面に通じる道である（図1）。さらに、これらの
道と御家人の居館を結ぶ、「支線」と考えられる道も整備された。これらも「鎌
倉街道」と呼ばれることがあり、現在も「鎌倉」にまつわる地名が残されて

いるところもある。

　街道筋の各所に「宿」と呼ばれる集落が形成され、現在も「宿」地名が残っているところがある。「宿」とは、宿泊する建物、または宿泊・休息する機能をもった集落のことである。街道筋に多くの「宿」が形成されたことは、頻繁に人や物の移動があったことを示している。

2　鎌倉街道の歴史的背景

（1）鎌倉街道の研究

　中世の交通史に関する研究は、1990年代からめざましく発展し、多くの成果が発表され、陸上交通の分野では鎌倉街道などの道に関する研究も成果をあげている。道に関する史料は少なく、断片的なものが多いが、近年の道路遺構の発掘など、中世考古学の成果も生かしながら、研究が進められている。

　1990年代には、児玉幸多（1992）、戸田芳実（1992・1995）らの編著が相次いで公刊され、1998年4月のシンポジウム「発掘された中世古道パートⅠ」、同年9月のシンポジウム「道・宿・湊―中世の交通と物流―」の成果が『中世のみちと物流』（山川出版社、1999年）にまとめられ、多くの優れた論稿が掲載された。鎌倉街道については、服部英雄（1994）や、後述する鎌倉街道上道沿いの苦林 宿に比定される堂山下遺跡の発掘調査に携わった宮瀧交二（1998・1999）の論稿、鎌倉街道に関する論稿を集めた『多摩のあゆみ』92号（1998年）などがある。

　2000年代に入ると、現地調査の成果などを踏まえた新たな研究が進められた。中世の東海道の様相を復元した榎原雅治の研究（2008）や、齋藤慎一（2010ab）、江田郁夫（2010・2017・2021）、高橋修（2017）、木村茂光（2016・2017）、岡陽一郎（1999・2019・2021）、青木文彦（青木2020・2021）らの鎌倉街道や奥大道に関する研究成果が発表された。

　本節では、これらの研究成果に学びながら、鎌倉街道の歴史的背景などについて考えたい。

（2）鎌倉街道上道

　鎌倉街道上道は、新田義貞が鎌倉攻めの際に通ったと考えられている道と

しても知られている。沿道に歴史的な景観がよく残されており、道筋の復元も進んでいる。

　鎌倉街道などの中世の道の研究を精力的に進めている齋藤慎一は、鎌倉街道上道の支線「下野線」から奥大道（鎌倉街道中道）に入る道が中世の東日本の陸上交通の大動脈であると述べ、古河までの鎌倉街道中道は、副次的な機能しか果たしていなかったとしている。中道の岩槻から古河にいたる間は、街道整備の痕跡はうかがえるが、確実な史料での通行の確認は、上道に比較にならないほど少ない。これは、利根川の渡河の難しさによるもので、水量が多く、川幅も広い中流域では大勢の移動には向かず、これに加えて、渡良瀬川水系や思川水系による水量増加も影響しているという。そして、史料に見える南関東から下野方面を結ぶ幹線は、確実に鎌倉街道上道で、鎌倉街道上道の村岡（埼玉県熊谷市）から下野国にいたる支線は、単なる支線程度ではなく、関東平野を南北に貫く大動脈ということになるという（齋藤2010ab）。利根川の渡河の難しさから、中道が陸上交通の大動脈とはなり得ず、その機能は、上道が担ったということである。

（3）鎌倉街道中道

　鎌倉街道中道は、鎌倉から奥州外ヶ浜（陸奥湾）までを結ぶ、主要な交通路であったと考えられるが、鎌倉街道中道は副次的な機能しか果たしていなかったとする齋藤慎一の見解に対して、江田郁夫は、中世を通じて鎌倉街道中道が重要な機能を果たし続けていたことを、史料に即して論じている。

　源頼朝が、1189年（文治5）7月に奥州藤原氏を攻撃するにあたり、軍勢を三方に分け、自らは「中路」を進んでいる。頼朝勢は、宇都宮・白河を経て奥州合戦に臨んでおり、「中路」が奥大道（中道）であったことがわかる。また、『義経記』には平泉にあった源義経が兄頼朝と対面するため、奥大道を南下した際に「宇都宮の大明神伏拝み参らせ、室の八島を外に見て、武蔵足立郡、小川口に著き給う」とあり、『義経記』の成立が室町時代初期から中期ごろとみられるので、南北朝期にも奥大道が奥州から鎌倉へのメインルートと理解されており、奥大道が中世を通じて東国を代表する重要交通路であり続けたとしている。また、齋藤が指摘している渡河点については、「史料自体がかぎられているため、ここでは立ち入らない」としながら、軍勢の移

動例と渡河点の問題のみでは、「鎌倉街道上道下野線」が主で、奥大道が従であるという関係にあったことを論証したことにならないと述べている（江田 2010）。

（4）鎌倉街道下道

　高橋修は、「近年の鎌倉街道に関する研究は、すべて上道か中道にかかわるものであり、議論も両路線の理解をめぐって交わされている。鎌倉街道下道については、議論の俎上にものっていないのが現状である。」と述べ、下道が注目されないのは、この路線がいくつもの大河の河口部を徒渉しなければならないため、軍勢の移動に適さず軍事的重要度は高くないとみる先入観によるものだろうとしている（高橋 2017）。

　高橋の指摘通り、鎌倉街道下道は、上道や中道と比べて注目されてこなかったようであるが、近年、茨城県における「歴史の道調査事業」の調査（茨城県教育委員会 2015）や新たな研究の成果（高橋・宇留野編 2017 など）も発表されるようになった。これらに学びながら、鎌倉街道下道の性格や位置付けについて考えてみたい。

　1180（治承 4）年 10 月、富士川の戦いに勝利した源頼朝は、佐竹秀義を討つため、常陸に向かい、佐竹の籠る金砂城を奇襲して、秀義を敗走させた（金砂合戦）。頼朝は鎌倉への帰路で、進軍と異なる道筋を通っている。出陣から凱旋に至るルートは、鎌倉から常陸国府に向かい、筑波山を南西に迂回して小栗御厨の八田館に入り、下総・武蔵国境にまたがる葛西御厨を通過し、下道を通って鎌倉に帰還した。

　頼朝が迂回をして小栗御厨に赴いた理由について、木村茂光は、小栗御厨は、東山道と鎌倉街道中道が合流する交通上の重要地点である小山と隣接しており、新田氏、足利氏や宇都宮氏の活動を知り、押さえる上で格好の地でだったからであると述べている（木村 2016）。頼朝が北関東の諸氏の動向に注視していたことがうかがえる。

　頼朝は、金砂合戦ではじめ北関東に進軍したが、その際の「軍用道路」が鎌倉街道下道である。南関東を地盤とする鎌倉幕府が北関東に軍勢を派遣し得る大道として、まず、把握・認識した道筋であった。この下道の掌握を皮切りに、奥州合戦、上野三原や下野那須の巻狩を経て、中道・上道のルート

が頼朝の自らの足で確かめられ、三道から成る鎌倉幕府の軍事交通体系が確立したようである（高橋 2017）。

　鎌倉街道下道は、鎌倉に拠点を置いた源頼朝の北関東・東北地方支配のために、重要な意味を持っていたことがわかる。ここでは鎌倉街道の上道・中道、下道のうち、どのルートが主要であったかということを判断するのは留保したい。それぞれの道に地域の特質を踏まえた役割があり、相互補完しながら、鎌倉を中心とする交通体系に位置付けられていたのであろう。渡河の困難や湿地帯の道路の整備など困難な面もあったものの、道路としての機能が維持され続けられ、主要な交通路としての役割を果たしていたと考えられる。

3　鎌倉街道上道をよみとく

（1）街道と宿場・墓域

　2022 年 6 月国の文化審議会は、埼玉県入間郡毛呂山町の「鎌倉街道上道」を史跡に指定するよう、文部科学大臣に答申し、同年 11 月に国指定史跡に指定された。指定されたのは、毛呂山町域の上道で、指定面積は 86,496.96 ㎡、街道跡は北から鎌倉街道 B 遺跡・同 C・同 A 遺跡・仏坂遺跡で、街道跡の総延長は 1,305.9 m である。街道跡のほか街道を挟んで両側に広がる堂山下遺跡、その西側の崇徳寺跡、川角古墳群の一部も指定された。街道跡では、路面や側溝など道の遺構が良好に保存されている。中世の集落跡である堂山下遺跡は、同時代の文献史料にみられる苦林宿の跡である可能性が高く、12 世紀末から 15 世紀までの遺物が出土し、崇徳寺跡とされる箇所では墓域中心部において板碑を立てて固定した跡が 39 ヵ所確認されている。また、川角古墳群でも、中世板碑が確認されている。中世の街道の遺構が良好に保存されているだけではなく、宿場と墓域、その境界という一体的な空間が残り、中世の街道の状況を明らかにする重要な遺跡として評価された（図2）。

（2）鎌倉街道遺跡から崇徳寺への道

　街道跡は、町道で地域住民の生活道路でもあるが、未舗装の箇所もあり、里山の雑木林の中を通っており、中世の景観がよく残されている。国の史跡に指定された 4 ヵ所の街道跡のうち、鎌倉街道 A 遺跡は埼玉県内でも最も

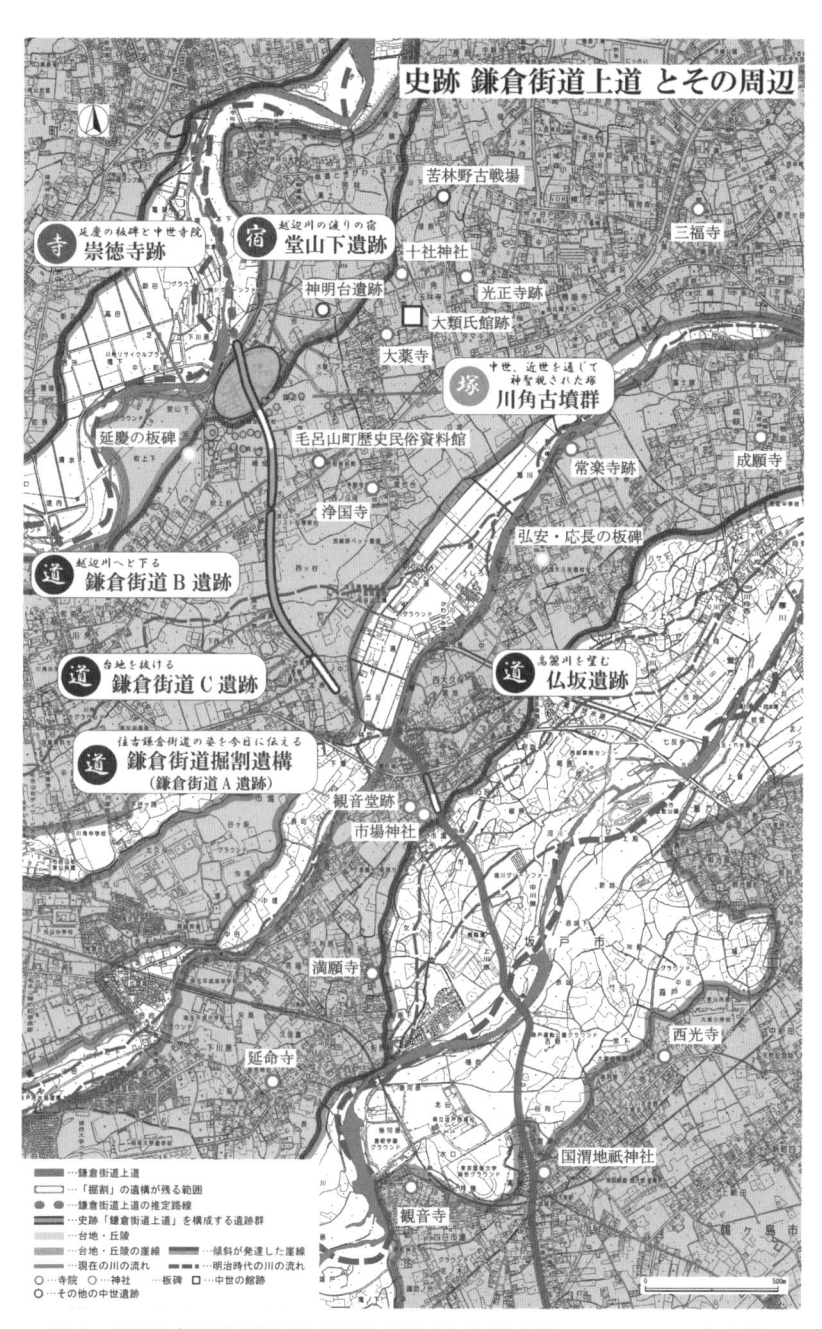

図2　史跡鎌倉街道上道とその周辺（毛呂山町歴史資料館のリーフレットより転載）

図3　鎌倉街道 掘割の道（筆者撮影）

図4　延慶の板碑（筆者撮影）

遺構の保存状態が良好で、掘割遺構が残されている（図3）。掘割とは、地面を掘りくぼめて路面を造る工法で、台地を通る鎌倉街道では、できるだけ平坦かつ直線的に道を造るためにこの工法が用いられたと考えられる。

2011年には確認調査が行われ、道路の硬化面の検出、側溝の確認、改修・補修の痕跡等が確認された。鎌倉街道の構造は、両側に側溝を設け、幅員は4～5mといわれているが、調査の結果、幅員は2.8～3.2mで、小規模な道であったといえる。中世の幹道といわれる鎌倉街道でも、地形的な制約などにより、道幅が一律でなかったことがわかる事例である。

鎌倉街道B遺跡は、苦林宿に比定されている。苦林宿で確認された遺構については、1990年に発掘調査が行われた堂山下遺跡の項で述べ

るが、1997年の確認調査でも硬化面と側溝が検出された。路面には5mmほどの小礫を含み、極めて硬かった。2020年に史跡指定を見据えた保存目的の調査をしたところ、硬化面よりさらに下層で、石敷道路状遺構が発見された。

路面に石敷を採用すると、路面の平坦を維持して歩きやすくするために多くの労力を必要とする。そのため、より歩きやすく、整備も容易な叩きしめ

た土の路面に変更したものと考えられる。ここに石敷が採用されたのはなぜだろうか。それは、石敷の先に位置する崇徳寺跡とのかかわりが深いと考えられる。

崇徳寺跡は、1310年（延慶3）銘の大型板碑（図4）が建てられていたところで（現在は別の場所に建てられている）、古くは「阿弥陀堂」、「堂山」と呼ばれていた。『新編武蔵風土記稿』に「小名　崇徳寺　村の艮の方にあり、往古鎌倉街道ありし時、崇徳寺といへる寺あり故小名となれり、彼寺蹟も残りて、そこに長九尺、横二尺五寸の古碑一基あり、碑面に延慶三暦仲春仲旬、奉興立趣意者、為

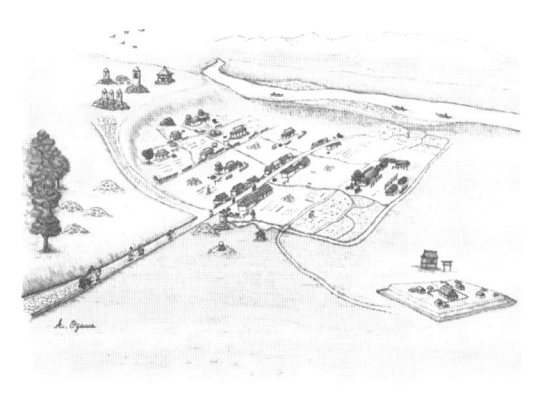

図5　苦林宿周辺のイメージ
（毛呂山町歴史資料館のリーフレットより転載）

図6　石敷の道路跡
（毛呂山町歴史資料館のリーフレットより転載）

大檀那沙弥並朝妻氏女などと見ゆ」と記されている。崇徳寺は、『新編武蔵風土記稿』が編纂された近世後期には廃寺となっていたが、「崇徳寺」が小名として残っていたこと、延慶3年銘の板碑が立っていたことなどがわかる。1988年の埼玉県立歴史資料館と毛呂山町教育委員会による発掘調査で、複数の中世墓と墓域同士の境となる溝跡、板碑集積遺構などが確認されている。中世墓は、板碑の年代により13世紀後半から15世紀後半にかけてのものであると推定され、後述する堂山下遺跡が存続した時期と重なっている。このことから、鎌倉街道上道と宿、宗教施設が一体の空間を形成していたと考え

ることができる（図5）。

　路面の石敷は、細かな石が敷き詰められ、並べる石も比較的平坦な面をもつものが選ばれている（図6）。雨などで土埃が洗い流されると、色彩豊かな道となる。これは、宗教的空間である崇徳寺への道筋を示すとともに、崇徳寺の威光を見せようとしたものであると考えられる。

　鎌倉街道C遺跡は、町道の下に埋没しているが、2020年の確認調査で、側溝が検出された。遺跡の南には「鎌倉道」という地名が伝わっており、鎌倉街道の記憶を現代にも伝えている。

　鎌倉街道A遺跡から550mほどの地点に位置する仏坂遺跡で、2021年に確認調査を実施し、道路遺構が発見された。ここは、鎌倉街道上道の高麗川にかかる切通し（山や丘を部分的に開削して人馬が通れるようにしたもの）の伝承地であった。今回の調査で鎌倉街道A遺跡の掘割遺構と類似する特徴が明らかとなり、硬化層による路面の形成と側溝の整備が行われていたことが判明したので、鎌倉街道上道の道筋であった考える材料となった（佐藤2016、毛呂山町教育委員会2022）。

　毛呂山町域の市場から大類までの区間の鎌倉街道上道は、古道の面影を残すと評価され、1996年に文化庁の「歴史の道百選」に選定された。このように、史跡に指定された範囲には鎌倉街道の遺構がよく残されており、継続的な確認調査で、街道の様子も明らかになっている。中世の人々の往来や生活の様子をうかがうことができる貴重な文化財である。現在も町道として使われているが、今後も、継続的に調査を行いながら遺跡を保全し、後世に伝えられるようにして欲しい。

（3）発掘された宿場—堂山下遺跡—

　埼玉県立毛呂山養護学校の建設に伴い、1990年に埼玉県埋蔵文化財調査事業団より、堂山下遺跡の発掘調査が行われた。東日本では、中世集落の発掘例はほとんどなく、集落の全体像を知ることが出来る貴重な遺跡として評価されている。発掘調査が行われたのは、鎌倉街道上道の西側一帯で、前述の崇徳寺跡と隣接している。

　この一帯は「苦林野」と呼ばれ、1363年（貞治2）には、室町幕府の初代鎌倉公方であった足利基氏の軍勢と越後国の守護代芳賀禅可の嫡子高貞の軍

図7　鎌倉街道推定地（堂山下遺跡）
（埼玉県教育委員会提供）

図8　側溝を持つ道路状遺構（堂山下遺跡）
（埼玉県教育委員会提供）

勢が衝突した苦林野合戦の舞台となっている。

　1382年（永徳2）の「旦那等配分目録」（米良文書）に「武蔵国苦林宿大夫阿闍梨・伊勢阿闍梨両人引旦那」とあり、年未詳であるが、鎌倉時代のものと思われる「源阿書状」（金沢文庫文書）には「武蔵もろつけ心月御房等、何郡内にて候やらん、せらた（世良田）よりハ何程のとを（遠）さにて候やらん、にかハやし（苦林）と申宿よりちか（近）き所にて候か」（『埼玉県史　資料編5　中世1』）とある。「旦那等配分目録」から、紀伊の熊野那智大社に参詣する旦那を案内する先達として苦林宿に大夫阿闍梨と伊勢阿闍梨がいたことが読み取れる。「源阿書状」では、上野国の世良田から「武蔵もろつか」への里程を問い、そこが苦林宿から近いところかということを尋ねている。これらの史料から、14世紀には苦林に「宿」が形成されていたことがわかる。

　発掘調査によって、室町時代以前の14世紀前半にまで遡る集落の跡が発見された。この集落が鎌倉街道に規制されるように、溝で40m×50m四方に区画されていたことが明らかになった。そして、鎌倉街道との伝承のある農道にトレンチ（試掘抗）を入れたところ、地下約80cmのところから側溝を持ち表面の硬化した道路状遺構が発見され、周囲に広がる屋敷地と同時代のものであることも明らかになった。この道路状遺構は室町時代以前にまで遡るものであり、鎌倉街道上道であったと考えられる（図7・8）。

　発掘された屋敷地には、人々が暮らした掘立柱の建物が整然と立ち並び、それぞれの建物は井戸を伴っていた。全体で23棟の建物跡が確認されたが、建物は構造上4種類に大別され、住居以外には蔵や納屋に利用されていたのではないかとみられるものが含まれている。第4号掘立柱建物跡の柱跡からは、焼けた土壁の一部がみつかり、中世の建物構造を考えるための貴重な資料となっている。

　屋敷地のうち、鎌倉街道に隣接するものと、これらの奥に位置するものとでは、様相がやや異なっている。鎌倉街道に隣接するものは、街道に軒を接するように建物が横一線に建ち並んでおり、「町屋」と呼べるものである。奥の屋敷地内には、やや規模の大きい建物が間隔をおいて建っていたようであり、農村の家屋であろう（埼玉県埋蔵文化財調査事業団1991、宮瀧1994、佐藤2016）。

　宮瀧交二は、堂山下遺跡の特徴について以下のように述べている。①「鎌

倉街道」の越辺川の渡河地点に位置する。②集落が存在した時期は 14 世紀前半頃から 16 世紀初頭頃までに限定される。③「鎌倉街道」に規制されるかたちで方形の屋敷地が広がる。④「鎌倉街道」に面する屋敷地内には道に軒を接するように小規模な建物が横一線に建ち並ぶ。⑤銅細工等の職人が用いる「けがき針」が「鎌倉街道」に最も近い屋敷地の井戸跡から出土している。これらの特徴は、おそらく一般的な農村集落には見られないものであろうとして、堂山下遺跡は、鎌倉街道上道に沿って存在したことが知られている「宿」で、越辺川の渡河地点に位置したとし、「苦林宿」の跡ではないかとしている（宮瀧 1994）。

　1992 年にはグラウンド造成に伴い、毛呂山町教育委員会が、鎌倉街道上道の東側の範囲確認調査と部分的な発掘調査を行った。鎌倉街道上道の東側にも、溝によって区画された集落跡があり、掘立建物群、井戸跡、埋葬遺構などがあることが確認された。毛呂山町教育委員会による 2002 年の調査では、未舗装の町道の路面の約 80cm 下から硬化面が検出され、西側の側溝も確認された。

　側溝からは、12 世紀後半から 13 世紀前半の常滑産の甕や渥美産の壺といった東海系の陶器が出土している。これらは、集落内の出土品より古いものである（毛呂山町教育委員会 2022）。側溝からの出土であるため、流通に伴うものか、生活に伴うものかは判断できないが、集落の成立時期について考える貴重な資料となる。鎌倉街道上道の越辺川の渡河点であるこの地に、鎌倉時代初頭に「宿」が成立した考えることもできる。

　鎌倉街道上道と宿の発掘調査の成果と研究の一層の進展により、中世の人々の生活や交流の様子が明らかにされることになるだろう。

4　視点をひろげる─史跡の保存と活用─

　2018 年に文化財保護法が一部改正された。おもな改正点は、①地域における文化財の総合的な保存・活用、②個々の文化財の確実な継承に向けた保存活用制度の見直し、③地方における文化財保護行政に係る制度の見直しの 3 点である。この改正により、文化財の「活用」に軸足が移されることとなった。「観光立国」の推進が背景にあり、観光目的での文化財の活用を推

進しようとするものであろう。文化財は、人類共有の財産であり、単に保存するだけでなく、適切に活用されるべきものであるが、「オーバーツーリズム」の問題を挙げるまでもなく、観光目的の活用は文化財に負荷をかけ、保存に悪影響を及ぼす恐れがある。人類共有の財産を未来に伝えるための取組が求められる（會田 2022）。

　ここでは、鎌倉街道上道の保存と活用にかかる毛呂山町の取組をみながら、史跡の保存と活用について考えたい。

　毛呂山町は、毛呂山町総合振興計画において文化財保護行政の課題や方向性を示し、鎌倉街道上道やその周辺の遺跡や文化財の保存活用を継続的に進めてきた。1981 年、第二次毛呂山町総合振興計画の文化財保護の基本計画には「文化財調査体制の確立」と「資料館の建設」を掲げ、歴史民俗資料館を鎌倉街道上道に近い大類地区に建設することとし、1993 年に毛呂山町立歴史民俗資料館（以下、資料館とする。）が開館した。資料館の基本構想では、古墳群や鎌倉街道上道、崇徳寺跡などの遺跡や近世の石造物といった周辺の豊かな文化資源を取り込み「屋根のない博物館」を構想している。その後も、毛呂山町の総合振興計画に文化財の保存と活用が盛り込まれ、推進されてきた。

　とくに、鎌倉街道上道をはじめとする資料館周辺の文化財の活用事業を推進し、2003 年には、地権者の協力のもと、鎌倉街道上道、崇徳寺跡、川角古墳群を対象に「文化財景観保全事業」として除草清掃活動に着手し、翌年からは地権者や資料館ボランティアとの協働による町民参加型の事業となった。2004 年には、毛呂山町合併 50 周年を記念した資料館の特別展「鎌倉街道の世界～古道から探る中世の風景～」と関連事業で、鎌倉街道上道と周辺の文化財の保護の啓発に取り組んだ。

　2003 年に、毛呂山町指定史跡である崇徳寺跡の土塁の一部が町道拡幅に伴い、記録保存されるという事案があり、それをきっかけに翌年から遺跡群の周知と保存、町民参加型の事業展開へとつなげるための文化財景観保全事業が開始された。対象となった区域には私有地もあるが、地権者の理解と好意により、現状保存がなされたきた。しかし、次第に保存活用目的以外の土地利用に関する照会も受けるようになった。2010 年には掘割遺構がよく残されている鎌倉街道 A 遺跡で、地権者により高木が伐採された。地下遺構に影響がなく遺跡の保存上は問題がないものの、この作業が「深

刻な開発行為によるものではないか」という強い懸念と批判を受けることとなった。

　町教育委員会は、遺蹟の重要性を具体的に示すための情報を集める活動を継続し、2011年には崇徳寺跡を公有化し、確認調査をして中世墓の一端を明らかにした。同じく2011年、高木の伐採で批判を受けた鎌倉街道A遺跡の調査を行い、路面跡や側溝跡を確認し、道幅が通説より狭いことなどを明らかにした。2019年には、埼玉県内で最も保存状態のよい掘割遺構の地権者に、町指定文化財に指定したい旨の説明を行ったが、町の文化財条例にある史跡の取扱等では十分とはいえないとして、同意を得られなかった。その後、鎌倉街道上道と周辺の関連文化財群を将来にわたって保護するため、また、当該の史跡が国指定史跡に指定する価値があると考えられるため、国指定史跡化を視野に入れ、保存活用事業に取り組むこととなった（毛呂山町教育委員会2022）。活動の成果が実り、2022年11月、「鎌倉街道上道」が国の史跡に指定された。

　史跡は、いうまでもなく博物館のような施設に移して保存することができず、現地で開発や自然災害などによって破壊されることのある文化財であるので、他の文化財より保存が難しい面がある。さらに、史跡は周辺の景観も含めてその価値があり、包括的に保存・活用されることが望ましいが、広い範囲にわたる遺跡には私有地も含まれており、地権者の理解がなければ、保存と活用を継続することはできない。鎌倉街道上道は、文化財担当者の努力や地権者をはじめとする地域住民の理解で、保全されているが、将来にわたって保全するために、さらなる取組が必要となるだろう。

　鎌倉街道上道は、国の史跡に指定されたことにより、その価値が再認識されているが、宿場と墓域、その境界という一体的な空間が残り、中世の街道の状況を明らかにする遺跡として評価されており、これらを包括した保存と活用が求められる。遺跡に隣接する資料館は、史跡のガイダンス施設としての機能を果たすことになるが、開館当初より近隣の史跡を「屋根のない博物館」と位置付けており、資料館も史跡の一体的な空間の一部と捉えて活用することができるだろう。

　遺跡の保存・活用を進めるための人材も必要となる。学芸員などの専門職の存在が不可欠であることをいうまでもないが、地域住民などの支援や協力

も必要となる。毛呂山町では「鎌倉街道ボランティアガイド」を養成しており、定期的に開催される見学会では、ボランティアガイドが、史跡の案内などで活躍する姿もみられる。

　史跡や文化的景観は、地域の人々によって生み出され、守られてきたものであり、その地域で守り、伝えられなければならない。自治体関係者や地権者はもとより、地域住民の理解や協力を得られるように啓発活動も継続的に行いながら、私たちの財産である史跡を未来に伝えられるようにしたい。

●参考文献

會田康範　2022「歴史を語る文化財」『文化財が語る 日本の歴史』雄山閣

青木文彦　2020「奥大道と武蔵武士〜研究状況の整理を中心に〜」『埼玉の文化財』60

青木文彦　2021「武蔵の奥大道」江田郁夫・柳原敏明編『奥大道　中世の関東と陸奥を結んだ道』高志書院

茨城県教育委員会　2015『茨城県歴史の道調査事業報告書　中世編』

岡　陽一郎　1999「中世の大道とその周辺」藤原良章・村井章介編『中世のみちと物流』山川出版社

岡　陽一郎　2019『大道　鎌倉時代の幹線道路』吉川弘文館

岡　陽一郎　2021「鎌倉幕府と幹線道路」江田郁夫・柳原敏明編『奥大道　中世の関東と陸奥を結んだ道』高志書院

江田郁夫　2010『中世東国の街道と武士団』岩田書院

江田郁夫　2017「下野の鎌倉街道―中世会津街道を中心に―」高橋　修・宇留野主税編『鎌倉街道中道・下道』高志書院

江田郁夫　2021「奥大道とは何か」江田郁夫・柳原敏明編『奥大道　中世の関東と陸奥を結んだ道』高志書院

榎原雅治　2008『中世の東海道をゆく』中公新書

木下　良　1995「古代の交通体系」『岩波講座日本通史』5、岩波書店

木下　良　1996「古代道路の遺構」木下　良編『古代を考える　古代道路』吉川弘文館

木村茂光　2016『頼朝と街道　鎌倉政権の東国支配』吉川弘文館

木村茂光　2017「金砂合戦と鎌倉街道」高橋　修・宇留野主税編『鎌倉街道中道・下道』高志書院

児玉幸多編　1992『日本交通史』吉川弘文館

埼玉県埋蔵文化財調査事業団　1991『堂山下遺跡』

埼玉県立歴史資料館　1982『埼玉県歴史の道調査報告書　県内鎌倉街道伝承地所在確認調査報告書』埼玉県教育委員会

埼玉県立歴史資料館　1983『歴史の道調査報告書第1集　鎌倉街道』埼玉県教育委員会

齋藤慎一　2010a『中世を道から読む』講談社現代新書

齋藤慎一　2010b『中世東国の道と城館』東京大学出版会

佐藤春生　2016「鎌倉街道上道と渡河点周辺の中世遺跡―毛呂山町堂山下遺跡周辺―」『埼玉考古別冊10　埼玉県考古学会設立60周年記念シンポジウム　鎌倉街道の風景　発掘でよみがえる中世の埼玉』

静岡県埋蔵文化財調査研究所　1996『曲金北遺跡（遺構編）』

島村圭一　2012「中世の道―鎌倉街道の遺構」埼玉県高等学校社会科教育研究会歴史部会編『日本史授業で使いたい教材資料』清水書院

須田　努・清水克行　2022『現代を生きる日本史』岩波現代文庫

高橋　修　2017「中世大道の成立と鎌倉街道―常陸・北下総の事例から―」高橋　修・宇留野主税編『鎌倉街道中道・下道』高志書院

高橋　修・宇留野主税編　2017『鎌倉街道中道・下道』高志書院

高橋光幸　2022『鎌倉街道を歩く　保存と活用のいま』さきたま出版会

武部健一　2015『道路の日本史』中央公論新社

所沢市教育委員会　2011『所沢市埋蔵文化財調査報告書第52集　市内遺跡調査17』

戸田芳実　1992『歴史と古道　歩いて学ぶ中世史』人文書院

戸田芳実　1995『中世の神仏と古道』吉川弘文館

西国分寺地区遺跡調査団編著　1999『武蔵国分寺跡北方地区 日影山遺跡・東山道武蔵路―西国分寺地区（旧国鉄中央鉄道学園西側跡地）住宅市街地整備総合支援事業に伴う埋蔵文化財発掘調査報告書―第1分冊―（本文・実測図編）』西国分寺地区遺跡調査会

服部英雄　1994「鎌倉街道・再発見」『歴史と地理　日本史の研究』469

藤原良章　1999「中世の交流と物流―問題提起にかえて」藤原良章・村井章介編『中世のみちと物流』山川出版社

藤原良章・飯村　均　2007『中世の宿と町』高志書院

北条氏研究会編　2015『武蔵武士を歩く　重忠・直実のふるさと　埼玉の史跡』勉誠出版

峰岸純夫　1998「鎌倉街道―『宴曲抄』を中心に―」『多摩のあゆみ』92

宮瀧交二　1994「中世「鎌倉街道」の村と職人」網野善彦・石井　進編『中世の風景を読む　都市鎌倉と坂東の海に暮らす』新人物往来社

宮瀧交二　1998「「鎌倉街道」沿道の風景」『多摩のあゆみ』92

宮瀧交二　1999「北武蔵地域における中世道路研究の現状と課題」藤原良章・村井章介編『中世のみちと物流』山川出版社

毛呂山町教育委員会　2022『毛呂山町　鎌倉街道上道総括報告書』

毛呂山町歴史民俗資料館　2023『国指定史跡記念　第21回特別展解説図録　史跡鎌倉街道上道』

Column

和賀江島
中世の水運と鎌倉

下山　忍

武家政権の根拠地としてにぎわっていた鎌倉の海上交通についての実態を垣間見せてくれるのが和賀江島である。和賀江島は、相模湾東部、材木座海岸東端に残る人工島である。JR鎌倉駅から小坪行きバスで約10分、飯島で下車してすぐの所にある。飯島崎の大きな岩に「和賀江島」の石碑が建ち、その突端から約200mに及ぶ石積みが残っている。石積みは満潮時にはほぼ水没してしまうが、干潮時には確認できる。現存する中世唯一の築港遺跡で、鎌倉幕府の経済・交通に重要な役割を果たしたということで、1968年（昭和43）に国史跡に指定された。

鎌倉時代の由比ヶ浜の賑わいは『海道記』等に詳しい。しかし、遠浅で荷物の揚げ下ろしに不便である上、風波の影響を受けやすく港に適していなかった。1232年（貞永元）7月に勧進上人の往阿弥陀仏が和賀江に人口島を築くことを発願し、これに執権北条泰時が協力して二十数日で完成させた。平盛綱や尾藤景綱らの御内人も関わっており、石材は伊豆国から運んだという。完成後は鎌倉への水運に大きく寄与したものと思われるが、『吾妻鏡』によれば、1254年（建長6）に「唐船」は5艘以上置くべきでないと定められており、国内船ばかりでなく中国船の直接入港があったこともわかる。

なお、和賀江島の維持・管理は、忍性以来、極楽寺に任されており、出入港する船から「升米」を徴収し、それを修理費用などに充てていたらしい。1307年（徳治2）に和賀江関所の沙汰人を務めていた極楽寺の行者が和賀江の住人を訴えた史料も残っており、中世の関銭を考える上で興味深い。近世になっても、和賀江島は漁船のつなぎ場などとして使われており、鶴岡八幡宮の修復工事に際しては、材木や石材を運んだ船が停泊したという。近代以降は港湾として使われることはなかったが、江ノ島や遠くに富士山を望むその景観とともに、いつまでも残したい史跡である。

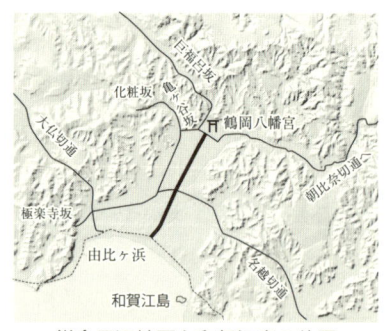

鎌倉周辺地図と和賀江島の位置

第 2 章　近世

有形文化財 美術工芸品

浮世絵は社会でどのような役割を果たしたか

會田康範

浮世絵から広がる江戸の都市文化にせまる！

1 浮世絵とは

　浮世絵（版画）とは何かと明確に定義することは、いささか難しい面がある。多くの人びとに知れ渡っている浮世絵だが、いつ誰によって創始され、どのような特色をもつ近世絵画の流派なのか、といった最小限の条件を挙げただけでもいくつかの意見に分かれるためである。さらには、日本美術史研究の大家である小林忠もその著書の中で自らの体験談として触れているように、一部には浮世絵イコール卑猥な春画という誤解や偏見、狭く一面的な理解もあって余計に難しい（小林 2002）。

　そこでこの問いに対する答えに接近するための初歩的な作業として『日本国語大辞典』（小学館）をひいてみると、「うきよ」という語には、漢字で表記された二つの項目があることを確認できる。すなわち、異なる漢字で書かれる「憂世」と「浮世」である。前者は「つらい世の中。平安後期から中世にかけては無常観、また、穢土観など、仏教的厭世思想の色合いをもつことが多い」とされ、後者は「享楽的に生きるべき世の中。中世末・江戸時代初期より、前代の厭世的思想の裏返しとして生まれたもの」とある。

　つまり、この両者の関係は、中世の仏教的な社会観を反映し、不安な世を憂いたことに由来する憂世から、社会の安定をみた江戸前期から中期に人びとの社会観が変化し、その当代、現実の世を楽天的、肯定的に捉えた浮世に転じたものと理解することができるだろう。ここで取り上げる浮世絵は、文字通り後者の意味で使われたもので、まずは浮世絵とは、江戸時代に誕生し、現実の社会を題材に老若男女多くの人びとの人気を博した近世絵画の一ジャ

ンルであるとしておこう。

　さて、江戸時代後期に大田南畝（1749～1823）が浮世絵師の略伝を集めたものを原形とし、その後何人か著者の手を経て収録する内容を増補していった浮世絵研究の基本文献『浮世絵類考』などによれば、浮世絵の嚆矢は、1578年（天正6）に摂津国伊丹の有岡城主荒木村重の子として生まれたと伝えられている岩佐又兵衛勝以をもってその先駆者の一人とすることができる。又兵衛は幼少期に父の村重が織田信長に謀反を企て、それにより有岡城が攻略されたため、その後、母方のものとされる岩佐姓を名乗り、絵師として豊臣秀吉に仕えた。次第にその頭角を現し評判を高めていった又兵衛は、越前福井での在住を経て江戸幕府3代将軍徳川家光の長女千代姫が尾張徳川家の徳川光友に嫁ぐ婚礼調度品づくりに従事するため1637年（寛永14）に江戸に移り、その後、江戸を代表する絵師となった。「浮世又兵衛」と名付けられたこともあり、これにより浮世絵の開祖と評されるのである（仲田1941）。

　こうした浮世絵の題材には、江戸で暮らす人びとの日常生活や風俗、当代の人気者、各地の名所や景勝地などが選ばれた。だが、本稿では魅力ある浮世絵の絵画表現そのものを読み解くことよりも、浮世絵が近世社会でどのような役割を果たしたか、社会経済的な側面などに論点を広げて述べていきたい。

　ところで浮世絵の制作方法は、絵師によって手書きされたいわゆる一点ものの肉筆画と何枚も増し刷りが可能な版画の二つがある。周知のことであろうが、浮世絵の大成者として知られる菱川師宣の代表作で1948年（昭和23）に発行された記念切手の図柄にもなっている「見返美人図」は、師宣が晩年に描いた絹本着色（絹素材の布地に彩色して描いたもの）の肉筆画である。しかし、浮世絵の多くは版画として制作され、武家社会から市井の庶民層にまで幅広く受容され親しまれた。そのため浮世絵版画は、江戸時代の江戸で誕生した絵画作品であるが、それと同時に、版元と絵師、彫師、摺師が協働し分業によって生産されたという側面も見逃せない。

　とりわけ、1765年（明和2）に鈴木春信が創始したとされる錦絵は、江戸の絵画史上、画期的なものであった。錦絵出現のきっかけは、1ヶ月が30日の大の月と29日の小の月がある当時の太陰暦にあった。太陰暦では、大の月と小の月の順番は毎年入れ替わるのでとてもわかりにくい複雑なものであった。そのため、人びとの日常生活には暦が必需品で、絵を描いた中に暦

の情報を付した絵暦がつくられ、好事家らが個々に所持した絵暦を仲間内で披露しその交換会を開いていた。そして、絵暦作成の注文を受けた絵師は、発注者が気に入り人目を惹くよう絵柄に意匠を凝らしたのだが、浮世絵師鈴木春信もその依頼を受けた絵師の一人であった（なお、現在、鈴木春信作品の多くが海外にあり、アメリカのボストン美術館には春信による1764年〈明和2〉の絵暦「夕立」が所蔵されている）。

　これ以降、さまざまなジャンルの錦絵が商品化され、江戸の地本問屋や絵草紙屋の店頭で安価な値段で販売された。そして、錦絵を買い求めた購買者の手を経由し、そこに描かれた内容からみえてくるさまざまな情報が多くの人びとに広がっていった。いわば錦絵は、マスメディア的な伝達装置の性格を併せもつ美術工芸的商品と指摘することができるのである。本稿では、主にこうした性格を有する浮世絵版画（以下では錦絵、浮世絵と記す場合もある）を中心に取り上げていくことにする。

2　浮世絵の歴史的背景

（1）憂世から浮世へ

　前述の通り、現実の世を意味する浮世は、中世の不安定な社会を憂いた仏教的社会観に基づく憂世から転じたものといえる。社会の安定化が進んだ17世紀後半頃から浮世の語が使われるようになり、その現実社会を文章や絵画に仮託して表現したのが浮世草子や浮世絵であった。

　徳川家康は1600年（慶長5）の関ヶ原の戦いを経て、1603年に後陽成天皇から征夷大将軍に任じられて江戸幕府を開き、その後、約半世紀を経て幕府権力は安定期を迎えた。当初の幕府政治は、初代将軍となった家康が1605年にはその地位を後継者秀忠に譲り、大御所となって秀忠政権を隠居先の駿府で支えた。このようないわば大御所と将軍による二元的な幕府政治のスタイルは、次の秀忠と家光との関係にも継承されたが、3代将軍であった家光没後に後継者として4代将軍となった家綱の時代を迎えた直後に江戸幕府を震撼させる事件が起こった。すなわち1651年（慶安4）の兵学者によるクーデター、いわゆる由井正雪の乱（慶安事件）である。

　では、なぜ江戸幕府が成立して半世紀ほど経過し、社会は徳川政権下で天

下泰平の安定期にさしかかったといえるこの時期にクーデターが起こったのだろうか。それは、それまでの幕政の基調に遠因があると考えられる。江戸初期からの幕府政治は、幕府の強大な武力を背景にしてそれに背く者を厳しく処罰し統治を貫徹する武断主義を基調とするものであった。そのため、武家諸法度に違反したなどの罪で厳しく処罰される大名もあり、もっとも厳しい改易（御家断絶）となった場合、その大名家に仕えていた家臣らは仕える主君を失う結果となり、こうした武士は牢人と呼ばれた。そこで由井正雪は、自らの社会的地位を失ったことにつながった幕政や不遇な立場に置かれた社会に対して不満をもつ牢人、あるいはその不満を奇抜な様相や行動で示す傾奇者などの力を結集し反乱を企てたのである。この事件をきっかけに、幕府政治の基調はそれまでの方針を転換し、儒学や仏教の理念に基づき教え諭すことで武士や庶民を統治するといういわゆる文治主義に転じ、幕政は安定化に向かっていったと一般的に理解されている。

　また、17世紀後半の寛文・延宝期（1661〜1680）には各地の農業生産力も向上し、次の5代将軍となった徳川綱吉政権では、大老堀田正俊を中心とした天和の治を経て華やかな文化が開花した元禄時代と称される時期を迎えた。この頃から、同時代の社会を現世の意味として浮世と表現するようになったのである。それは、過去や未来でなく現在を肯定的に捉え、現実の社会で浮かれ楽しもうとする意識であり、英語でもフローティング・ワールドと翻訳される社会観であった。

（2）浮世絵に描かれた人物・風景

　浮世を表象した文芸作品の一つとして浮世草子があり、井原西鶴の作品『好色一代男』などが有名だが、それと並び浮世を絵画に表現し可視化したのが浮世絵である。では、浮世絵は現実社会の中からどのような側面を切り取って題材に選んだのか。浮世絵の主なジャンルとしては、人物画と風景画に大別することができるが、実際に取材した対象は多岐に及んでいる。それは、浮世絵がその基本的な方向性として現実社会を肯定し謳歌するものであったからだと指摘できる。具体的には、享楽的に浮かれた世間で人気の歌舞伎役者や力士を題材とする役者絵や相撲絵、宴席において歌や歌舞音曲で一座を盛り上げる芸者、遊郭や茶屋の愛らしい女性の容姿と内面を美しく描

いた美人画、風景画では富嶽三十六景のほか、東海道五十三次、江戸名所百景といった美しい景色を連作した名所絵などがある。その他、花鳥画、武者絵、物語絵、戯画、時局報道絵も浮世絵のジャンルとなった。なお、歌舞伎役者や遊女のいた歌舞伎小屋と遊郭は、公権力からは江戸の二大悪所とされ規制を受けたが、その反面、多くの客が歓楽する坩堝で浮世の風俗を象徴する空間であったので、ここに取材した浮世絵が数多く出現したのである。

図1　東洲斎写楽筆「三代目大谷鬼次の江戸兵衛」（東京国立博物館所蔵、ColBase（https://colbase.nich.go.jp））

　こうした浮世絵には、前述した菱川師宣の『見返り美人図』のように肉筆画もあるが、その多くは版画であり、絵師・彫師・摺師の協働によって制作され大量生産された。一般的に浮世絵といえば、こうした木版による浮世絵版画のことを指し、中でも多色摺りの錦絵は文字通り錦織のような鮮やかさを特徴とした。そのため、浮世絵に取材された江戸の都市文化は、版画という印刷物を介して広く社会に浸透していくことになった。ここに浮世絵版画がもつマスメディア的な性格をみることができるのである。

（3）浮世絵版画ができるまで―版元と絵師・彫師・摺師―

　前述したように、浮世絵版画は、プロデューサー的存在の版元（出版書肆）と絵師、彫師、摺師によって制作される美術工芸的な商品で、中でも特筆されるのが多色摺り浮世絵の錦絵である。その制作技術そのものに着目した貴重な先行研究である石井研堂（1865〜1943）の偉業は、先駆的なものとして注目される。研堂の名は、浮世絵研究とともに明治文化研究で知られ、『明治事物起原』は不朽の名作で高く評価されている。中山恒夫によれば、それに並ぶ研堂の浮世絵研究は、錦絵の絵画表現を鑑賞することが主ではなく、時代考証や製作技法の探求に専心したもので、その成果は『今昔対照江戸百景』・『地

表1　錦絵版画の主な顔料

	色	原料
植物性	紅	紅花
	黄	鬱金草, ずみ, 藤黄（ガンボージ）
	藍	藍, 露草
鉱物性	朱	水銀（酸化水銀）
	紅殻	鉄（酸化第二鉄）
	丹	酸化鉛（鉛）
	石黄（生黄）	硫化黄（硫化砒素）
	白（胡粉）	蛤（炭酸カルシウム）

（小林・大久保 2000：藤澤茜執筆の項を参照して作成）

本錦絵問屋譜』・『錦絵の改印と考証』・『錦絵の彫と摺』の四部作に結実したとされている。（鹿野・鶴見・中山 1997）。以下では『錦絵の彫と摺』を参考にして絵師、彫師、摺師それぞれの役割をみていきたい（石井 1994）。

　日本における木版印刷は、古代に中国から製紙技術などとともに伝来したとされる。現存する世界最古の印刷物として、『続日本紀』の記事によれば770年（宝亀元）に法隆寺などの官寺に納められたとされる百万塔陀羅尼の存在が知られているが、その後、平安時代になると貴族社会では法華経など仏教経典の写経が流行し、写経用に用いた扇面の地模様の一部に淡彩画を木版に摺ったものが出現した。研堂はこれらの版画草創期について、神仏信仰上のものとして浮世絵版画出現以前の「信仰版画の時代」としている。こうした時代が長く続いたのち、江戸時代に入り徐々に浮世絵版画の出現へと向かっていった。ただし、多色摺りの錦絵が登場する以前の初期浮世絵は、絵入りの冊子に描かれた挿絵にみる墨線一色で描かれた墨摺絵であった。墨摺絵の中には、江戸前期の和算家として知られる吉田光由が1627年に著した『塵劫記』の見返しに墨と紅を用いた二色摺りもみられ、これは色版重ね摺の萌芽とされるが極めて稀な例とされている。

　その後、17世紀後半から始まった墨線のみの木版画に酸化鉛を使い赤土のような渋みのある鉱物性の丹色を主に使い手彩色した丹絵を初発とし、これが半世紀ほど続いたのち、奥村政信や西村重長の作品にもある紅花由来の植物性絵具を用いた紅絵が出現した。この段階では描線も細くなり表現に繊細さが増し、18世紀前半から中頃になると紅絵の墨線部分に筆を使い膠入りの漆墨で彩色し光沢を出した漆絵、そして18世紀後半には墨・紅・藍などの版木を用い、後から色を付けるのではなく3色から5色の多彩色に摺る紅摺絵に発展した。そして、この頃から原画を描いた絵師が色を指定し、その注文にそって何枚もの版木を彫る彫師、和紙に色を摺る摺師という分業体制が成立したのである。

　ちなみに、明確でない事がらにおおよその予想をする見込みのことを「見当」というが、これは印刷用語でもある。多色摺りの際、複数の版木で印刷されるため、色がずれないように紙の位置を一定の位置になるように示す目印を「見当」というのである。研堂は「見当」の発明について、「色摺界の新紀元とも謂ふべく、この「見当」を、今日までの状態に進歩さするに就ては多くの彫師及び摺師の頭を痛めたことは、一通りではなかった」とし、これにより「些の狂ひも無く、至精至巧を極め」たとしている。こうした展開を経て、1765年になり7〜8色を使った多色摺りの錦絵が鈴木春信らによって誕生したのであった。以後、高い技術をもった多くの彫師、摺師とともに喜多川歌麿や葛飾北斎といった才能豊かな絵師が多数輩出され、現代にまで錦絵は国内外で広く親しまれる日本美術の一翼を担う分野となり、美術工芸品として文化財に指定・登録されているものも多く知られている。

　さて、多色摺り浮世絵版画（錦絵）が制作される工程は、小林忠・大久保純一編著の中で安達似乍牟、森山悦乃が詳しく解説しており、それに従えば概ね以下のようになる（小林・大久保2000）（図2）。まずプロデューサー的な役割を担い企画兼販売にあたった版元が出資者として絵師との合意の上、企画が立案される。企画立案には、版元から人気絵師に構想を提案する場合もあれば、その域に達していない絵師の場合は絵師側から版元に企画を売り込みにくる場合もあった。

　企画が決定すると、絵師は元となる下絵（画稿・草稿）を描き、版元の了解のもと版木製作用の版下絵が描かれる。版下絵は下絵をより丁寧に薄い美濃紙や雁皮紙に墨線で描いたもので、次いで彫師は版下絵を版木製作用の板（主に山桜を使用）に裏返しにして貼り付

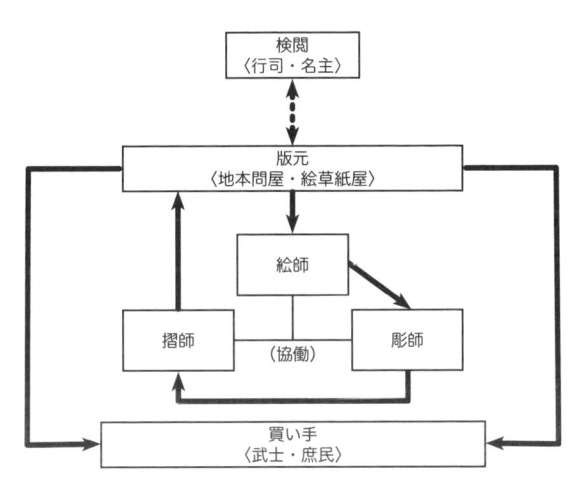

図2　浮世絵の制作・販売プロセス（筆者作図）

け、その上から彫刻し主版がつくられる。なお、版下絵は、1790年（寛政2）以降になると、幕府の検閲を受けることとされ、認可を受けた証明として改印が押印された。

　主版ができると、次の工程は錦絵に使用する色数に応じた色版の制作になる。色版は主版を用いて墨線のみの校合摺を必要枚数分摺り、これを版下絵として絵師が部分ごとの色を指定し、それを版木に裏返しにして貼りつけ、色ごとに彫られた版木のことである。色版が完成すると、次に摺師が絵師の指示通りに色版へ絵具をつけ、発色と吸水性の良い奉書紙に摺り重ねる工程となる。奉書紙は膠液に明礬を混ぜた礬水を刷毛でひき、耐水性を高めるとともに絵具の滲出を抑える下地処理を施した。こうして適度に湿った奉書紙に最初は主版で墨線の輪郭が摺られ、その上に色版を用いさまざまな擦りの技巧により各色が重ね摺りされたのである。摺りの順序は、薄い色から濃い色へ、小さいスペースから大きいスペースへと摺られていくことが基本とされる。何度か試し擦りされた試作品は絵師と版元により校閲され、その了解を得られたものが見本摺となり、その後、摺師はこの見本摺をもとに実際に販売する商品として本摺されていくのである（小林・大久保 2000）。

　こうしていくつものプロセスを経てつくられた錦絵は、最初に200枚を初摺として販売され、これは「板おろし」とも称された。いわゆる初版で、その売れ行き次第によってその後の増刷（これを後摺という）の可否が決まるが、人気が出れば増刷され大ベストセラーとなり、版元に大きな利益が入り、絵師の名声が高まっていったのはいうまでもない。これは、現代の出版事情とも通じるものである。

　工房で製作された浮世絵が地本問屋や絵草紙屋の店頭に並ぶ様子は、江戸神田の町名主をつとめた斎藤長秋・莞斎・月岑の3代によって記され、長谷川雪旦による挿図が付された『江戸名所図会』（7巻20冊、1836年〈天保7〉完成）にも鶴屋喜右衛門の店が登場する。地本問屋鶴屋喜右衛門の店舗は江戸通油町（現在の中央区日本橋大伝馬町周辺）にあり、図版には「錦絵」の標題の以下に「江戸の名産にして他邦に比類なし中にも極彩色殊更高貴の御覧ひにもなりて諸国に賞美する事尤夥し」と記されている。江戸町人の繁栄の象徴として、錦絵は名産、版元の店頭は名所として諸国に喧伝された。その販売価格は、今の価格では数百円から数千円という比較的廉価で販売されたと

され、好みの美人画や役者絵、力士絵、風景画などを求める多くの来客で賑わったのであった。同様に手前翰謂喜作、渓斎英泉画『豊年武都英』にも江戸芳町で絵草紙屋を営んでいた山本平吉の店先に大勢の老若男女が客として来店し、店員が接客している様子

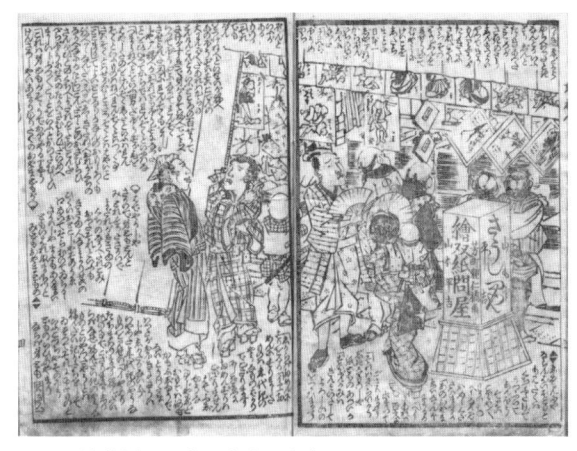

図3　絵草紙屋山本平吉店の店先（手前翰謂喜作・渓斎英泉画『豊年武都英』1839年刊、国立国会図書館ウェブサイト）

が描かれている（図3）。この描写からは、商品である浮世絵は吊るし売りされ、店の奥には在庫の商品が平積みされていることがわかる（鈴木2010）。

　なお、多色摺の錦絵では、その背景色に重要であったのは、ドイツで誕生し日本にも輸入されるようになった合成顔料「プルシアン・ブルー」の存在が見逃せない。この顔料はベルリンで発見された藍色だったので日本では「ベロ藍」と呼ばれ、発色性の豊かさに加え色あせが目立たなかったので、浮世絵の背景に多用され、浮世絵を象徴する色合いとされている。

3　浮世絵版画をよみとく

（1）美人画の名手喜多川歌麿の『江戸名物 錦 画耕作』

　喜多川歌麿の本姓は北川で、幼名は市太郎、絵師として最初の号は豊章を名乗り、天明期頃に歌麻呂（哥麿）に改めたとされる。生年や出生地などは明らかでないが、江戸で生まれたという説があり、狩野派の町絵師であった鳥山石燕に師事した。初期の作品として絵入俳書『ちよのはる』の挿絵が知られ、歌麿の名では1783年（天明3）の『青楼仁和嘉女芸者部』が初期の作品で、その後、寛政年間初期にかけては版元の蔦屋重三郎と協働して多くの美人画を世に送り出した。『ビードロを吹く娘』を含む『婦女人相十品』や

評判の美女を描いた『当時三美人』など、女性の上半身を画面に大きく描く大首絵を多数残している。寛政期には時代の寵児として大人気の絵師となったが、風俗の取り締まりとそれに伴う出版規制が厳しくなり、1804年（文化元）に豊臣秀吉の醍醐の花見を題材にした『太閤五妻洛東遊観之図』が取り締まりの対象となり、手鎖50日に処された。それまで版元から多くの注文を受け、その多忙によって死期を早めたとの俗説もあるが、処罰以降、歌麿の活躍は浮世絵画壇から徐々に薄れていき、1806年に死去したのであった。

　さて、ここで取り上げる『江戸名物錦画耕作』は、錦絵の制作工程を三枚続きで2組、合計6枚の絵で示したもので、錦絵がどのようにつくられたかを図解的に理解できる絵画である（図4）。画題からも想像できるように、そ

図4　江戸名物錦画耕作（喜多川歌麿筆、上：シカゴ美術館所蔵　下左・中：東京国立博物館所蔵、ColBase（https：//colbase.nich.go.jp）　下右：©The Trustees of the British Museum）

の工程は、稲作にたとえて表現されている。各場面を右から左へ順番にみていくと、前半（上段）には①画師板下を認 種おろしの図、②板木師彫刻して苗代より本田へうつしうゆる（移し植える）図、③礬水引田ならしの図の標題、後半（下段）は④摺工田植の図、⑤と⑥は新板くばり出来秋の図と標題が示されている。すなわち、①では絵師が版下を制作し、②は板木師（彫師）を描くもので、右側の人物が主版を彫っている親方、その左手には色版の広い部分を彫る弟子の姿がみえる。そして③では彫る前の作業である礬水を刷子で引き、乾かしている様子が描かれている。続いて後半の3枚は、④では3人の摺師が工房で作業し、その手前に小僧らしき者が訪ねてきている様子がわかる。④と⑤は絵草紙屋の店頭で、この錦絵の版元である鶴屋喜右衛門の店を描いたものと推測されている。ここに登場する彫師や摺師もすべて女性で描かれており、歌麿得意の美人画の一種といえる。実際の浮世絵版画の工房は男性が従事する職場であったが、それを趣向として美しい女性に仮託し、その流麗な姿や振る舞いを繊細に表現することを通し、美術工芸的商品である錦絵のブランディング効果が期待できるものとみることもできるであろう。

　なお本作品の制作年代については、次のように推測されている。すなわち、台の上に並んでいる錦絵は歌舞伎『加賀見山旧錦絵』の大詰「奥庭仕返し」の場面が描かれていることにより、1803年（享和3）3月に三座の一つ市村座での上演に取材したものと考えられ、本作品の制作年代もその時期に近いものとされている（千葉市美術館 1995）。

（2）歌川国貞（三代豊国）の『今様見立士農工商・商人』

　江戸浮世絵師の流派は、寛政年間の浮世絵黄金期に版元蔦屋重三郎と結んで一世を風靡した喜多川歌麿派以外にも、浮世絵初期からの菱川派、懐月堂派、宮川派のほか、江戸中期の鳥居清信に端を発する鳥居派、肉筆美人画の宮川春水に師事した勝川春章を祖とする勝川派など多くの流派が隆盛した。また寛政年間には、最も著名な絵師の一人である東洲斎写楽も出現している。写楽は1794年5月以降、わずか9ヶ月間に144点の作品を残し、その後、姿を消した謎多い浮世絵師であった。さらに、19世紀前半を中心に活躍した葛飾北斎、歌川豊春に始まり江戸末期を飾った歌川派など、多くの絵師と流派に分流している。

図5　今様見立士農工商・商人

（歌川国貞（三代豊国）筆、東京国立博物館所蔵、ColBase（https：//colbase.nich.go.jp））

　その中でも江戸の浮世絵画壇後期に登場した歌川派は、鳥居派などとともに現代まで続く流派の一つである。当時、歌川派と並び人気を博した鳥居派は、「瓢箪足・蚯蚓描」（瓢箪足は盛り上がった力強い筋肉の力感を表すために手足に括れを強調する描き方、蚯蚓描はリズム感あるダイナミックな動きを捉えるために曲がりくねった太い描線を使った描き方）で知られ、歌舞伎の絵看板や番付絵で活躍した。

　一方の歌川派は、始祖の豊春が西洋画法を採り入れ浮世絵を風景画へと展開し、その門人には豊広・豊久・豊国が現れた。さらに豊広からは門人広重の流派ができ、広重は葛飾北斎と並んで風景画の大成者として多くの人の知るところであろう。そして、人気歌舞伎役者の舞台姿を描いた『役者舞台之姿絵』で好評を博した豊国の流れは、その後の歌川派の門人を広げて隆盛した。歌川国芳、五姓田芳柳、月岡芳年、河鍋暁斎、鏑木清方、川瀬巴水らは、この流派に連なっている。

　『今様見立士農工商・商人』を制作した三代歌川豊国は、本名を角田庄蔵のち肖造といい、浮世絵師として国貞の名も称した。1786 年に生まれ、1844 年（弘化元）に先代の跡を継承した際、二代目を名乗ったが、実は三代であったとされる。一雄斎や一陽斎などを雅号とし、役者絵、美人画、合巻挿絵を得意とした。1829 年（文政 12）には柳亭種彦の『修紫田舎源氏』の挿絵で好評を得た。1864 年（元治元）に没するまで、歌川派の中心として活躍した人物である。

　本図は 1857 年（安政元）に豊国が江戸の下谷新黒門町上野広小路にあった

絵草紙問屋魚栄の店頭の風景を描いたもので、入り口にかかっている暖簾には、大きな文字で「東錦絵」と書かれている。標題にある「今様」とは、本来、平安から鎌倉時代に流行した歌謡のことだが、ここでは一般的には現代風という意味で用いられている。「今様見立」とは現代風に江戸の職業や仕事を描いたものと解釈でき、士農工商の内の商人の姿を絵画表現したのである。この作品とともに職人を描いたもの（『今様見立士農工商・職人』）もあり、こうした江戸の町人、庶民に取材した浮世絵は当時の社会の一定程度を反映するものとして注目される存在といえる。

　なお、ここに描かれた店の中で働いている人物は、『江戸名物錦画耕作』と同様に美人の女性たちである。魚栄も先の鶴屋喜右衛門の店と同様に江戸を代表する絵草紙屋の一つで、歌川広重の『名所江戸百景』を公刊したことでも知られている。画中に登場する女性が店舗を華やかに活気づけているが、これも実像ではない。当時の女性には、男性社会に職業的、社会的進出が叶わなかった時代であり、それを逆説的に理解する上でもなぜ美人画を通して働く女性像が表現されたのか、その理由を考察することも大きな意味があるのではなかろうか。

4　視点をひろげる ─地域と西洋につながる江戸文化─

　高等学校で日本史を探究する学習では、時代の特色を示す適切な歴史資料から情報を収集し、読み取り、時代の特色について多面的・多角的に考察し、仮説を表現することが要求されている。こうしたことを踏まえ、浮世絵が「日本史探究」の教科書にどのように記述されているか、以下の通りにまとめた。

　この記述において注視したいのは、元禄期から宝暦・天明期頃から隆盛した浮世絵は、版画であったので比較的安価に入手でき人気があったこと、制作技術や出版業の発達と深く関連することである。ここまで本稿で述べてきた通り、この視点に立脚すれば、浮世絵を絵画作品や江戸文化の具体的事例として取り上げるだけで終わるのでなく、近世社会の商品生産や流通、それに伴う情報伝達のマスメディアとしての役割をも果たした歴史資料とみて近世社会を多面的に考察する発展的な学習プランが構成できるだろう。以下、そのプランを素描しておきたい。

表2　浮世絵に関する教科書『日本史探究』の記述

第9章	幕藩体制の成立と社会
第5節	元禄文化
小見出し	元禄美術（191頁）
江戸では、安房出身の**菱川師宣**が**浮世絵**の版画を始め、美人・役者などに画題を求めて都市の風俗を描き、安価に入手できることもあって、大きな人気を得た。	
掲載図版	菱川師宣「見返り美人図」

第10章	幕藩体制の動揺
第2節	宝暦・天明期の文化
小見出し	絵画（202頁）
17世紀末に菱川師宣によって創始された浮世絵は、絵本や挿絵として描かれたが、18世紀半ばに**鈴木春信**が1枚刷りの多色刷浮世絵版画（**錦絵**）として完成させた。そして、版画の製作技術や出版業の発達とともに、浮世絵の黄金時代へと向かった。寛政期に、多くの美人画を描いた喜多川歌麿や、個性豊かに役者絵・相撲絵を描いた**東洲斎写楽**らが、大首絵の手法を駆使してすぐれた作品をつぎつぎに生み出した。	
【掲載図版】三十六歌仙「僧正遍昭」（鈴木春信）扇屋内蓬莱仙（喜多川歌麿）・初代尾上松助の松下造酒之進（東洲斎写楽）	

（佐藤　信ほか編著『詳説日本史』（探究）、山川出版社、2023より作成）

　18世紀初頭、江戸の人口は100万人を超えていたとされ、ロンドンやパリをしのぐまさに「大江戸」であった。そのうち、約半数を占めたのが幕臣や諸藩の藩士ら武士であったとされる。江戸が武士の都となった背景には、参勤交代の制度化が見逃せない。一年おきに江戸と国元を往復して生活する大名とその藩士らは、江戸滞在中の交際や交遊によりさまざまな情報を入手し、それを国元に持ち帰るという役割も果たしていた。その際、江戸土産として人気だったのが、比較的安価で購入できた浮世絵版画であった。

　また、浮世絵に関心をもつ者の中には貴人もあった。尾張徳川家13代藩主であった徳川慶臧は14歳の若さで早逝したが、その墓所の副葬品の中には慶臧が生前に親しんだ葛飾北斎の『北斎漫画』や歌川広重の錦絵、幕末期の版画や版本が数多く発見されている。中でも墓所に副葬された紙素材の錦絵などが長期にわたって地中に残り、遺物として発掘された事例は極めてレアケースといえるだろう。他にも平戸藩主だった松浦静山、さらには18世紀末には白河藩主から幕府の老中首座となり寛政の改革を主導した松平定信もいる。定信について松浦静山の『甲子夜話』には、定信が卑俗とされた錦絵を個人的な趣味としてコレクションしていたと紹介されているのである（内藤2014）。

　さらに、元禄期に徳川綱吉の側用人として幕政に大きな影響力を示した柳沢吉保の孫で大和郡山藩2代藩主であった信鴻も、風雅な文人大名の一人であった。1724年（享保9）に郡山城で初代大和郡山藩主吉里の二男として生まれ、父吉里が1745年（延享2）に亡くなった跡を受け、15万1千石の郡山藩主

となった。1773年（安永2）まで藩政を執ったのち隠居したが、この年の正月から剃髪する1785年までの13年間の日記が『宴遊日記』として残されており、剃髪後も信鴻は『松鶴日記』（藝能史研究会編1977）を死の直前まで書き続けた。

『宴遊日記』には、隠居後の信鴻が江戸藩邸六義園で繰り広げた詳細な生活記録が綴られている。なかでも俳諧仲間ら文人との交流や自ら積極的に足を運び親しんでいった歌舞伎、開帳の様子など広範囲の庶民文化の記録は、『宴遊日記』をして「安永天明期の江戸文化に関する百科事典と呼んでも過言ではない」とその「概説」に評されるのである。その一例として、出入りの本屋が草双紙や錦絵を藩邸に届けにきたこと、江戸市中に出た際の土産物として錦絵を購入したことなどは度々であったことが知られる。『宴遊日記』（巻一上）の1773年正月7日の日記には、「本屋新介、懐暦・絵本・絵戸二色紅絵を進む」と記され、この本屋新介は柳沢家出入りの版元と推察され、年頭には暦とともに錦絵や絵草紙を持参してくるのが恒例だったのであろう。翌年は正月3日に新介が訪問しており、「年玉画本・錦絵等貰」ったことが記されている。また、1775年2月6日には、湯島天神に参詣した際、「錦絵似面を買ひ、坂下にてふくべ烟入を求む」といった記事を多数みつけることができるのである。

他方、幕末・維新期には、江戸の浮世絵版画は西洋社会にも受容されていった。フランス印象派絵画などに影響を与えたことは多くの方に知られるところであるが、それは音楽家にも影響を与え、その一人にフランス印象主義（印象派）の作曲家といわれるドビュッシー（Claude Achille Debussy, 1862-1918）がいた。印象主義とは、1874年にフランス・アカデミーの官設展覧会（サロン・ド・パリ）に反発して展覧会を開催した新進気鋭の画家モネ、ドガ、ピサロ、ルノワールらに共通する従来のルールを無視した表現様式を批判するもので、音楽でも若手作曲家の作品への揶揄の意味合いを込めて用いられた表現であった。ドビュッシーが印象派と呼ばれるようになったきっかけは、ローマ留学中の1887年に作曲した交響組曲『春』に対するフランス・アカデミーの評価にあるが、ドビュッシー自身は、出版社に宛てた1908年3月の書簡の中でこの評価に不満であった。今日ではドビュッシーと印象主義を結びつけるレッテルを覆す論調も多く目にするようになり、印象主義から象徴主義へと移り変わる時期に位置づけられたりしている。

ここで注目したいのは、ドビュッシーが自室で撮影した有名な写真である。

一緒に写っているのは、ロシアの作曲家ストラヴィンスキー（I. Stravinsky, 1882-1971）で、1911 年にドビュッシーの自宅書斎で写したもので、撮影したのはサティ（Éric Alfred Leslie Satie, 1866-1925）だという。その背後の壁には北斎の『富嶽三十六景』の一つ「神奈川沖浪裏」が飾られており、視覚芸術を作曲の着想源にしていたドビュッシーが浮世絵に代表されるジャポニズムの影響を受けているという際によく持ち出されるエピソードである。

　1903 年から 1905 年にかけて、ドビュッシーは『「海」管弦楽のための三つの交響的素描』（第 1 楽章「海上の夜明けから真昼まで」、第 2 楽章「波の戯れ」、第 3 楽章「風と海との対話」）を作曲した。1905 年に出版された『海』初版スコアの表紙デザインには、ドビュッシーの希望で「神奈川沖浪裏」が用いられている。ドビュッシーは後にオーギュスト・ロダン（François-Auguste-René Rodin, 1840-1917）と恋愛関係になるカミーユ・クローデル（Camille Claudel, 1864-1943）と親交し、日本美術について教示を得ていたとされる。こうしたことから、ドビュッシーの『海』は「北斎の浮世絵にインスピレーションを得て作曲された作品」として紹介されることがある。実際には創作における関連性を明確に裏付ける史料の存在は確認されていないが、浮世絵版画の国際性を物語るエピソードの一つである。

　この他、浮世絵の認可と統制をめぐる諸問題を幕政史と関連づけて考察することも可能といえる。これについての考察は他日を期したい。

●参考文献

浅野秀剛　2002『日本史リブレット 51　錦絵を読む』山川出版社

石井研堂　1994『錦絵の彫と摺（改訂覆刻版）』芸艸堂（1929 年初版）

大久保純一　2013『浮世絵出版論—大量生産・消費される〈美術〉』吉川弘文館

鹿野政直・鶴見俊輔・中山　茂編　1997『民間学事典　人名編』三省堂

藝能史研究会編　1977『日本庶民文化史料集成　第 13 巻　芸能記録（二）』三一書房

国立歴史民俗博物館　2009『錦絵はいかにつくられたか』企画展示図録

国際浮世絵学会　2008『浮世絵大事典』東京堂出版

小林　忠　2002『江戸浮世絵を読む』ちくま新書

小林　忠　2019『日本の伝統文化②浮世絵』山川出版社

小林　忠・大久保純一　2000『浮世絵の鑑賞基礎知識』至文堂

鈴木俊孝　2010『絵草子屋江戸の浮世絵ショップ』平凡社

千葉市美術館　1995『喜多川歌麿展（解説編・図版編）』展示図録、朝日新聞社、ブリティッシュ・ミュージアム・プレス

内藤正人　2014『浮世絵とパトロン—天皇・将軍・大名の愛した名品たち』慶應義塾大学出版会

仲田勝之助編校　1941『浮世絵類考』岩波文庫

永田生慈　2000『歴史文化ライブラリー 91　葛飾北斎』吉川弘文館

吉田暎二　1960『浮世絵談義』東西五月社

記念物 **墳墓・碑**

近世庶民の墓石は何を語るのか

下山　忍

近世庶民の墓石から村社会の構造と「家」意識がわかる！

1　近世の墓石とは

　墓石は墓標・墓塔などとも言い、文字通り墓のしるしの石である。現在では、被葬者の戒名・俗名・死亡年月日などを刻んでいる。墓誌とも類似するが、死者の事績などを刻んだ墓誌に対して、墓石はあくまでも墓印としての意味をもつという点で一応の区別ができる（坂詰監修 2011）。なお、考古学では「墓標」という呼称の方が一般的であるが、本稿では板塔婆その他の墓上施設との区別を明確にする意味から「墓石」とした。

　近世の墓石のうち大名墓などは史跡等に指定され整備・保存されていることも多いが、庶民墓については文化財としての認識は乏しく、学問的に扱うことには馴染まない印象を与えがちである。しかし、古墳やピラミッドの例を挙げるまでもなく、墓はその時代の文化を反映する存在でもあり、それを権力者だけに限定せず庶民にも広げていき、歴史の叙述をより豊かにしていくという発想はあってよい。庶民の生活と信仰の史料として、その地に生きてきた証として捉え直してみたい。後述するように、これまでに数多くの調査・分析がなされ、近世の庶民墓は身分階層や経済を反映していることが明らかになってきており、古文書などの文献史料を補完する史料としても認識されつつある。

　そもそも日本における石塔の造立は、仏教伝来とともに始まったと言われている。奈良時代の層塔（三重塔・五重塔・七重塔など）に続き、平安時代からは宝塔・多宝塔・宝篋印塔・五輪塔などが造立された。とくに五輪塔は、鎌倉時代に入ると造立が盛行し、以後、戦国時代から江戸時代にかけて墓石として普及している。石造物の造立に関しては鎌倉時代は一つの画期とも言え、

例えば板碑も鎌倉時代から造立されている。

　しかし、これらの石塔がすべての人の墓に用いられたということはなく、貴族や武士、あるいは僧侶など特定の階層の被葬者に限られていた。すなわち、死んでも墓石を建てない人々の方が圧倒的に多かったはずである。中世後期より次第に上層農民にまで拡大していくが、一般庶民が墓石を造立するようになるのは、地域により差異はあろうが、17世紀半ば以降と考えてよい。その意味では、現在私たちの知る「墓石」は近世において造立が始まり、近代に入って拡大したものと言える。

　そうした近世の墓石の意義は、そこに生きた人々すべてではないにせよ、それ以前の時代に比べれば圧倒的な量的拡大を反映した情報を提供してくれるところにある。関根達人は、墓石を含む近世石造物の史料上の利点を、①移動が少ないという「原位置性」、②文字だけではなく大きさ・形態・材質など「属性の多様性」、③「紀年銘」の多さ、④日本国内ならどこにでも存在する「普遍性」、⑤木や紙などに比べ「不朽性」、⑥古文書や美術工芸品に比べ「調査の容易さ」の6点を挙げている（関根2018）。こうした点を踏まえ、近世の庶民墓石の史料的・文化財的価値について触れていければと考えている。

2　近世の墓石の歴史的背景

　近世の墓石の研究は、考古学や民俗学によって進められてきた。古くは坪井良平による木津惣墓（京都府木津川市）の調査が知られている（坪井1939）。惣墓とは共同墓地のことであり、この墓地の3,305基の墓石の悉皆調査を行っており、その後の調査研究の基準となった。少々時を経てこれに続くのが竹田聴洲による山国庄比賀江地区（京都府京北町）の調査であり、388基の分析から、中世後期からの一石五輪塔、近世中期からの位牌型・舟型、近代に入ってからの方柱型というように墓石型式の編年を示した。竹田は、17世紀初頭の墓石数の急増は、太閤検地によって創出された農民の小さな「家」が独自に先祖を祀ったためであるとしている（竹田1966・1968）。また、土居卓治は主に岡山県の事例をもとに、近世中期から墓石の頂部が次第に丸みを帯びること、さらにその後水平になっていくことなど方柱型への移行過程に注目した（土居1972）。

　近世の墓石の形態変遷の考察をさらに進めたのが坂詰秀一である。坂詰は

　中山法華経寺墓地（千葉県市川市）における935基の調査分析から、近世の墓石を中世以来の系譜をもつ五輪塔・宝篋印塔などの「塔形」墓石と、近世に出現した駒形・位牌型・方柱型などの「非塔形」墓石に分類した。また、非塔形墓石は一つの面にのみ文字を刻む「一観面」と複数の面に文字を刻む「多観面」に分けられ、前者から後者に変化していくことを指摘した（坂詰1981）。さらに非塔形墓石は17世紀前半に尖頭舟形（板碑型）が出現するのに始まり、続いて蒲鉾形方柱型、18世紀後半以降から平頭方柱型が現れるとした（坂詰1988）。その背景には、墓石における非仏教要素の現れであるとともに、寺請制の進展があったとする見解もある（三好1986）。

　谷川章雄も千葉県市原市高滝・養老地区の調査分析から、こうした形態変遷をさらに精緻に確認するとともに、墓石の大きさや戒名などの要素も分析対象として近世的な家を単位とした供養の在り方について考察している（谷川1988・1989）。谷川は、それまでの「一観面」に変わって「多観面」である蒲鉾形方柱型が登場するのは18世紀前半の享保年間（1716〜35）頃であり、若干大型化するとともに複数の被葬者をもつ墓石が増えるとする。また、院号居士・大姉、院号信士・信女、居士・大姉などの上位の牌格が増え、童子・童女などの子どもの戒名も定着するという。これはこの時期になると、家を強く意識しはじめて牌格の上昇を求めたり、家の維持・永続の願いから子どもの供養を行ったりしたことが背景にあるとする。被葬者の複数化は、上層でない家が夫婦・兄弟姉妹・親子などを1基の墓石にまとめたことを示し、その背景には経済的理由だけでなく、家意識の浸透も想定した。

　なお、こうした近世墓石の形態の呼称については、研究者によって微妙に異なるが、本稿では基本的には筆者の分類（下山1992）を基に記述していることをお断りしておきたい。

3　合角地域の墓石をよみとく

（1）ダムに沈む村と合角地域総合調査

　さて、1988年（昭和63）から1991年（平成3）にかけて、筆者自身が担当した墓石悉皆調査について述べたい。この調査は埼玉県小鹿野町・吉田町（現秩父市）に建設する「合角ダム」によって水没する地域の総合調査の一環であった（図1）。

　高度経済成長以降、首都圏の人口増加や工業地帯の発展から、生活用水・工業用水の需要が急激に高まり、ダムへの期待が高まった。埼玉県では、1961 年の二瀬ダム、1986 年の有間ダム、1999 年の浦山ダム、2003 年の合角ダム、2011 年の滝沢ダムというように、県内に水源をもつ荒川水系に 5 つのダムを建設した（図2）。

　しかし、そこに暮らしてきた人々にとっては先祖から受け継がれてきた家屋や土地を失うことになり、他の土地への移住を余儀なくされることになる。

　この合角ダムにおいても 1970 年の計画発表後、地元住民からは絶対反対が表明された。しかし、長い反対運動を経て最終的にダム建設を受け入れ、移転の決断を下すことに

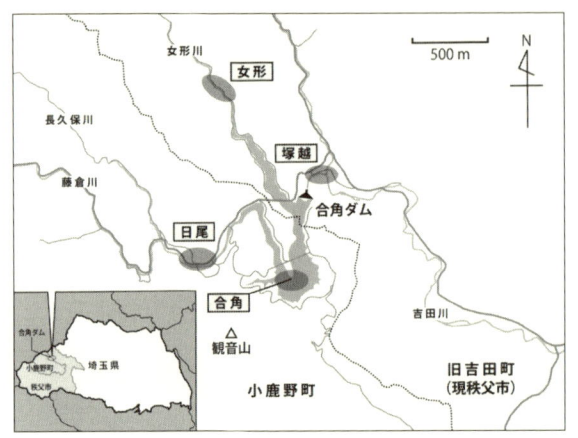

図1　合角ダムの水没地域
（埼玉県立歴史と民俗の博物館 2018 より転載）

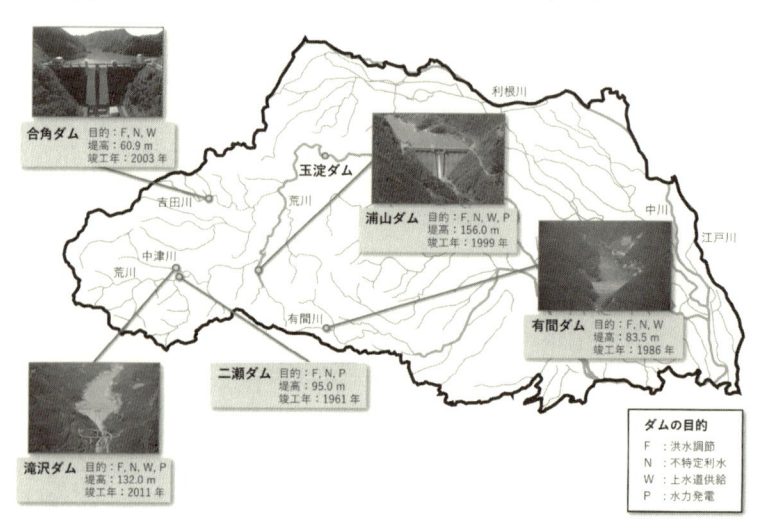

図2　埼玉県内の主な多目的ダム（埼玉県立歴史と民俗の博物館 2018 を一部改変）

なったという経緯があった。

　その「経済的補償」はもちろんであるが、ダム建設によって失われてしまうこの地域の自然環境・生活文化・文化遺産を如何に継承するかが問われることになった。これは言わば「文化的補償」とも言え、対象地域を調査・研究し後世に残すことがその水

図3　石造遺物班調査風景
（合角ダム水没地域総合調査会 1992）

資源の恩恵を受ける者の責務ではないかという考えのもとに、①地理・地形、②地質、③植物、④動物、⑤歴史、⑥民俗、⑦考古の7部会からなる「合角ダム水没地域総合調査会」が組織された。これらの部会には多くのアマチュアの研究者たちが参加して、ダム建設のためにこの地を去らなければならない方々の心のふるさとの記録に取り組んだ（埼玉県立歴史と民俗の博物館2018）。

　7部会のうち「歴史部会」は、古文書目録の作成、古文書の写真撮影、検地帳・五人組帳・宗門人別帳の解読と入力などを進める「古文書班」と、墓石と路傍の石仏・記念碑の悉皆調査を進める「石造遺物班」に分かれて活動した。当時高等学校に勤務していた筆者も、石造遺物班のチーフとして参加することになり、大学時代の友人や教え子たちと共にチームをつくり、日曜日・祝日を中心として現地調査を行った（図3）。

（2）調査対象地域の概況

　調査対象地域は、埼玉県小鹿野町合角・日尾（ひお）、吉田町（現秩父市（おながた））女形・塚越の4集落（合計72戸）であった。秩父盆地の北縁部にあたり、典型的な山地地形で、集落は山間部を流れる藤倉川沿いの谷あいに位置している（図4）。平地が少なく水田に適さないため、乏しい耕作地では麦・雑穀などの畑作が行われ、山林を活かした林業や炭焼きといった山仕事も営まれていた。また、近世以降、農閑余業としての紙漉きや養蚕などが現金収入につながる生業であった（小林1992）。

　家々は川沿いの狭い平坦地に並んで集落を形成しており、各家の墓地はそ

図4　合角地区風景
（合角ダム水没地域総合調査会 1992）

れぞれの家屋の背後の裏山に面して営まれる、いわゆる「屋敷墓」であった。墓地には①寺院墓地、②共同墓地、③屋敷墓などの種別があるが、調査対象地区では45箇所の墓地のうち1箇所の共同墓地を除いてすべてが屋敷墓であった。こうした墓地の営み方は、埼玉県秩父地方の山間部に共通している傾向である。

　葬法については、埋め墓と詣り墓を分ける「両墓制」ではなく、遺体の埋葬地に石塔を建てる一般的な「単墓制」であった。土葬が長く行われており、秩父地方では2尺真四角（2尺×2尺：約60cm四方）の穴を掘って坐棺（死者をすわった姿勢で納める棺）を用いることが多かったという。七回忌・十三回忌で墓石を造立するという話も聞いた。しかし、1973年に火葬場（秩父広域市町村圏組合秩父斎場）ができてからは次第に火葬に代わり、墓石も遺骨（骨壺）を順次追葬するカロート（唐櫃）型になっていったようである。

　この時の歴史部会石造遺物班は、15回にわたる悉皆調査により、①墓石773基、②路傍の石仏・記念碑80基、③中世の石造遺物（板碑・五輪塔・宝篋印塔・石仏）39基を記録した。①については水没地域内に限定したが、②・③については水没地域の含まれる地区（合角・日尾・女形・塚越）に現存するものすべてを対象とした。

　ただし、水没に備えて住民の移転は徐々に進んでおり、その場合家屋だけではなく墓石も伴う場合もあった。それゆえに悉皆調査とは言うものの、調査開始前や調査中に移転してしまった墓石もあり、対象地区の全墓石を調査し得たわけではなかった。それにしても調査地域を訪れるたびに集落の家屋が減っていくのを目にするのは、何とも言えぬ思いであった。

（3）形態からわかること

①非塔形墓石の登場とその背景　次に示すのは「年代別墓石形態表」（表1）である。この表は、墓石773基のうち、破損・摩滅等によって銘文の判読が

できなかったものなどを差し引いた601基を対象としている。本表でいう墓石の形態については付図を示したので参照していただきたい（図5）。

調査地域で確認できた最も古い墓石は、寛文10年（1670）銘をもつ地蔵丸彫であり、これに五輪塔が続き、さらに宝篋印塔と板碑型・舟型が同時に登場している。ほぼ同時期に様々な形態が現れてくるのは本調査地の特徴と言え、その背景には墓石造立の習慣が他の地域に比べて遅かったため、その段階までに存在している形態が同じ時期にこの地に伝来したという面もあると思われる。

ただし、基本的には塔形から非塔形への形態変遷が読み取れた。その画期は17世紀半ば以降であり、先学の調査報告とほぼ同様の傾向を示している。また、非塔形墓石の登場は、単に形態の変化にとどまらず、造立数の増加も伴っていた。こうした現象は墓石をもつ階層が増加したことを意味して

図5　墓石の形態図 （合角ダム水没地域総合調査会 1992）

表1　年代別墓石形態表（合角ダム水没地域総合調査会 1992）

年代	尊像丸彫	五輪塔	宝篋印塔	無縫塔	板碑型 破風文	板碑型 花頭窓	舟型 地蔵	舟型 如意輪	舟型 その他	舟型 文字塔	箱型	方柱型 平頭	方柱型 山角頭	方柱型 台頭	方柱型 横頭	笠付型	石祠	自然石 丸石	割石	記念碑型	計
天正19～慶長5 (1591～1600)																					
慶長6～15　(1601～1610)																					
慶長16～元和6 (1611～1620)																					
元和7～寛永7 (1621～1630)																					
寛永8～17　(1631～1640)																					
寛永18～慶安3 (1641～1650)																					
慶安4～万治3 (1651～1660)																					
寛文1～10　(1661～1670)	1																				1
寛文11～延宝8 (1671～1680)		2											1								3
天和1～元禄3 (1681～1690)	1				1		1	1													4
元禄4～13　(1691～1700)		1	1		2	5															9
元禄14～宝永7 (1701～1710)		1	2		4		2														9
正徳1～享保5 (1711～1720)	1				5	2			1												9
享保6～15　(1721～1730)		2			4	2															9
享保16～元文5 (1731～1740)				1	3	2	1	1			2		2			1					13
寛保1～寛延3 (1741～1750)				1	1	9	2	2			6	1	1								23
宝暦1～10　(1751～1760)		1			1	3	2	2			1		2			1					13
宝暦11～明和7 (1761～1770)	1			1		5	2	4			6		2			1					22
明和8～安永9 (1771～1780)	2					1		1			6		4			1		1			16
天明1～寛政2 (1781～1790)					1	1	4	6	1 (聖観音)		8	1	9			1	1				33
寛政3～12　(1790～1800)	1			1			1	4 (聖観音)			8		7			1	1		1		25
享和1～文化7 (1801～1810)			2				1	2			8		9			1	1				24
文化8～文政3 (1811～1820)				1			2	4 (聖観音)			4		16	2							30
文政4～天保1 (1821～1830)							1	1			9	2	35	2							50
天保2～11　(1831～1840)							1				2		12	1		1					17
天保12～嘉永3 (1841～1850)				1			1				3		20	2	1	1					29
嘉永4～万延1 (1851～1860)											1		18	1	1						21
文久1～明治3 (1861～1870)											1		34	3	1		2				41
明治4～13　(1871～1880)											1	1	10	4		1				1	18
明治14～23　(1881～1890)													11	2		1					14
明治24～33　(1891～1900)												1	18	2	2	1	1			1	26
明治34～43　(1901～1910)											3	1	12	6	2	1	1			2	28
明治44～大正9 (1911～1920)				1							2		11	10	4	1				1	30
大正10～昭和5 (1921～1930)						1					2	2	3	4	1			1			14
昭和6～15　(1931～1940)											3	2	2	3	4	3				3	20
昭和16～25　(1941～1950)											1	3	2	3	7	1				1	18
昭和26～35　(1951～1960)											3	1			5	1				1	11
昭和36～45　(1961～1970)											9			4						5	18
昭和46～55　(1971～1980)						1					1										2
昭和56～平成2 (1981～1990)															1						1
計	7	7	5	6	23	30	23	30	2	0	77	27	241	43	41	15	6	2	1	15	601

おり、その背景には、17 世紀を通じて進行した幕府の小農自立政策による「本百姓」の増加があったと思われる。調査地では 1655 年（明暦元）に検地が行われており、その検地帳には 130 人の本百姓の名が記されていた（千嶋 1992）。非塔形墓石（その最初の形態である板碑型）は、こうした新しい「家」を創出した階層によって造立されたと見るべきで、中世的小土地所有者の系譜を引く有力農民によって造立されたと考えられる塔形墓石と見事なコントラストをなしている。

　②方柱型墓石と「多観面」の登場　形態変遷上もう一つ特筆すべきことは、方柱型墓石の登場である。非塔形墓石のうち、板碑型（図6）・舟型から箱形（図7）を経て 18 世紀中頃に現れてくる。先学も指摘するように、この方柱型の登場は形態変遷上の画期をなしている。「一観面」から「多観面」に変化したもので、刻銘するスペースが大きくなる特徴をもっている。

　箱型は、板碑型・舟型の頂部が尖頭から丸みを帯び櫛形になった形態である。初期のものは、板碑型・舟型同様「一観面」であるからその推移が想像できる。箱型も初期のものは、仏塔の伝統から花頭窓を彫り窪めているが、花頭窓が次第にアーチ型になり、さら

図6　板碑型墓石（合角ダム水没地域総合調査会 1992）　　図7　箱形墓石（合角ダム水没地域総合調査会 1992）

図8　方柱型墓石（合角ダム水没地域総合調査会 1992）

に彫り窪めがなくなるというように推移する。この推移に伴って整形面が一面から三面、そして四面と増加していく。すっかり四面が整形され、その横幅の比率がほぼ等しくなったものが典型的な方柱型である（図8）。

　調査地における方柱型の造立は、18世紀中頃から始まった。台石を含めた全高も70cm程度のものが多く、その後の方柱型に比べると小さい。初期のものは三面整形が多く、次第に四面整形に移行していく。整形面が増加していることが方柱型の形態上の特徴であり、そのことが複数の被葬者名を刻むことを可能にした。板碑型や舟型にも夫婦と思われる被葬者の墓石が見られたが、方柱型になるとそれに加えてかなりの世代にまたがる被葬者を確認できる。現在の墓石に見られる「○○家先祖代々之墓」のような刻銘が、被葬者の戒名に取って変わるようになる。そして、火葬の普及に伴って、遺骨（骨壺）を順次追葬するカロート（唐櫃）型になっていく。現在石材店が扱っているものの大部分はこれである。このように被葬者が個人から夫婦、家族というように増加し、さらに先祖代々を祀るというようになるが、先学の指摘通り、これは墓石が故人供養のためのものから祖霊崇拝のためのものに変化していったことを表していると言える。

（4）刻銘からわかること

　①没年と造立年の差　墓石に刻んである年月日等は、その墓石の造立年か、被葬者の没年かという問題があるが、基本的には近世のものは、被葬者の没年と考えてよい。1基に夫婦など複数の被葬者が刻まれている墓石には、それぞれの戒名の傍らに年月日が刻まれているからである。近代以降に造立された墓石には、例えば「昭和○○年□月×日　◇山△夫建立」というように明らかに造立年がわかる刻銘があるが、調査地においては明治や大正のものはそう多くなく、昭和に入ってから、しかも戦後の墓石が大部分であった。こうしたことから墓石に造立年を刻むという習慣は、そう古いことではないことが分かる。

　それでは、造立年と没年の年数差はどのくらいあるのか。調査地では昭和戦後のものが大部分であったが、没後6〜7年後、12〜15年後、22〜23年後の造立が多かった。それぞれ七回忌、十三回忌、二十三回忌に該当することが推察される。通常三十三回忌が最終年忌とされるが、それ以上の年数差を

もつ墓石も少なからず見られた。すなわち、被葬者の死去と墓石の造立が時間的には一致していないことの方が通例であった。ただし、最近のカロート（唐櫃）型の墓石は、遺骨（骨壺）を順次追葬していくので、被葬者の没年に対応する墓石の造立はない。

　②「多観面」に伴う刻銘──俗名・苗字・行年・造立者（年月日）──　初期の近世の墓石には「戒名」や「没年（月日）」のみが刻まれていたが、方柱型墓石による整形面（スペース）の増加は刻銘の種類を増やした。19世紀初頭より、被葬者の「俗名」や「行年」（死んだ時の年齢）、20世紀に入ると「造立者」や「造立年月日」も刻むようになった。

　被葬者の「俗名」を刻んでいる墓石は明治以降のものが多いが、近世のものにもかなり見られる。調査地ではおおよそ文化・文政年間（1804〜30）・天保年間（1830〜44）頃に始まっていた。被葬者の「俗名」を刻む風習は、後述する「造立者」・「造立年月日」よりもかなり早く始まった風習と言える。初期の方柱型墓石は花頭窓を彫り窪めることが多いが、次第に彫られなくなっていく。そうした頃に「俗名」を刻む習慣が生まれたようである。花頭窓の消滅と「俗名」記載は、墓石における仏教的要素の減少というように理解できよう。

　被葬者の死亡時の年齢である「行年」は、こうした「俗名」記載とほぼ同時かやや遅れて始まっている風習である。仏教的要素の減少に伴い、被葬者の生前の姿への関心が「行年」を刻むことにつながったのであろう。

　また、近世の庶民がいつから「苗字」を用いるようになるかということについても、「俗名」の刻銘から知ることができる。近世の庶民が苗字の公称を禁じられていたことはよく知られているが、苗字をもたなかったということではない。墓石は、そうした近世における庶民の苗字使用の実態を知る上で、重要な史料となりうるものである。前述のように「屋敷墓」が多い調査地では、その家ごとの違いはあるにせよ、「苗字」の刻銘は「俗名」を刻む風習と同時かやや遅れて始まっている。すなわち19世紀に入ると、庶民レヴェルでも苗字の使用が一般化している状況を示しているのである。

　③戒名と牌格　戒名は仏教に帰依した弟子の証であり、生前に授けられるのが本来の姿であるというが、死後檀那寺の僧侶につけてもらい、それを位牌や墓石に記すのが一般的な風習である。こうした戒名には階層性があるこ

とは、これまでの調査結果からも指摘されている（小林1987、谷川1989など）。

　この階層性を牌格という。牌格は宗派や地域によっても異なるが、院号を用いる場合が最も高く、「居士・大姉」・「清信士・清信女」・「信士・信女」・「禅定門・禅定尼」というように続くとされる。さらに二字より四字・六字というように字数の多い方がより上位、略字より真字、真字の中でも画数の多い方が上位というような規程もあるようである。また、子どもの戒名もあり、「童子・童女」は4〜5歳から14〜15歳まで、「孩児・孩女」は1歳から3〜4歳まで、「嬰児・嬰女」は出産から1歳まで、「水子」は流産・死産を示すという（原1976）。

　調査地においても、先学の調査と同様に、年を追って次第に牌格の高い戒名に推移している傾向は見られ、「禅定門（尼）」→「信士（女）」への画期は18世紀後半、「信士（女）」→「居士（大姉）」への画期は20世紀前半に認められた。戒名が家の格式を象徴するものであったというが（小林1987）、時代を経るに従って、次第に高い牌格を求めていく傾向があったことが知られる。こうした変化の背景には、村落内の階層変化があったのではないか。18世紀半ばになると商品経済が村落にも浸透し、その結果、均等の生産者を維持する「本百姓体制」が崩れはじめ、新興富農層が生まれてきたとされている。こうした階層が従来よりも高い牌格を求め、そうした要求に寺院や僧侶が対応したということが考えられる。

　なお、調査地では墓石だけでなく路傍の石仏も調査対象としたが、このうち庚申塔・灯籠・鳥居など信仰関係の石造物の造立者にも18世紀半ばから変化が現れることが認められた。その変化とは、こうした石造物の造立者が苗字をもつ男性名から講中・氏子中などの信仰組織に替わり、いわば村落全体での造立となっていったのである（工藤1992）。これはかつて塔形墓石を造立した階層、すなわち中世的小土地所有者の系譜を引く有力農民が「本百姓体制」成立後も村落内である程度の権威を保持していたが、前述の階層変化の中でそれを喪失し、18世紀半ば以降の村落内秩序の変化につながったと考えることはできないだろうか。調査地では1742年（寛保2）に1人の村民が世襲名主を訴える訴訟が起こっているが、これは村の経営が名主の裁量だけでは円滑に行われない状況を意味しており、その後、年番名主制へ移行している（千嶋1992）。

　これより時代は下るが、1831 年（天保2）に出された「葬式石碑院号居士等之儀ニ付御触書」では、百姓・町人の院号・居士号の使用禁止を通達している。この法令は同時に墓石の高さも 4 尺（121.2cm）以内、葬儀における読経僧も 10 名以内にせよと規定している（斎藤1988）。この近世の「薄葬令」とでも言うべき政策は、従来の封建的秩序を維持しようとする幕府の政治的意図を如実に反映していると言えるが、逆に言えば金銭による身分・格式取得の一般化が深刻であったことを物語っている。こうしたことも牌格の全般的上昇と軌を一にするものであろう。ちなみに調査地における院号戒名の初現は 1830 年（文政13）であった。1831 年の「薄葬令」の影響か、これ以降「院号」は大正年間（1912〜26）まで見られない。しかし、「居士・大姉」の方は文化年間（1804〜18）以来連綿と続いており、こちらに関しては徹底されなかった状況も窺えた。

（5）文化財としての近世墓石

　さて、近世庶民の墓石については、考古学的手法に基づく調査によりその形態変遷の傾向がほぼ把握されている。そして、それは村落内の階層を反映しており、その変化を読み取ることで経済史的・社会史的な考察を加えることができる史料と言える。こうした墓石調査の結果を文字史料である過去帳と照合して考察する研究も始まり（関口2004、朽木2004）、ここから近世後期において墓石を造立し得た人の比率や苗字を名乗っていた人の比率もわかるようになった（関根・澁谷2007、関根2020a）。また、墓石から近世の寺壇制度の成立を考えていく研究もある（朽木2018）。

　近世墓石の調査地は近畿地方や関東地方に多いが、次第に広く全国的に行われるようになってきており、その地域的な特徴も解明されつつある（三好2021・2022）。中でも注目されるのが、蝦夷地や奄美群島という近世幕藩制国家の周縁部に関する関根達人の研究である。すなわち、墓石を含む近世石造物を通して和人の蝦夷地進出の実態を明らかにし、蝦夷地が経済的・文化的・政治的に内国化される過程を論じている（関根2013）。蝦夷地同様に「非墓石文化圏」であった琉球では風葬・洗骨・再葬を特徴とする葬墓制が行われており、奄美群島もその影響下にあったが、薩摩藩による直接支配下の中で次第に近世日本の葬墓制が普及したとする。しかし、その様相は島ごとに異なり、沖永良部島や徳之島では墓石の造立は薩摩藩から派遣された島役人層に

限られるという（関根 2020b）。

　また、災害史の中に積極的に墓石を位置付けていく研究も見られる。関根達人は、様々な災害や事故、疫病、飢饉に関する石造物を紹介する中で墓石も扱っている（関根 2020c）。疫病に関して言えば、野上健紀らの「疱瘡墓」の調査も注目される。天然痘感染者の墓地や墓石を確認し、感染者の埋葬の実態を解明している（野上・賈 2021・2022）。地震・津波による被害に関しても白幡勝美らの調査研究がある（白幡・熊谷・佐藤 2021）。

　以上のように、近年の近世墓石研究は多岐にわたる進展を見せており、近世史解明の史料として位置付けていくことが期待されるとともに、歴史教育においても教材化の可能性をもつ文化財であると考えられる。

4　視点をひろげる──「家」意識の変容と現代社会──

　さて、近世庶民の墓石は、17世紀から形成されてきた「家」を背景として造立されたものであった。当初は仏像や種子（仏を表す梵字）などを刻んだり、板碑の形態を模した石を用いたりして、死去して仏弟子となった故人の戒名を刻んで供養する形態であったが、18世紀中頃から登場した方柱型墓石は整形面の増加から次第に複数の被葬者を祀るようになっていった。この変化は、墓石が故人の「供養」という仏教的要素を減らし次第に「祖霊崇拝」へと変化したものと言われるが、「家」の永続を図るという意識とも重なっていた。

　明治期になって寺壇制度はその法的根拠を失うが、明治民法によって戸主権を中核として逆に家族制度は強化され、近世以来の「家」の永続を図るという意識は維持された（藤井 1991）。方柱型に、故人の戒名ではなく「○○家之墓」と刻む墓石が多く造立されるようになった。さらに、伝染病予防のため火葬が推奨されていくが、昭和戦後期になると複数の火葬骨壺を順次収納するカロート（唐櫃）型墓石が普及した。こうした追葬も「家」を強く意識させるものであったと言える。

　20世紀半ばの高度経済成長は、地方から都市への大量な人口移動をもたらし、我が国の社会構造を大きく変容させた。大都市における墓地の不足なども課題として挙げられるが、これは都市にやってきて生活の基盤を築いた地方出身者による墓地の確保と墓石の造立に起因する。大都市における墓石

の造立は、近世から続く「家」とは異なる新たな「家」の創出と関わり、従来の先祖供養という観念を残しながらも、自らの子孫と眠る場の設営という意識があるという（森 1993）。

　以上のように、現在に至るまで「家」を基盤としながら墓石が造られてきたと言えるが、最近それが変化しつつあるという。それは墓石を管理する継承者のいなくなった「無縁墓」の増加である。総務省の調査によれば、公営墓地を運営する市町村の 58% はこうした「無縁墓」を抱えているという。墓石やブロック塀の倒壊などのリスクや、樹木が生い茂ることなどによる環境の悪化などに各自治体が苦慮している様子が窺える（『日本経済新聞』2023 年 9 月 13 日）。「無縁墓」になる前に墓石を撤去し、墓所を更地にして使用権を返却するのが、最近よく耳にする「墓じまい」であり、こちらも増加している。

　こうした「無縁墓」や「墓じまい」が増加する背景には、少子高齢化や過疎化による管理者の不在という実態があるが、「家」に対する考え方の変化も大きいと言えよう。核家族だけでなく、離婚・未婚化・高齢化等による単身世帯の増加を指摘する研究もある。こうした中で、子孫が墓石を未来永劫にわたって祭祀しつづける仕組みは限界に来ているとも言える（槇村 2018）。すなわち近世以来の「家」は大きく変容し、高度経済成長期の新しい「家」の創出もその後に展開しえなかったとも考えられる。「家」の永続性の象徴とも言えた墓石は、その役割を終えていく過程にあるのかもしれない。

　かつて筆者には、墓石は永遠に存在するような思い込みがあった。調査に携わった合角ダム水没地で移転していく墓石を見たときの寂寥感はそこに起因していたのだと思う。しかし、あらゆるものに無限なものはなく、墓石もまた有限な存在である。改めて、近世から近代を語る史資料（文化財）としての認識をもつ必要があるのだろう。

◉参考文献
岩田重則　2006『「お墓」の誕生—死者祭祀の民族誌』岩波書店
工藤　宏　1992「石仏・記念碑」『秩父合角ダム水没地域総合調査報告書［下巻］人文編』合角ダム水没地域総合調査会
朽木　量　2004「墓標からみた近世の寺院墓地　神奈川県平塚市大神真芳寺墓地」『国立歴史民俗博物館研究報告』112
朽木　量　2018「屋敷墓からみた近世・近現代のイエ」鈴木岩弓・森　謙二 編『現代日本の葬制と墓制　イエ亡き時代の死者のゆくえ』吉川弘文館
小林昭彦　2022「近世墓研究と現代社会」『石造文化財』佛教石造文化財研究所

小林　茂　1992「生産・生業」『秩父合角ダム水没地域総合調査報告書［下巻］人文編』合角ダム水没地域総合調査会

小林大二　1987『差別戒名の歴史』雄山閣出版

埼玉県立歴史と民俗の博物館　2018『ダムと変わる！私たちの暮らし』特別展図録

斎藤　忠　1988「墓と仏教」『仏教民俗学大系4　祖先祭祀と葬墓』名著出版

坂詰秀一　1981「石造塔婆と墓標」『中山法華経寺誌』日蓮宗大本山法華経寺

坂詰秀一　1988「墓制の変遷史」『仏教民俗学大系4　祖先祭祀と葬墓』名著出版

坂詰秀一監修　2011『石造文化財への招待（考古調査ハンドブック5）』ニューサイエンス社

下山　忍　1992「墓石」『秩父合角ダム水没地域総合調査報告書［下巻］人文編』合角ダム水没地域総合調査会

白幡勝美・熊谷一平・佐藤健一　2021「気仙沼市唐桑町地区の明治三陸津波、昭和三陸津波、東北地方太平洋沖地震津波発生日の日付の墓碑について」『津波工学研究報告』38

新谷尚紀　1986『生と死の民族史』木耳社

鈴木岩弓・森　謙二　2018『現代日本の葬送と墓制　イエ亡き時代の死者のゆくえ』吉川弘文館

関口慶久　2004「近世東北の『家』と墓　岩手県前沢町大室鈴木家の墓標と過去帳」『国立歴史民俗博物館研究報告』112

関根達人・澁谷悠子　2007「津軽の近世墓標・過去帳にみる社会階層」長谷川成一・関根達人・瀧本壽史編『北方社会史の視座』清文堂出版

関根達人　2013「近世石造物からみた蝦夷地の内国化」『日本考古学』36

関根達人　2018『墓石が語る江戸時代―大名・庶民の墓事情―』吉川弘文館

関根達人　2020a「寺院過去帳を用いた近世墓標研究の視座と方法」『日本考古学』51

関根達人　2020b「近世奄美における墓石の受容―沖永良部島と徳之島の比較から」弘前大学人文社会学部『人文社会学論叢』9

関根達人　2020c『石に刻まれた江戸時代』吉川弘文館

竹田聴洲　1966・1968「両墓制村落における詣墓の年輪―丹波国桑田郡山国庄比賀江村―」『仏教大学研究紀要』49・52（のち要約して1979『葬送墓制研究集成　第5巻　墓の歴史』名著出版に収録）

谷川章雄　1988「近世墓標の類型」『考古学ジャーナル』288

谷川章雄　1989「近世墓標の変遷と家意識」『史観』121

千嶋　寿　1992「近世日尾村の歴史的概要・人々の歴史」『秩父合角ダム水没地域総合調査報告書［下巻］人文編』合角ダム水没地域総合調査会

坪井良平　1939「山城木津惣墓墓標の研究」『考古学』10―6

土居卓治　1972『石塔の民俗』岩崎美術社

野上武紀・賈　文夢　2021「波佐見中尾山の『疱瘡墓』について」『金沢大学考古学紀要』42

野上武紀・賈　文夢　2022「長崎県波佐見町の『疱瘡墓』の分布について」『金沢大学考古学紀要』43

原　勝文　1976『ものがたり戒名』琵琶書房

藤井正雄　1991『お墓のすべてがわかる本』プレジデント社

槇村久子　2018「単身化社会・無縁化社会の進行と葬送・墓制三つの方向」鈴木岩弓・森　謙二編『現代日本の葬送と墓制　イエ亡き時代の死者のゆくえ』吉川弘文館

三好義三　1986「近世墓標の形態と民衆の精神の変化について」『立正大学大学院年報』3

三好義三　2021『近世墓標（考古調査ハンドブック12）』ニューサイエンス社

三好義三　2022「近年の近世墓標研究」『石造文化財』佛教石造文化財研究所

森　謙二　1993『墓と葬送の社会史』講談社

立正大学博物館　2015『近世の墓石と墓誌を探る』

無形文化財 工芸技術

金箔は大名文化をどう彩ったのか

石野友康

金箔から伝統産業の基礎をつくった職人たちの姿をみる!

1　金箔とは

(1) 現代の金箔

　京都北山の鹿苑寺金閣。修学旅行や観光では定番の場所である。今日も多くの人々が訪れ、名前のとおり、まばゆいばかりの姿に感銘を受け、冬には雪との対照にうつくしさを一層演出してくれている。金閣ばかりではない。豊臣秀吉の黄金の茶室や各地に残る屏風などの美術工芸品、仏壇などでも金箔が多く使われ、とくに美術工芸品では人々を魅了する。金箔の用途は幅広く、豪華さを醸しだし、その芸術的な価値をも高める役割を果たしている。

　金箔とは、金を 10,000 分の 1mm の厚さまでのばしたものを指している。1949 年（昭和 24）焼失後に再建された金閣で使われた金箔は、その 99% を北陸金沢産の金箔でまかなわれたという。金箔は金沢の伝統産業としてよく知られ、金箔を扱う店には、多くの観光客の姿がみえているが、最近では化粧品に用いられ、極めつけはソフトクリームにまでまかれるなど驚かされる。およそ北陸に住む人間でさえ、かつてにくらべ金箔はより一層身近な存在となっているように感じられるであろう。製箔にはある程度の湿度が必要であり、湿度の高い北陸の風土が金箔産業を発展させたともいわれている。ここでは金箔の世界について触れておくことにしよう。

(2) 金箔の工程

　金箔といっても伝統的な製法である縁付金箔（えんつきぎんぱく）と、グラシン紙を打ち紙に用いる断切金箔（たちきりきんぱく）がある。後者はいわば現代的な製箔方法である。ここでは前者

である伝統的な縁付金箔についてみていくことにしたい。

　縁付金箔はいくつかの工程を経て、製品になる。大きく、上澄屋と箔屋の仕事があった。いわば分業体制をとっている。上澄屋は澄屋ともいい、金箔を作る地金作製からはじめられる。地金は純金ではなく、金と銀、銅の合金であり、それを1,300℃まで熱して溶解させ型にはめる。こうしてできた合金を、延槌で厚さ100分の3㎜程度に伸ばしていくのである（現在では機械を用いている。延金という）。延金は、5㎝角ほどに切りそろえられ、一枚ごとに紙にはさんでいく。13㎝角程度に延ばされた小片を「小兵」と呼んでおり、一枚ごとに紙に移され、さらに延ばされ、18㎝角程度にまで延ばされたものを「荒金」と称している。「荒金」を4等分に裁断し、「小重」と呼ばれる大きさの澄打紙に移され「小重」いっぱいになるよう延ばされていく。そして次にさらに大きい「大重」という大きさの澄打紙にうつされ、打ち延ばされていくのである。仕上げを行い、20㎝角にして、今度は箔屋の作業となるが、箔屋の仕事のなかには、箔打ちに使う和紙の選定があるという。この和紙の善し悪しが、箔打ちの出来を左右するとされる。全国的にみて箔打ちに用いる和紙には古くは摂津国（現在の兵庫県）名塩村産の和紙が使われており、金沢でも同様であったというが、やがて地元の紙も使わわれるようになった。昭和になると、現在の石川県能美市中島の雁皮紙が使われるようになり、近時は、金沢近郊の山あいにある二俣地区（現在の金沢市二俣町）で生産される二俣和紙もあわせて使われるようになった。紙仕込みと称して紙を藁灰や卵殻などに、何度か灰汁につけたもので試し打ちすることで、箔打ちに適した紙になるという。

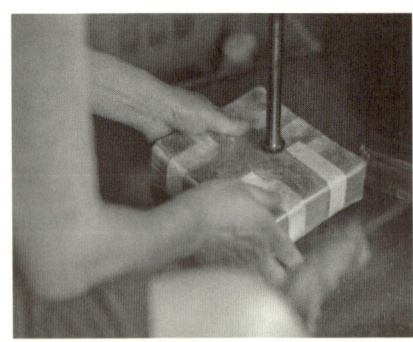

図1　小間打ち（松村謙一氏提供）

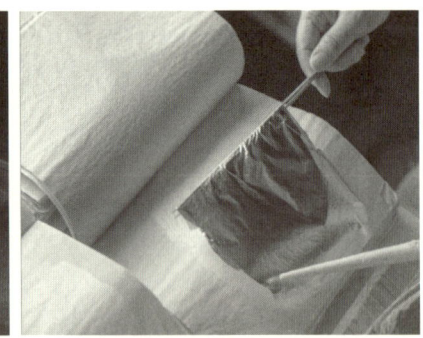

図2　抜き仕事（松村謙一氏提供）

さて、上澄屋でできた「上澄」は、箔屋にうつされ、10,000分1mmにまで紙に挟まれ打たれていく。1,000分3mmの「上澄」は、20cmくらいであるが、切箸で15〜6程度の小片に切り（これを小間という）、今度は小間打ちの作業となる（図1）。打ち紙を袋革にいれてはさみ、乳革でとめて打っていくことになるのである。表からうっていったあと、裏返しにして再びうっていくが、これ以降は竹製の用具を用いていく。打っていくと、箔はのびていくが、同時に熱を帯びて紙と貼り付くので、考慮しながらの作業である。打ち終わると100枚単位で広物帳に移して（「抜き仕事」、図2）、所定の寸法に切りそろえることで、金箔が誕生する。熟練の技が厚さ10,000分1mmの金箔に凝縮されていくのである。

2　金沢箔の歴史的背景

こうした金沢の伝統産業金箔は、どのような変遷をたどってきたのであろうか。

金箔自体は古くから存在しているが、金沢箔の歴史を紐解くと、織豊期にはいって歴史の表舞台に登場してきたものとされている。しかも、調べていくと、どうも順風満帆にここまできたわけではなかったようである。これまで金沢箔の沿革については、一般にはあまり知られてはいないこともあり、まずは歴史的な流れについて確認していくことにしたい。

（1）金沢の製箔の動き

周知のように、金沢は全国を代表する近世の城下町で、江戸時代には、加賀藩の政治・経済・文化の中心地であった。加賀・能登・越中の三ヵ国にまたがる加賀藩の広大な領国を有する領主は前田氏であった。1583年（天正11）に前田利家が金沢城を居城にして以来、明治維新期にいたるまで一貫して290年間前田氏が領主であった。一向一揆がさかんなこの地の領主として気苦労もあったが、領国の急激な拡大と維持に成功し、織豊期から江戸期への時代変化にもうまく対応した。江戸前期以降は幕府との緊張関係はなくなり、安定した時代を背景として、現在伝統文化と称することのできる芸能や文化が育まれた。金沢を訪れると専門の美術館や能楽堂があり、あらためて能のさかんな街であることが実感でき「空から謡が降ってくる」ということ

わざがそのことを象徴している。また、金箔のほかにも漆器や象眼、友禅などの伝統工芸が受け継がれている。

　さて、金沢での金箔の歴史を紐解くと、利家の時代にたどり着く。金箔に関するもっとも古い史料の一つに、利家判物写があげられる。

　文禄5年（1596）2月27日付で（一説では文禄2年のこととされる）、利家は、能登の留守居で七尾（現在の石川県七尾市）に置かれた家臣三輪吉宗（藤兵衛）に対して、明の使節が来ることになり、その接待のため（秀吉が）武者揃いを見せたいとのことで金子3〜5枚分を打たせ、差し出すようにと命じている。箔屋に人を付け置き申しつけてほしいと述べ、同時に加賀へは銀箔の調達を行ったことを書き添えている。金沢へは、同日付で家臣篠原一孝・山崎宗俊にあてて、箔屋が有り次第銀箔5枚分か10枚分を打たせて差し出すよう求めている（以上、「松雲公採集遺編類纂「三輪伝書」」による）。能登や金沢に、金銀箔を打つべき職人たちがいたことをうかがわせる。

　また、金箔瓦の存在がある。前田家の京都屋敷にも金箔瓦がみられるが、金沢城でも、城の北側、現在の金沢市大手町に所在した重臣前田長種（利家女婿）の邸宅跡や旧いもり堀からは金箔瓦がみつかり、金箔の生産が裏付けられ、このことからも金沢に金箔職人がいたことを示唆している。しかしながら、その後は、江戸幕府の政策によって1696年（元禄9）に箔打ちは幕府の独占とされた。江戸幕府の正史『徳川実記』をみると、「本郷改鋳所の外にて一切金銀造るべからず。もし改造するか、又は偽贋して造るものあらば、すみやかにうたへ出べし」として金銀の私鋳を禁止したことが記される。加賀藩側の「改作所旧記」なる史料によれば、1698年5月には、江戸よりの書状を受け、年寄（執政役）3名の名で金銀箔を用いることが禁止された旨が領内に触れられた。その後の様子については十分うかがい知ることはできないが、箔打ちは幕府の独占となり、江戸や京都・大坂以外の地方で箔打ちを行うことはできなくなった。金沢をはじめ、箔打ちはなされない状況であったとみられている。一説では隠し打ちがなされていたともいうが、箔打ちの技術継承がなされたようにはみえない。

（2）御殿の再建事業と金箔
　藩内での、箔打ちは基本的になされていなかったとみるのが妥当のようで

ある。記録のうえで転機となったのは、江戸後期の金沢城二ノ丸御殿の再建事業であった（石野2024）。1808年（文化5）正月15日、金沢城の二ノ丸御殿が焼失し、再建事業が進められた。火災が起こったとき、27歳であった藩主前田斉広は在府中であり無事であった。斉広は、この年の3月に帰国すると、4月に造営方役所を組織して、6月より本格的に再建事業を進めた。領内外から大工をはじめ多くの職人があつめられ、物資調達も全国に及んだ。また、絵師も京都御所を手がけた岸駒やその子岸岱、江戸神田松永町狩野祐益・墨川父子、地元の絵師佐々木泉景や梅田九栄が競演した。再建費用も相当かかることが予想されたが（銀6,900貫という）、実にその84%が藩士はじめ領民の献上によってまかなわれており、藩士から銀子や材木などの物資の献上が相次いだ。普請は概ね順調であり斉広は翌年4月に御殿に入れるようになったとして、避難していた年寄本多家の屋敷から御殿に入った。ただしその後も再建事業は継続した。御殿再建には大量の金箔が必要であった。この事業で造営奉行を勤めた700石取りの藩士高畠厚定は、職務日誌「御造営方日並記」を残しているが、それによれば、表向の小書院等・竹の間等・表式台等で4寸四方の金箔16万枚が必要であることを記している。このほかにも御殿内には、多くの部屋があるから相当量の金箔が必要であった。御殿の造営には金箔の確保が課題となっており、江戸からの回送もみられるが、やはり地元での製箔が必要であった。製箔に関しては、特別に幕府の許可が得られていたようである。城下安江木町（現在の金沢市本町・安江町）に住む箔屋伊助によって箔の供給がされていたが、技術的な点での不足、金箔の需要があったことから、伊助は、京都より箔打ちの職人を連れてきて箔打ちを行った。「御造営方日並記」では4名の京都の箔打ち職人の名がみえている。金箔がどのように用いられていたかといえば、内装であった。御殿内の内装については不明なところも多かったのであるが、最近、御殿内の内装に関する史料が確認された。「二之御丸御殿御造営内装等及び見本・絵形」（金沢市立玉川図書館蔵）である。この史料は、全4冊からなり、第1冊は御殿内各部屋や廊下などの仕様を記したものであった。この仕様書には、飾金具について記した箇所に朱書きで番号が付されており、番号を別帳（第3冊〜4冊）で、確認すると、飾金具のデザインが一部を除いて原寸大で描かれており、どのような製法か記されている。第2冊は襖や天井張り付けの見本を収載してい

る帳冊であり、豪華さの一端がうかがえ興味深いものとなっている。この史料を著していたのは、文化期の御殿造営事業に実際に携わっていた藩の御大工井上庄右衛門であった。このことからもこの史料の価値を押し上げている。

（3）御殿造営後の箔打ち

　二ノ丸御殿の造営事業は、2年後の1810年7月に造営方役所を解散して終了し、かつての威容がよみがえった。造営事業終了ののち、金沢へ集められていた職人たちは金沢を離れ、呼び寄せた箔打ち職人たちも京都に戻った。造営事業が終了しても金沢において製箔したいという機運が高まっていたようで、廃業した箔屋伊助にかわって材木町の町人安田屋助三郎が職人を集めて箔打ちを行った。しかし、技術的に未熟であったことから、技術習得のため越中屋与三右衛門を京都につかわし修行をさせた。このことからも、金沢では製箔の技術継承が十分なされていなかったことがうかがえる。

　1818年（文政元）、藩主斉広は、藩政改革を行おうとしていたが、一方で気鬱の状況もあって、隠居の意向を示していた。1822年に家督を嫡男斉泰に譲り隠居した。隠居所については、湿気が多く、じめじめしているという理由で実父重教や養父治脩が隠居していた金谷出丸の地を避けて現在の兼六園の地に隠居所を求め、竹沢御殿を造営した。1819年ころから造営を開始していたこの御殿でも金箔は必要であり、これを手がけたのは助三郎だったとされる。一方で、ちょうどこのころから幕府の締め付けが再び強くなった。

　こうした時代のもとで登場したのが、城下卯辰西養寺前の町人能登屋左助（越野左助）であった。ここからは、左助が残した史料（石川県箔商工業協同組合蔵「箔方諸事旧記」など）によりみておこう（図3）。

　左助は、1842年（天保13）ころから積極的に動きをみせていて、その活躍ぶりが確認できる。彼の功績の一つは幕府金座（御金改所）の後藤三右衛門に働きかけ箔打ちの許可

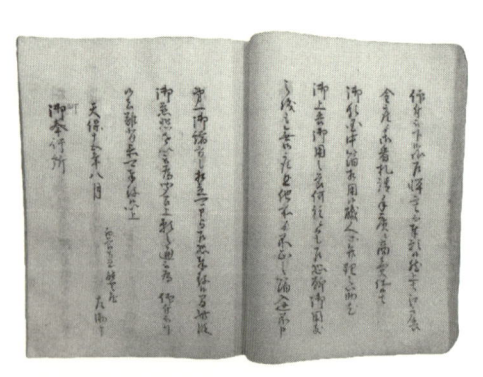

図3　「箔方諸事旧記」（石川県箔商工業協同組合蔵）

を求める運動を展開したことであった。しかし幕府からはなかなか許可が下りなかった。幕府の勘定奉行は、江戸の箔を加賀藩で売りさばくことについては理解を示したが、金沢で箔打ちを認めることは許容できないとしていた。

　左助は焦らず、まずは江戸箔の販売権独占を得るところからはじめていったようで、1844年（弘化元）に江戸箔を加賀藩内で独占的に販売されることを申し出た。あわせて不正に箔打ちを行わないよう取り締まりをもかってでた。直接交渉は、加賀藩が行ったが、結果こうした申請はみとめられ、翌年に江戸の金座より看板の交付を受け、販売権を手にした。縦3尺、横8寸8分の看板には、表に「金座附　金箔請売所」、裏に「弘化二巳年八月　加州金沢卯辰町　家持左助」と記され、裏面中央に焼き印が2ケ所みられた。また、懸け看板には「金座・銀座附　金銀箔鈔売渡所　取締方　越野左助」とある。

　ついで、左助は職人の組織化にも着手し、1851年（嘉永4）には、一口銀200目を出し合い、破損した金銀箔の手入れ、真鍮・銅・錫の箔や鈔の製作が可能となった。左助が販売を行い、利益は出仕高に応じて配分するという方法をとった。ここでは、職人たちが各自道具持ち寄りで、左助が提供する地金を上澄にしたてて箔とし、手数料をうけとる方式をとった。しかし、箔を打つ作業は職人の自宅で行っていたことから、財政的に貧しい藩士の家来（陪臣）や小者たちによる隠打ちがみられるようになった。結局のところ、1854年（安政元）には作業場は解散することになった。このことで、左助はあきらめた訳ではなく、1856年にあらためて金沢山の上宝蔵寺町に細工場を設け、再度職人たちの組織化を試みた。

　取締役に左助が就任し、棟取役が5人、職人が23人、手伝55人という構成になっていた。1862年（文久2）には改組して、取締役・棟取役・職方指引人を中心に金損箔手入方・真鍮銅箔打立方など総勢105名からなる大所帯となった。

　こうして、金箔を金沢で打ちたいという願いのもと佐助は段階を踏みながらも着実に、実現に向けて動いていた。そこには地方の産業振興という意味もあった。佐助は金沢の金箔産業の基礎を打ち立てた一人であった。

　そして1864年（元治元）、条件付きながら金沢での製箔が認められた。条件つきというのは、斉泰の正室溶姫のために製箔がみとめられたのである。溶姫は、11代将軍徳川家斉の娘であり、輿入れより加賀藩上屋敷（本郷邸、現在の東京大学本郷キャンパス）での生活を送っていたが、1862年に参勤交代の

緩和の命が出され、江戸の政情不安のなか、翌年江戸本郷邸から金沢城に来ることになった。とはいえ、10 万坪の敷地に「御守殿」を建設して暮らしていた江戸と比して、金沢城の二ノ丸御殿は溶姫に扈従する 50 名以上の幕臣や女性たちが詰めるには手狭であり、藩主斉泰は、表向のエリアの一部と自らの部屋を溶姫に差し出すかたちで溶姫の住まいを確保した。金沢での溶姫の住まいを御守殿と称し、金箔は御守殿と称した溶姫の居住空間に金箔を用いるという名目であった。いずれにしても、左助らの働きかけもあって限定的ながら金沢での製箔ができるようになった。翌年溶姫は江戸に戻っている。その数年後には明治維新を迎え、江戸幕府は瓦解した。

　近代にはいって金箔をめぐる状況は十分明らかではなく、江戸での金座の体制が崩壊したことにより、江戸を中心とした製箔のあり方が解き放されて、全国で箔打ちができる環境が整ったとされる。金沢での製箔は近代になってさかんになったというのであるが、徳川幕府による金座体制崩壊によって、なぜ金沢なのかという点の説明がいまなおできていない状態である。

　金沢での箔打ち作業は、高橋彦太郎によって 1915 年（大正 4）に自動箔打ち機が行われるようになったことで、進展したことは間違いないであろう。

　こうした機械化が奏功したためか、1924 年、金沢商工会議所会頭で、もと旧年寄家で男爵の横山隆俊は、「日本ニ於テ製造セラル、金箔ノ約七割ハ金沢市ニ於テ生産セラレ」ていたと記しており、すでに、大正末年ころには、金沢箔は全国シェアの 70% を占めていたことが知られる（外務省外交史料館戦前期外務省記録、アジア歴史情報センター HP）。

3　縁付金箔をよみとく

　次に地方の伝統工芸の変遷やあり方をどのようによみといていくべきかという点について述べていきたい。金箔の場合、その生産は、現在その多くは金沢で行われているから、金沢という地域を知る一つの手段として有効であろうが、冒頭にも記したように、金箔は、室町期の鹿苑寺金閣、宇治平等院鳳凰堂の阿弥陀如来像、奥州平泉の金色堂などにも多用されており、金箔が使われている点について理解を深めるにはそれぞれの歴史的な背景をも追求していく必要があろう。

　しかしながら、研究レベルで未だ解明していない部分も多くあり、よみとくにも限界があるのも確かである。その点で言えば当時金箔がどのように調達され、流通していたのか、当時どのような製箔技術をもっていたのか、こうした点が明らかにできれば、歴史の一側面をみるうえで有益な情報となり得よう。

　そして、もう一点、地域の伝統産業金箔という面からみると、金沢箔が全国のシェアの大半を獲得するようになるのは、実は近代にはいってからのことであったことがあらためて確認できたのは収穫であった。伝統工芸品と称するものは、そうした近代にはいってさかんになっていったケースも多いのかもしれない。

　金沢箔についての研究はこれからである。越野佐助が金沢箔の基礎を打ちたて、のちの時代への橋渡し役であったことを述べてきた。

　最近、学術的な研究は少しずつ進められているが、今後文献史料・考古学・美術史など分野を横断した研究を一層進めていくことで縁付金箔への理解を深めることが期待できよう。そしてそのことは金箔の新たな魅力づくりにも貢献できるのではないだろうか。人々をさらに魅了するであろう。

4　視点をひろげる─幕府と諸藩をみつめる目─

（1）幕府と加賀藩の歴史像

　金沢箔の歴史をみるとき、注目すべきは藩政期に箔打ちが金沢で行われておらず、基本的に幕府が製箔を独占していたことである。諸藩の居城などは、豪華な御殿を有していたことから、金箔がもとめられるというケースもあったであろう。そこで幕府と諸藩の関係がどうなっていたのか視点をひろげてみよう。ここでは幕府と加賀藩の場合を例示したい。

　先にも触れたように加賀藩は、織豊政権のもとで初代前田利家が金沢城を居城として加賀・能登・越中にまたがる広大な領国を築きあげたことに端緒がある。前田家は藩政期を通じて100万石を超える広大な領地を維持し、徳川御三家に次ぐ格式をもつ屈指の近世の大名として存在感を示した。

　江戸幕府と大名の関係をみていくと、将軍は知行をあてがう権限をもち、領知に対する支配を大名たちに認める一方、大名たちに軍役・国役などの負

担を課した。1630 年代には参勤交代を制度化し、大名たちは原則として江戸と領国を一年ごとに行き来するがこれは事実上の軍役であったと理解することができる。

　加賀藩は、江戸初期には幕府と対立することもあったと記録されるが、近世大名として前田家が生き残ったのは、融和の姿勢をとったことにあった。藩主の婚姻をみると、歴代藩主の正室が、将軍家もしくは徳川御三家や将軍家の一族から迎えられるケースが多かったこともあってか、表立った対立はみられなかった。幕府との緊張状態が緩和されたことにより、藩政に集中する環境が整い、文化的な施策に取り組むことも可能となった。

　江戸初期の幕府と藩の関係は、時代をくだるにしたがい様相は変化していった。これは金沢城の石垣修築にもあらわれている。居城の石垣が破損するなどし、修理をする場合、勝手に居城を修築することは処罰の対象であった。これは、武家諸法度の規定によるものであった。諸大名家でも幕府へ修築願いを提出し、幕府から、許可するという内容の老中奉書が発給された。江戸中後期の史料をみると、申請・許可は形式的になっていたようである。文化5年（1808）の御殿の火災で破損した石垣の普請（土木工事）では、幕府の許可が下りないうちに普請に取り掛かっている。提出することに意味を持っていた。

　また、寛政 11 年（1799）の金沢地震の例では、被害概要を幕府に報告しているが、報告の文言は江戸藩邸にいた聞番（藩士）が幕府の奥祐筆の指導のもとで作成し、確認されて提出されている。いわば、幕府と藩の協調的な作業によってなされており、江戸初期の幕府のありかたとは異なる印象をもつ。

　一方、幕府が行った政策として、外交の面や経済的な面をみていくと、いわゆる「鎖国」は決して国を鎖すことではなく、基本的に貿易や海外の情報を幕府が独占することを意味していた。また、幕府のみならず諸藩や寺社において多様な貨幣が発行されていたなかで、金銀箔打ち作業に関しては、1697 年に江戸・京都以外で製箔・販売することを禁止しており、製箔・販売については幕府がその権限を保持していた。幕府と藩の関係に質的な変化があるようにみえるが、幕府は、中央の政権として諸藩の上位の権威を保持し、指導する立場であったことを意味するのであり数度にわたって巡検上使が全国に派遣されるのは、藩を差配する存在として、実情を把握しようとしたのである。幕府が製箔を独占するということは必然で、諸藩居城などで製

箔が必要となった場合には許可を必要としたのであろう。金沢城二ノ丸御殿の普請で金箔が必要なとき、やはり箔打ちはできていなかったようである。箔を延ばす最小限の作業だけは認められていたようであるが、それだけでは御殿の箔は賄えず、江戸箔を用いようとしたものの、それでも想定以上に大量の金箔が必要であり、京都より箔打ちの職人を下向させ、作業を行わせている。こうした状況を知る人々が、現地で箔打ちを行えるよう運動を起こすのも自然の成り行きであった。

　以上のように、幕府は中央政権として上位の権力を保持し、藩を差配するような立場であったことがあらためてうかがえるのである。

（2）職人の動向を語る古文書

　加賀藩について知るには、多くの関連史料を読みこみ、そこからできごとを抽出することが不可欠である。周知のように、加賀藩関連の史料は、金沢市立玉川図書館や石川県立歴史博物館、前田土佐守家資料館などの機関に所蔵されている。とくに金沢市立玉川図書館には、旧藩主前田家の古文書である加越能文庫が架蔵され、近世史はもとより中世史の研究者の調査に供されている。こうした機関の加賀藩関連の史料は武家旧蔵のものや村々を束ねる大庄屋＝十村のものが多い。玉川図書館には加越能文庫のほか、年寄（＝執政役）奥村家の文書、越中の十村武部家、薬種商・菓子商をつとめた森下屋、藩お抱えの石垣職人＝穴生をつとめた後藤家、御大工であった清水家、森下屋の史料などが大切に保管され、研究に役立てられているが、武家文書や十村文書に比べると商人や職人の史料は相対的に少ない。

　金沢市は戦災にあっていないこともあり、未だ知られてはいない個人所蔵の史料の存在も想定できるから、今後あらたな事実の発見が期待できよう。こうした状況のなかで商業や商人の研究も進められ、中野節子氏は、金沢城下の尾張町に住む薬種商福久屋の史料をよみとき、城下町に住む豪商の生活を紹介している（中野2018）。また職人の史料も『金沢市史』編纂事業で悉皆的な調査が進められるなかで、尾張町の筆職人で筆の商いをも行っていた黒梅屋（松田）平四郎の史料が明らかにされた。つい最近も同じ黒梅屋平四郎関連の史料が確認され、黒梅屋が12代前田斉泰の嫡母真龍院（公家鷹司政煕の娘）の御殿に筆を納入していることが紹介された（石野2022）。

今回紹介している箔打ち職人越野左助関連の史料である「箔方諸事旧記」も箔打ちの歴史を語る、貴重な史料である。これも『金沢市史』編纂事業のなかで調査されたもので、興味深い内容を持っている。金箔の歴史を語るだけでなく、一人の職人の姿を明らかにすることができ、彼の生き様や意識を知る手がかりを得ることにもつながっている。左助の生い立ちは明らかではないが、少年期の化政期、自宅に箔打ちたちを集めていた安田屋助三郎のもとで作業を行っていたともされ、そうした若いころの経験が後年の彼の運動につながったと考えられる。彼に関する一連の史料をみていくと、読み手の側にまで箔打ちに対する彼の熱意が伝わってくるのである。こうした情熱がやがて藩を動かし、幕府への願い出につながるのである。金沢箔の歴史は左助関連の史料抜きでは語れない。

　金沢の箔打ちは1808年の金沢城二ノ丸御殿の再建事業を契機として、金箔をめぐる幕府の独占・統制のありかたに再考をせまったのは大きな転機であった。ただし、幕府は譲らず、江戸箔の地方販売を認めたのが最大の譲歩であった。左助はさらに箔打ち職人の組織化をはかるなどして着実に金沢における製箔へと前進させる。こうした史実が伝統工芸の一コマとなっているのはきわめて興味深いといえる。金沢の製箔は、こうした佐助の運動を土台として育まれ、現在伝統工芸と呼ばれるものの基礎が打ち立てられた。ただし、注意すべきは、金沢箔という伝統工芸が、むしろ明治以降、近代にはいってから発展し盛んになってきたということに留意しなければならない。

（3）技術の継承

　次に、製箔というものの技術の継承という視点からあらためてみてみよう。金沢箔が近代にはいってからの産物であったことは指摘したが、その技術の継承者不足がここでも問題となっている。全国には伝統工芸と称するものが数多く見られ、石川県でも金沢箔のほか、九谷焼、輪島塗などの多くの伝統工芸品があり、金沢市内などのお土産屋でも買い求める観光客の姿はあとをたたない。

　これまでみたように、金箔でも製品になるまでに多くの過程と熟練の技が必要であり、これはどこの伝統工芸の世界でも同様である。輪島塗も多くの過程を経て手間暇かけて製品となり、そうして長い歴史をくぐり抜けてきた。

これらの伝統的な技法を絶やさないためにも、何らかの工夫が必要である。

いかに伝統的な技術を今後につなげていくべきか。

従来の方法のみで行っていては、やはり限界があり、より多くの人に存在を知ってもらい、親しみやすさをアピールすることで今後につなげていくというのも悪くない方策であろう。身近な存在としてアピールするのも一つの方法であり、そのなかで社会教育的に啓蒙していくことも必要であろう。

金沢では、安江金箔工芸館という金箔に特化した資料館が存在するほか、箔販売の業者のなかには、箔打ち体験ができるところもあるなど工夫をこらしている。観光客に対しても、地元の人々に対しても身近なものとして金箔をみてもらおうという趣旨であろう。断切金箔というのは金箔普及の一つの手法であったが、結果的に金箔を、より伝統工芸として知らしめるという効果をもちあわせていた。冒頭に化粧品やソフトクリームにまで金箔がまかれていることを紹介したが、普及という点においては、あながち無意味とはいえない。金箔というものを気軽に考えるきっかけとなり、縁付金箔への理解へと進めていく仕掛けがより一層求められるであろう。

魅力ある金箔造りということを発信し、伝統的な技法を絶やさないことにつなげていくことも重要である。

金沢の金箔産業は、金沢の人々が金箔を大事に守ろうとした証を明らかにし、その時代のニーズにあったあり方を模索していることが成功している例であろう。その結果縁付金箔は、2020年（令和2）22例目のユネスコの無形文化遺産に登録され、多くの生産過程で使われる道具もこれより先、1971年石川県の重要有形民俗文化財に指定されている。今後金沢の人ばかりではなく、全国的に金箔産業のこれからの発展に期待がかかっているといえよう。

●**参考文献**

石野友康　2022「真龍院御殿への筆納入史料について」『金沢城研究』20

石野友康　2024「近世城郭はどのような役割を担ったのか」『文化財が語る 日本の歴史 政治・経済編』雄山閣

北国新聞社出版局編　2006『日本の金箔は99%が金沢産』時鐘舎

下出積與　1972『加賀金沢の金箔』北國新聞社

中野節子　2018『近世金沢の銀座商人―魚問屋、のこぎり商い、薬種業、そして銀座役―』平凡社

長山直治　2013『加賀藩を考える』桂書房

平川　新　1997『近世日本の交通と地域経済』清文堂出版

Column

間引き絵馬
子殺しを戒める

島村圭一

　入学試験の合格祈願などで、寺社に絵馬を奉納することは現在でも広く行われているが、このような絵馬は「小絵馬（こえま）」とよばれるものである。絵師に依頼して作成し、大人数で奉納する大型の絵馬があり、寺社に掲げられているのを目にすることがあるが、これを「大絵馬（おおえま）」とよぶ。

　江戸時代の大絵馬の中に、間引き（まびき）を描いた「子返し図」ともよばれるものがある。江戸時代には、貧困で子どもを養育しがたい庶民が、心ならずも嬰児（えいじ）を殺して「間引く」ことがしばしばあった。このような非人道的な間引きを戒めたのが「子返し図絵馬」で、各地の寺社に残されており、「日本民俗学の父」といわれる柳田国男が、少年時代に衝撃を受けたという茨城県利根町の徳満寺の間引き絵馬などが知られている。

　ここでは、群馬県太田市の青蓮寺（しょうれんじ）に奉納された2点の間引き絵馬を紹介する。図左は、産婦が嬰児を殺している様子と、鬼の姿が描かれている。1843年（天保15）の秋に福沢村（太田市）の市川和輔が、厩橋（まやばし）（前橋）の画師良齋に依頼して作成し、奉納したことがわかる。図右は「奉納　子孫繁昌手引草」とある。この絵馬には細かい文字が記されているが、当時庶民向けに刊行されていた「間引き教諭書」の内容である。貧困は子沢山が原因でないということや、子どもの多さが、家の繁昌につながることなど、道徳的な戒めが書かれている。

　この時期には、天保の飢饉とよばれる全国的飢饉が起こり、冷害や洪水、大風雨が続き、物価が高騰して困窮した民衆による一揆が激発した。当地も大洪水や冷害などに見舞われた。このような状況下で、間引きが行われたと思われるが、間引き絵馬で、非人道的な間引きを戒めたのである。

青蓮寺の間引き絵馬（太田市青蓮寺所蔵／太田市教育委員会提供）
2点の絵馬は、太田市立新田荘歴史資料館に展示されている。

『調布玉川惣畫図』と在村文化

會田康範

　科学的な測量による近代以降の地図に対し、前近代には絵画的表現による絵図（絵地図）が多く作成された。多種多様な絵図のうち、河川の流域を描く河川絵図（河川水路図）は、版行された幕藩領主旧蔵の国絵図などに比べると幾分か研究の浅い分野といえるが、歴史地理学の小野寺淳『近世河川絵図の研究』（古今書院、1991）などはその先駆的研究といえるだろう。

　小野寺の整理した内容に従えば、河川絵図は、①治水に関するもの、②開発・所有に関するもの、③用水・上水に関するもの、④河川交通に関するもの、⑤地誌的性格をもつものに分類できる。また、近世において他の時代よりも多くの河川絵図が作成された背景には、日本の各地で河川交通が発達したことがその理由として考えられる。

　このうち、主に東京・神奈川の都県境を貫流する多摩川を描いた『調布玉川惣畫図』は、地誌的性格をもつ近世の河川水路図である。幕末の在村文人として知られる武蔵国多摩郡関戸村の相沢伴主が下絵を描き、父の長谷川雪旦とともに『江戸名所図会』の挿絵にも携わった江戸の絵師長谷川雪堤によって仕上げられ、1845年（弘化2）に彩色木版で刊行された。本図の巻頭には序文があり、相沢がどのような意図で本図を作成したのか、刊行の経緯が記されている。それによれば、本来の源流とは異なるが、相沢は上流域にみられる「玉川」の地名を根拠に甲斐国都留郡小菅村と武蔵国多摩郡川野村の境を水源地に比定し、現地を2度訪れたとする。そして、画中には流域に所在する名所・旧跡が流麗で見事な筆致で描かれ、観るものの眼を楽しませてくれる。

　河川は川幅に対し流路は距離が相当長く、治水や開発などの河川絵図では、主題に関係する部分図であることが多い。しかし、絵巻物に仕立てられた本図は長尺という利点を活かし、源流から河口の羽田まで流域全体をくまなく描き込んでいる。その背景には、地域の知的ネットワークを構築し在村文化を育んだ相沢が自ら居住する多摩川流域をひとつの文化圏として統一的に把握していた意識があったとみることができよう。

『調布玉川惣畫図』（一部、多摩市教育委員会所蔵）

高校生が史料にチャレンジ 文書館ワークショップ

下山　忍

ワークショップの様子（筆者撮影）

　今次学習指導要領においては、課題設定⇒資料収集⇒整理・分析⇒まとめ・発表というプロセスを持つ探究活動が求められ、その過程での資料活用が重視されている。ここでは、その先行実践とも言える「埼玉県高校生文書館ワークショップ」について紹介する。

　埼玉県立文書館は、中近世から近代に及ぶ古文書類、明治初年以来の行政文書など合計130万点を超える資料を保存・整理し、一般に公開している機関であり、教育普及活動にも力を入れている。2013年（平成25）から3年間、指導方法や内容の改善を目的とした県高校教育指導課との連携事業を進めた。この事業は、高校教員が学芸員の協力のもとに、文書館史料を活用した教材開発を行い、それぞれの勤務校で授業実践を行うというものであったが、最終年度にこの「高校生文書館ワークショップ」を実施した。

　このワークショップは、当日参加した高校生たちが、会場に並べられた初見の資料のキャプションを自力で作成し口頭で解説を行うものであった。生徒たちは2〜3名のグループに分かれて史料を選び、その場にいる教員から適宜助言を得たり、会場に用意した参考文献を調べたりして、この課題に取り組んだ。1時間半ほどの時間をかけたが、予想以上に史料を熟読し、キャプションや解説も簡にして要を得ていた。実物のもつ魅力とその教育効果を感じた。実際の授業で実物を扱うことはなかなか難しいが、可能な限り生徒自らが実物と向き合う機会を作る必要性があると思われる。

　なお、ワークショップで準備・使用した文書館史料は次の通りである。

① 「豊臣秀吉禁制」
② 「高札（徒党・強訴・逃散禁止）」
③ 「高札（キリシタン禁制）」
④ 「差上申一札之事（箱根関所男五人通行ニ付）」
⑤ 「宗門人別御改帳」
⑥ 「慶安御触書」
⑦ 「蕃薯解」
⑧ 「浅間山焼亡之麁絵図」
⑨ 「おかげ参り（明和神異記）」
⑩ 「徳用奥羽屋」
⑪ 「第1回内国勧業博覧会会場案内」
⑫ 「大津事件ウナ伝」
⑬ 「旧版地形図（戦時中修正版）」

第3章　近現代

未文化財 歴史資料

ハンセン病療養所の機関誌は
何を問いかけるのか

駒田和幸

機関誌上で展開された「らい予防法」闘争の論議が問いかけたことを考える

1　ハンセン病療養所の機関誌とは

　現在、全国には国立のハンセン病療養所が 13 か所、民間の療養所は 1 か所あり、2023 年 5 月現在、入所者合計は 812 人となっている。1950 年代のピーク時には約 12,000 人もの入所者がいたが、60 年代以降右肩下がりに減少した。さらに入所者たちの高齢化も進行し、2023 年 5 月現在、平均年齢は 88 歳になっており、新規入所者がほとんどいないため、療養所の将来をどうするかが一つの課題となっているのが現状である。

　そうした中、国立の各療養所で発行されてきた機関誌（園誌といういい方もあるが、本稿では機関誌と表記する）で休刊となるものが出始めた。機関誌の多くは第二次世界大戦後に創刊されたが、中には大戦前に創刊されたものがある。最も早く創刊されたのは、現・東京都東村山市にある多磨全生園の前身全生病院の『山桜』（1952 年に『多磨』と改称）（図 1）で、1919 年 4 月である。1930 年 12 月には現・青森市の松丘保養園の『甲田の裾』、続いて 1931 年 10 月には現・岡山県瀬戸内市の長島愛生園の『愛生』が創刊されている。

　内容としては、園の近況報告や入所者た

図 1　『山桜』第 7 号表紙（1920 年）

ちの自分史に関する投稿などのほか、入所者たちの和歌や俳句、詩などの文芸作品も数多く掲載されている。要するに自己を表現するためのメディアの役割を機関誌は果たしてきた。そして、それらの自己表現を通して園内や他園の入所者との交流を広げたり、あるいは園外の社会に発信したりした。時にはある文章がきびしく批判され、論議を呼ぶこともあった。

　自己表現の場として機関誌が捉えられると記したが、荒井裕樹の言葉を借用すれば、「それらの資料は単なる紙の集積ではなく、ハンセン病者たちが受苦受難の中に生きてきた痕跡であり、その痕跡を後世に遺さんとする当事者たちの執念そのもの」と言えよう（荒井2011）。さらにその点を長島愛生園に1948年7月、32歳で入所した女性の言葉で説明してみよう。彼女は感染性が低いということで園長から退院してよいといわれたのだが、面会に来た夫と心が通わないとわかり、そのまま愛生園に残り、園の生活改善に取り組むとともに1960年から機関誌『愛生』の編集や全国療養所の機関誌の収集に全身全霊を傾けた。彼女は、「子どもも大人も、いっぺんはべそかいたんだから、そのべそかいたのが、今元気でけろんと生きてる。そのプロセス、べそかいた地獄に落ちた心境から現在に至るまでの、俳句にしても短歌にしても、散文にしても、色んなことが、全部書いてあるのが機関誌」、つまり、その人の心の軌跡がすべて吐露されているのが機関誌だという（木村2005）。彼女は、『愛生』のバックナンバーに索引をつけるという地道な仕事をやりぬくほど機関誌を読みこんだ人だ。その言には説得力がある。

　ただ、一方で作家の立石富生によれば、第二次世界大戦後、鹿児島県鹿屋市の星塚敬愛園の発行する機関誌『姶良野』（1948年6月創刊）の場合、園長の権限が絶大で、園長の検閲がなされていた。そのことに不満を持った入所者の島比呂志（1918〜2003、1948年に香川県の大島青松園より転園）は原稿を園長に見せないで発行に踏み切り、押し切ったという（立石2019）。確かに他の園の機関誌をみても園長の力が強いところは、園への批判的な作品や論考が見当たらず、迎合的な文章が多い。その点は、機関誌を読む場合に十分注意する必要があろう。ただ、そうした面があることをふまえて読めば、機関誌はハンセン病者たちの生きた証を伝えるたいへん貴重な資料といえる。

　ところで、多磨全生園の一角に国立ハンセン病資料館があり、そこの図書室はハンセン病関係の図書や雑誌などおよそ3万7千点もの資料を所蔵し

ている。ハンセン病問題を研究していく上では、前述の女性が収集した全国の機関誌などが収められている長島愛生園の神谷書庫とならんで、資料の宝庫といってよいだろう。2001 年から翌年にかけて東村山市史編集調査会・近代部会が、同図書室の前身にあたるハンセン病図書館（後述）に所蔵されていた図書資料の調査・目録作成作業を行った。その作業に携わった江連恭弘によると、ハンセン病関連資料は大きく分けて次の 6 つの分野に分けられるという（江連2003）。

　①収容・退院・徴兵等に関する資料
　②統計・療養所運営・医療に関する資料
　③患者運動に関する資料
　④患者の生活記録に関する資料
　⑤教育・宗教に関する資料
　⑥地域・社会とのつながりに関する資料

　これら 6 つの分野のなかで最も多いのが④で、具体的には入所者たちの句集や歌集がたいへんな数つくられたという。そして、機関誌も江連の分類によると、④に含まれる。基本的には月刊で発行されてきたので、最古の『山桜』の場合、2023 年 9 月号で通算 1220 号となるように国立 13 園の機関誌のバックナンバーの総数は相当な数となる。

　文化財という観点からすると、機関誌で指定されているものはない。しかし、仮に文化財を本書編者の會田康範が定義するように「人間生活の営みを貴重なものとして把握し、後世に受け継がれていくべき文物」と広く捉えるなら、前述したように機関誌には入所者たちの行動や喜怒哀楽が綴られており、その「貴重」さという点で「文化財」とみなしてもよいのではなかろうか（會田2022）。

　本稿では、主に 1950 年代前半の「らい予防法」闘争にかかわる機関誌の記事を紹介しつつ、療養所入所者たちの「営み」や「後世」に「受け継がれていく」ものを探ってみたい。

2　ハンセン病療養所の機関紙の歴史的背景

（1）ハンセン病問題

　周知のことであるが、ハンセン病は「らい菌」という抗酸菌が引き起こす

感染症で、1873年にノルウェーの細菌学者アルマウェル・ハンセン（Armauer Hansen、1841～1912）が菌を発見したことからハンセン病と呼ばれる。ただ、日本では1996年3月27日に「らい予防法」が廃止されるまで、「らい」「らい病」という病名が残り続けた。その他、「業病」「天刑病」「片居（訛ってかったい）」などといった差別表現もかつてあった（島1985）が、現在では差別や偏見を助長することばとして使用しない。ただ、本稿では、当時の表記法を示すため「癩」「らい」ということばを使用している。その場合、煩雑であるが、カギ括弧にいれてあることをお断りしておく。

　国立感染症研究所ハンセン病研究センターによれば、「らい菌は31℃前後が増殖の至適温度のため皮膚を好んで侵す。また末梢神経に親和性があり、主に表在の末梢神経に障害を起こす」といい、臨床症状として「痒みや痛みなどの自覚症状のない治りにくい皮疹で、（中略）皮疹にほぼ一致して知覚の鈍麻や麻痺を認める」、「菌に毒力はなく、発病に繋がる感染源は、菌を多くもっている未治療患者からのヒト対ヒトの飛沫感染といわれている。感染成立に重要なのは乳幼児期で、その時期の濃厚で頻回な感染を受けた者以外ではほとんど発病につながらない。感染から発病までには、その人の免疫能、栄養状態、衛生状態、経済状態、菌量、環境要因など種々の要因が関与するため、長期間（数年～数十年）を要し、万一感染しても、発病せずに一生を終えることがほとんどであり、遺伝病ではない」とする。

　もちろんこれは現在の知見であるが、すでに1930年代から小笠原登（1888～1970）によって、ハンセン病は微弱な伝染力しかなく、栄養状態の改善が予防の根本策であり、隔離が唯一の対策ではないなどとの学説が発表されていたことは、彼の学説が抹殺されたことと併せて確認しておきたい（藤野2001）。

（2）第二次世界大戦までの政策

　では、近代以降の日本政府はハンセン病（者）に対して、どのような政策をとってきたのだろうか。法の面から簡単にたどっておきたい。

　まず、1907年3月、第1次西園寺公望内閣の時に「癩予防ニ関スル件」（明治40年法第11号）が公布された。同法に基づき、「癩患者ニシテ療養ノ途ヲ有セス且救護者ナキモノ」（第3条）、つまり放浪しているような患者を療養所に収容することが始められた。収容のため、全国を5区に分け、各区を

構成する道府県の連合によって5つの療養所が設けられた。例えば、関東1府6県や東海の2県、中部の2県、そして新潟県を範囲とする第1区には、1909年9月に全生病院が設けられた。

1916年3月、第2次大隈重信内閣の時、「癩予防ニ関スル件」の重大な改正がなされた。すなわち、「療養所ノ長ハ（中略）被救護者ニ対シ必要ナル懲戒又ハ検束ヲ加フルコトヲ得」との条項がつけ加えられ、入所者に対する懲戒検束権が所長に認められた。

さらに、1931年4月、立憲民政党の浜口雄幸内閣の時に公布された「癩予防法」で、患者収容方針が大きく転換することになった。すなわち、その第3条で、「行政官庁ハ癩予防上必要ト認ムルトキハ命令ノ定ムル所ニ従ヒ癩患者ニシテ病毒伝播ノ虞アルモノヲ国立癩療養所（中略）ニ入所セシムベシ」とあるように、基本的にすべての患者を強制的に収容することとなった。そして、患者の収容先として長島愛生園を最初にして、1944年に現・御殿場市に新設された駿河療養所まで全部で13の国立療養所が設定されていった。前出の全生病院が国立の多磨全生園となったのもこの時のことで、1941年7月であった。1933年に全生病院に入所した津田せつ子は、「全生園」という名称に変わったとき、「生を全うする所」＝「あなた方は此処に入ったら此処で死ぬのだと文字が語っている」ことに「怒りを覚えた」という（津田1998）。実際、名称だけでなく、全生病院時代から火葬場があり、納骨堂があったことを考えると、「此処に入ったら此処で死ぬ」ことはリアルなことであった。

「癩予防法」制定のころの考え方を知るため、長島愛生園の初代園長となった光田健輔（1876～1964）が、同園の機関誌『愛生』1934年12月号に書いた「癩多き村の浄化運動」を読んでみよう。

> 軍人は国の為めに屍を満洲の野に曝すを潔とし、進んで国難に赴いた。銃後の人は之れを支持するに勉めた。それと同じく我等も村の浄化の為めにも自分の疾病を治す為めにも進んで療養所に行くべきである。況や皇太后陛下が日夜我等病者の為めに御軫念遊ばさるると聞くに及んでは一日も早く不安の旧里を捨てて療養所に行くべきである。

「浄化」ということばが使われているところからわかるように、ハンセン病患者は天皇を頂点とする国家を汚す存在としかみなされていなかった。したがって、兵役と同じように療養所に入所するのが義務とされ、治療は副次的なもの

でしかなかった。そして「浄化」実現のため、全国で「狩り込み」と称して、患者を見つけ出し、収容するための「無らい県運動」が1930年代に展開された。

（3）第二次世界大戦後の変化

　しかし、第二次世界大戦の終結はハンセン病患者にとって希望を抱かせる大きな転機となった。

　一つは、アメリカで効果が確認されていた治療薬プロミンが、日本でも1946年に合成され、ハンセン病が医学的に治る可能性が出てきたことである。例えば、永井せきという女性はその効果を次のように綴っている。

> 　昨年（1947年）の秋頃は大きな結節が顔と云はず手足と云はず到る所に出来、高熱を出した時などは結節が化膿し、それが崩れこの手当に毎朝卅分を費す悲しい日を送ってゐた状態でした。（中略）私は早速馬場先生に泣いてお願ひ申し上げたのです。然し薬品がなくて如何としても駄目でした。でも幸ひ（1948年）四月十五日より注射を始めて戴き、八ヶ月続けました。始めて半月後には薬効がぼつぼつ現はれ始め、傷は乾き、二ヶ月過ぎた頃には結節は変色し、今まで他人の様な感じだった重苦しい顔も、結節がどんどんと引き、低く平らになって、軽く快よくなって参りました。そして唯今は人が会う度に驚ろかれる程よくなって（後略）
>
> （（　）内筆者、国立多磨全生園内プロミン獲得促進委員会 1949）

　図2は、『始良野』1949年6月号に掲載された広告である。永井によれば、「プロミンプロミン」と言って息を引き取っていった患者がいたというから、この広告は患者にとって大いに訴求力があったであろう。

　もう一つは、日本国憲法で「侵すことのできない永久の権利」として「基本的人権」が保障され、「すべての国民は、個人として尊重される」ようになったことである。さらに、1947年には国会議員の選挙権も入所者に初めて保障されるにいたった。日本国憲法の意義を『山桜』1946年11月号の「巻頭言」は、「吾人は、この新憲法の真の意義を解して、真実人間たらんことを期したいものである。新憲法は、法を行使し、法を適要するに意義があるのではない。法の神髄を、国民の一人一人が体得し、真の人間たらしむることに意義が存するのである。」と記している。つまり、日本国憲法の「神髄」の「体得」が「真の人間」になる上で不可欠とされるほど、深い意義があると考えられ

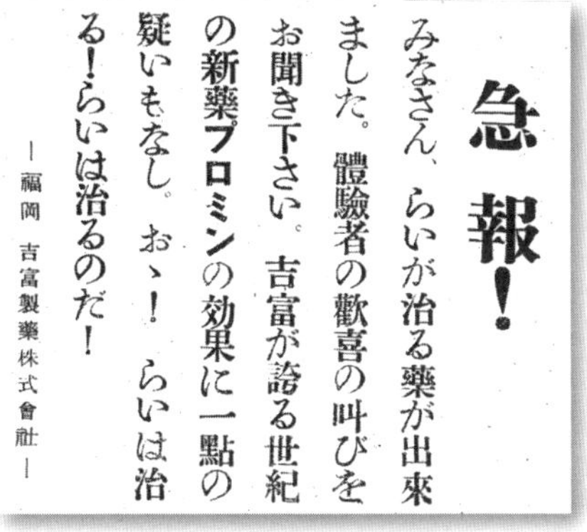

ていた。そして、「専制と隷従、圧迫と偏狭を地上から永遠に除去」するとの理想を高く掲げた日本国憲法という「歴史の贈り物」（大門 2009）を深く受け止めることで、入所者たちは自らの境遇の不条理さを語る確かなことばを手に入れることができたのであった。

こうして「癩になれば人間としてすべてに失格すると思い込んで」い

急報！

みなさん、らいが治る薬が出來ました。體驗者の歡喜の叫びをお聞き下さい。吉富が誇る世紀の新薬プロミンの效果に一點の疑いもなし。おゝ！らいは治る！らいは治るのだ！

—福岡 吉富製薬株式會社—

図2　プロミンの広告

た時代（津田 1998）が確実に変わろうとするなかで、入所者たちは自分たちが置かれた状況を変えようと立ち上がっていった。その先駆けとなったのが、1947 年、群馬県草津町の栗生楽泉園（1932 年 11 月創立）での「特別病室」（重監房、1938 年設置）撤廃運動とその勝利であった。「特別病室」とは療養所長の「懲戒検束権」に基づき、療養所の秩序維持に差し障りがあると判断された者を収容する施設で、如何に劣悪な環境であったかは、例えば、沢田五郎『とがなくてしす―私が見た特別病室』（沢田 1998）などに描かれている。同園の自治会は、後にこの撤廃運動や職員による物資横領などの不正追及の闘いを振り返って、「患者たちが初めて、高らかに発した人間回復への自覚的雄叫び」と評している（栗生楽泉園患者自治会 1982）。

なお、「特別病室」（重監房）は廃止が決まるとすぐに壊され、コンクリートの基礎を残すだけとなった。現在、同園に重監房資料館（2014 年開館）があり、往時の非人道的な環境を知ることができる。

栗生楽泉園での闘いの後、プロミン獲得を目指した運動が多磨全生園など各療養所で取り組まれるなかで、「癩予防法」の改正を目指す動きも沸き起こってきた。1952 年〜1953 年にかけて全国的に盛り上がり、ハンセン病当事者の運動として最大規模といわれるこの運動を、一般的には「らい予防法闘争」と呼んでいる。

3　ハンセン病療養所の機関誌をよみとく

(1)「らい予防法闘争」

　国立療養所入所者たちの間で全国組織の必要性が認識されるなかで、1951年1月、「相愛互助の精神に基き各療養所間の連絡を密にし、療養生活の安定向上を図る」ことを目的とする「全国国立癩療養所患者協議会」（全癩患協）が発足した。翌1952年11月には奄美和光園・沖縄愛楽園・宮古南静園を除く10の国立療養所支部が参加する「全国ハンゼン氏病療養所患者協議会」（全患協。1996年に全国ハンセン病療養所入所者協議会＝全療協となる。なお、ハンゼンはドイツ語表記）となった。

　入所者たちの現状変革に向けた動きが高まるなか、逆なでするような動きが起こった。1951年11月8日に行われた参議院厚生委員会の「癩」に関する小委員会でのことある。そこには、多磨全生園長林芳信（1890〜1977）、長島愛生園長光田健輔、現・熊本県合志市の菊池恵楓園長宮崎松記（1900〜1970）が参考人として出席した。席上、光田は、山口県のある農業会の理事でハンセン病に罹患している者に対して療養所に入るよう催促しても一向に応じない事例をあげて、「手錠でもはめてから捕まえて、強制的に入れればいい」と発言した。また、林は「まだ約六千名の患者が療養所以外に未収容のまま散在しておる」状況なので、療養所を拡張して収容できるようにすべきと訴えた。宮崎は「癩患者といえども拘束を受けるいわれはない、自由に出歩いたって何ら咎むべきではない。結核患者を見ろ、同じ伝染病で、結核患者は自由に出歩くことができるのに、癩患者が出歩いてはいけないということはない」との入所者たちの声を紹介しつつ、それを「自由主義の」はき違えと切り捨て、いかにしたら収容を断行できるかを考えるべきと訴えた。

　これに対して、全癩患協は1952年5月、多磨全生園で「癩予防法」改正問題をテーマにして第1回支部長会議を開催した。そこで「本部は全文を入手してからでも、どうして、いつ入所者に伝えたらよいか苦慮、秘密扱いにしていた。だが、各代表だけには、証言の内容を知らせなければ」として、上記の3園長の国会発言を公開した。その結果、例えば、菊池恵楓園では、1952年7月に3園長国会発言に対する「憤激が轟然と高まって」いき、自

治会は宮崎園長に発言の取消しを要求して交渉に入るほどであった（全国ハンセン氏病患者協議会 1977）。

　なお、3園長発言の議事録について、時期は不明だが、国会の書記をしていた人が知人の多磨全生園の入所者に知らせてくれたことで入手できたという（多磨盲人会記念誌編纂委員会 1979）。そして『全癩患協ニュース』No. 15（1952年3月1日発行）で、国会での発言ということは伏せた上で、3園長の発言概要が紹介され、「果して私達はこれでよいか」と問いかけがなされた。

　さて、支部長会議では、「癩予防法」改正に向けての基本方針として、①「らい予防法」は保護法的性格をもった予防法とする、②家族の生活保障を考慮させる、③園長の懲戒検束権を廃止する、④強制収容の条項は削除するなど8項目を決定した。これを受けて、例えば、菊池恵楓園では8月に「吾々は旧憲法下に生かされている - 癩予防法の改正を望む」という緊急座談会が9名の入所者の参加で行われている。その模様が同園の機関誌『菊池野』の1952年8月号に掲載されているが（図3）、それを読むと、ほぼ先の支部長会議で決定された方針が浸透していることがわかる。ただ、この座談会で、強制収容という点で、1907年の「癩予防ニ関スル件」が起点となったという理解が強くあり、1931年の「癩予防法」の意義があまり重視されていないことに注意が必要だろう。

　その後、1952年10月に「らい予防法改正促進委員会」が設けられ、11月には、全患協は国会へ「癩予防法改正に関する請願書」を提出した。入所者たちが求めてきたことを集約した文書といえる（藤野編・解説 2003）。

　請願書では、「癩予防法」の各条文に即して具体的に問題点を指摘している。例えば、第2条で、行政官庁は「古着、古蒲団、古本、紙屑、襤褸、飲食物其ノ他ノ物件ニシテ病毒ニ汚染シ又ハ其ノ疑アルモノノ（中略）消毒若ハ

図3　『菊池野』1952年8月号表紙

廃棄ヲ為サシメ又ハ其ノ物件ノ消毒若ハ廃棄ヲ為スコト」と規定しているが、それを次のように批判している。すなわち、「細菌の感染力の微弱性は良心的科学的な医家の共通した定説であり、器物等による間接感染の可能などは、殆んど信憑さえ置かれていない」のが「現代医学の結論」であり、その意味で、第2条の規定は「根拠なき巷間の迷信的恐怖感」に寄りかかった「欠陥」あるものでしかない。さらにこうした根拠のない規定により、実害が出ており、「患者を出した家族は、官庁末端の衛生吏員等による公然たる消毒その他の処置により、癩患家たる事を公表されたも同然の破滅的打撃を受け、村八分同様の処遇により、一家の生活の安全すら脅かされるに至る」という。

　この指摘は誇張ではなく、実際にそのような事態は起こっていた。例えば、1970年代半ばという早い段階でハンセン病家族であることをカミングアウトした林力（1924年生）は次のように語っている（黒坂2015）。

　父親が1937年8月に星塚敬愛園に入所した。それから1週間ほどたち、まだ真夏のために家の中は蒸し風呂状態。近所の者は風通しのよい日陰に集まって涼をとっていたところに、「スーッと白い車が入ってきた。保健所の自動車でした。そして、いっさい無言で、母親の了解を得ることなく、天井を剥がし、畳をあげ、井戸の中まで白い粉をふり撒いて（中略）四、五人の男たちは作業が終わると無言で出ていった。」家の外には「縄が張ってあって。『この家、入るべからず』。立入禁止の札がぶら下がってた。」この消毒のあと、林力と母親には「逃避」しか道は残されていなかった。「東京へ逃げる。まさに逃げたんですね」という。

　こうして「請願書」は、「癩予防法」を具体的に批判しつつ、その法が「今後も行われて行く場合には、患者の人権は常に蹂躙の前に曝され、家族は永久に秘密漏洩の不安と、何等保障なき生活困窮の底におののき、癩療養所は依然患者の行くを好まざる不自由暗黒の場所」に留まると訴えたのであった。

　1999年3月26日、東京地方裁判所に提出された「らい予防法人権侵害謝罪・国家賠償請求事件」の訴状の一節を借りれば、「請願書」の根底には、「らい菌による病から救護されるべき存在ではあっても、らい菌と一緒に『根絶』させられるべき存在ではない」との痛切な訴えがあったというべきであろう（らい予防法人権侵害謝罪・国家賠償請求訴訟原告団1999）。

　入所者たちの切実な声に基づいた「請願書」に対して、政府側は耳を傾け

ようとはしなかった。それどころか「癩予防法」をさらにきびしくする法案をつくり、押し通そうとした。

　これに対し、全患協は全国規模での実力行動を展開した。その取り組みは大きく見ると、各療養所内での行動と療養所外に向けた行動とに分けられる。前者は、療養所内での集会やデモ行進、ハンガーストライキ、あるいは重病者の看護付添いなど所内の日常を支える仕事を動ける患者が担っていた「患者作業」を放棄することなどである。後者は、政府や国会に向けて陳情したり、座り込み・デモ行進をしたりするといった行動であった。

　1953年7月、「らい予防法」案がいよいよ採決される時期が近づくと、運動は最高潮に達した。参議院での座り込みや、同月31日には多磨全生園から「動けるものは全員で参加してくれ」との呼びかけに、380人ほどの入所者たちが園の正門から出て厚生省を目指して炎天下の所沢街道を行進した。行進は途中で警官隊等によって阻まれてしまったが、例えば、失明していた山本隆三郎にとって、軽症者の介助を受けながらであっても入所して「初めて垣根の外に出た」体験であった（多磨盲人会記念誌編纂委員会1979）。ただ、歩くこともかなり困難な人も参加しており、『多磨』1953年10月号に掲載された「或る行進に寄せて」では、「悲惨」な面もあったと指摘されている。

（2）議論された入所者の複雑な思い

　「らい予防法闘争」に関する機関誌の記事で、論議を呼んだものをいくつか紹介してみよう。なお、記事はすべて署名がなされているが、著書を刊行するなどして名前を公表している人ではないので、匿名化したことをおことわりする。

　まず、『愛生』1953年11月号に掲載された「あなた達に云いたい」である。それによると、「強制入所絶対反対」などと訴える運動に「賛意を表しかねる」という。その埋由の一つとしてあげられているのは、ハンセン病に罹患した「一人の我儘者がどうにも肉親の絆を裁切ることができなかったため、ついに死ぬまで家に頑張り続けた」ことにより同居していた家族が悲惨な状態に陥った実例である。そしていう。「現在全国にはまだ推定五千人からの在宅患者が残っているというではありませんか。そして、その中のはっきり分った一千五百人ばかりの者は、どんな説得にもがんとして耳をかさないという

分からずやばかりというんですよ。こんな馬鹿者どもを放置しておいてよいと仰しやるんですか。」だから「不幸の種子」が蒔かれないよう「ある程度の強権を発動して、一刻も早く入所さすべき」というのがその主張であった。

　また、期せずして同じ 1953 年 11 月号の『多磨』にも「癩予防法改正運動について」が掲載された。そこでは闘争のなかで 7 月に国会座り込みが行われたことについて、それは「吾々はこんなに不幸で気毒な運命なのに、あなた達はちっとも同情していない。あなた達は私達に対して、ちっとも理解していないし愛情が足らないが、これは怪しからん」といった物乞い式のもので、「無智と偏見と自棄に成立つ特種社会」特有のものと酷評している。

　これらの主張に対して、ただちに反論が現れた。『菊池野』1953 年 12 月号である。ある入所者は、「私は（菊池恵楓園の、筆者注）本館前に座り込み、ハンストに入った時も、これで社会の因襲が一時にふっ飛ぶなど大それた考へは毛頭もなかった。唯私がこの目で見、私の耳できいたライ患者であるが故に苦しみ、泣かされた多くのわざわいを再び繰り返したくない為、（中略）私は自分なりの意思を、園長か厚生省の官吏へか、何者かへ向ってそれこそ祈るような気持で表さずにはおれなかったまでだ」という。つまり運動は決して物乞い式のものでなく、参加者が抱えていた切実な問題意識に基づいたものだと反論したのであった。

　もう一つ、論議を呼んだ論考をあげてみよう。『姶良野』1953 年 2 月号に掲載された「癩予防法改正運動についてのわれらの反省」という文章である。そこでは、ハンセン病は法定伝染病であり、患者が「社会で生活することによって、健康な国民に癩を感染させる危険性がある」以上、「公共の福祉」のため「隔離されなければならないことは当然」と主張されている。言い換えれば、隔離は「社会の意思」であり、それは「自分が健康者であった場合のことを考えてみる」とわかるはずだとした。ただ、ここで「法定伝染病」といっているのは誤解で、後に訂正された。

　この文章が出ると、相当な反響があり、殊に批判・反発が多かった。例えば、『姶良野』1953 年 4 月号に「憤りとかなしみ」をもって「『癩予防法改正運動についてのわれらの反省』の作者に一言！」が掲載されている。そこでは、所論一つ一つがていねいに批判されており、論点は多岐にわたる。例えば、「社会の意思」の実態について次のように述べている。

　療養所当局は過去において、ライは世にも恐ろしい強力な伝染病である
という、世人の恐怖心によって患者が家におられない心理を利用した
収容方法であった結果、国民の大部分はライに対して無知に等しい。そ
の観念で療養所を見ている。事実がゆがめられたものしかもっていない
のである。（中略）その国民の意思が、ライ患者、家族の迫害、自殺となっ
て、社会の不均衡に、悲劇がその代償となって、葬り去られたのである。
無知な国民の福祉の名のもとに、祖国浄化の美名をきせられて、一方的
な非人間的な生活と犠牲を強要されて来たのが私たちの歴史であったの
です。国民も現実の療養所の実態を知ることが出来たら『意思』なるも
のも変化するでしょう。

　ここでは、「公共の福祉」という場合の「公共」、すなわち社会や国民の意
思がそもそもどういうものかを問題にしている。つまり、国民の意志は「療
養所当局」によってハンセン病が「恐ろしいもの」と刷り込まれている実態
があり、その点をきちんとふまえなければいけないと指摘しているのだ。確
かに 1950 年代前半においても、すでにハンセン病は微弱な感染症であるこ
とがわかっていたことからすると、この指摘は的確だったといえよう。

　ただ、この声は 1953 年 8 月に公布された「らい予防法」では無視された。
すなわち、「らいを伝染させるおそれがある患者」に対して、都道府県知事
は国立療養所への入所を「勧奨」でき、従わないときは命令ができるとされ、
それは「公共の福祉の増進を図る」ためだと規定されたのであった。

　以上、機関誌上で展開された二つの論争をふりかえると、「癩予防法」改
正を求めた人びとには次の二つの精神がやどっていった。一つは、前記の国
会発言をした光田長島愛生園長へ送られた全癩患協の抗議文にある「私達は、
最早旧憲法下に眠らされた卑屈な患者ではありません」との気概である（全
国ハンセン氏病患者協議会 1977）。もう一つは、全生病院時代から 30 年以上入所
していた人が『多磨』1963 年 4 月号に書いた評論「療養所再編成論議に思う」
の一節を借用すれば、「ライを病んだ者が、五分と五分との人間関係を壮健
な人人にむかって主張する」ことである。ハンナ・アーレント（1906～1975）
の表現を借りれば、「人間がその行為と意見に基づいて人から判断されると
いう関係の成り立つシステムの中で生きる権利」を目指したともいえよう
（アーレント 2017）。

（3）「らい予防法闘争」をどう捉えるか

では、なぜ卑屈さを脱ぎ捨て、「五分と五分との人間関係」、アーレント流にいえば「諸権利を持つ権利」を訴えることができたのだろうか。

多磨全生園入所者であった光岡良二（1911〜1995）の書いたものを参考に考えてみよう。光岡は1933年、東京帝国大学在学中に発症し、全生病院に入所。北條民雄と知り合いになり、自らも厚木叡などのペンネームの詩人・歌人として多くの作品を『山桜』『多磨』などの機関誌に発表し、また『いのちの火影─北条民雄覚え書』という著書を新潮社から公刊している。かなりのインテリであり、「らい予防法」闘争期にはその中心的な人物として活動し、「肋骨が一枚一枚かぞえられるようになる」くらい痩せたという。闘争について「卑屈と無気力と故なき怖れに慣らされて来たライ療養所の患者が初めて自らの置かれた立場を直視し、廣い興論の組織の上に立って自らの意思と主張を社会の広場の前に提起した最初の行動として無限の意義と価値を持つ」と、『甲田の裾』1953年4月号に書いた「歯車戻そうとするもの」で高く評価していた。

しかし、闘争から5年経過した時点で闘争を振り返り、「人間になる日－或る書簡」という文章を『多磨』1958年8・9月号に発表した。そこで、光岡は、ハンセン病患者の歩みは、治癒可能になったこと、公民権が認められたことという二つの点から第二次世界大戦後で時期区分できる。しかし、患者たちの「意識や性向」という点に着目してみると、第二次世界大戦は「転回軸」ではないとする。なぜか。そこには1958年時点での療養所の現状認識がかかわっている。「らい予防法闘争」で示された「いきいきした連帯感と能動性は、あとかたもなくうしなわれ、この小社会は或る安定に達し、それをたのしんでいる」が、「患者の生活意識の中には個人主義と退廃の要素が深く混り込んでいる」という。光岡はこうした現状が1958年の療養所であり、それこそ「本質的に戦後的なもの」とみなした。これに対して、「戦前的精神」とは、「医療の貧しさ、施策の貧しさというこの限界状況の下でも必死に生きぬこうとする人間の内的レジスタンス」が続けられ、そのなかで培われた「共同体意識」に支えられたものだったという。だから「らい予防法闘争」での「巨大なエネルギーの盛り上がりと燃焼」は、「戦前的精神」が成し遂げた「最後の仕事」であると考えたのであった。

確かに、例えば全生園からデモ隊が繰り出した時、「動けるものは全員で

参加してくれ」との呼びかけに応じて、国会陳情には反対、園長がかわいそうとデモの指導部を罵る高齢女性も参加していたことから考えると、「らい予防法闘争」が大きく盛り上がった土台には、「戦前」以来の療養所の集団生活による濃密な人間関係に支えられた団結の力＝「共同体精神」があったと考えられる。また、「戦後的なもの」に関してみると、例えば、『多磨』1967年1月号では「予防法改正闘争や、プロミン獲得運動に現われた如き団結力が、すでに私たちにはない」と指摘されていたが、高度経済成長期になると、退所する人が増え、また、入所者の間で園の外で働く者が増えていき、「もうみんなのために働こう、などという人はほとんどいなく」なってしまっていた（多磨全生園患者自治会1979）。この事態を「戦後的なもの」とみなせば、光岡の見方は間違っていなかったかもしれない。

　光岡の議論でもう一つ注目すべきなのは、「らい予防法闘争」期には日本国憲法を武器に従来の隔離政策の不当さを強調し、その裏返しとして「戦前」を暗黒に描きがちであったことに対して、異を唱えていることである。「戦前」期の入所者たちの「必死に生きぬこうとする人間の内的エネルギー」を見落としてはいけないという。筆者も見落としていた一人であっただけに、光岡の言葉は衝撃であった。

　ただ、「戦前的精神」の限界も一方で見ておかなくてはいけないとも思う。例えば、「らい予防法闘争」期に外国人登録令（1947年5月2日公布）・出入国管理令（1951年10月公布）で在日コリアンの入所者たちが陥った問題について、ほとんど問題視されなかった（金2019）。その意味で、丸山眞男の言葉を改めて想起しておきたい（丸山1961）。すなわち、丸山は1960年代初めに「日本の思想的過去の構造化を試みたことで、はじめて従来より『身軽』になり、これまでいわば背中にズルズルとひきずっていた『伝統』を前に引き据えて、将来に向っての可能性をそのなかから『自由』に探っていける地点に立った」と書いた。光岡の議論に触発されて、「戦前的精神」を黒一色に塗りつぶすのではなく、その光と影の「構造化」が求められるだろう。

4　視点をひろげる―関係資料の収集・保存にあたった人―

　現在、多磨全生園を訪れると、1934年に全生病院に患者として入所した

北條民雄（1914〜1937）が暮らし、『いのちの初夜』を書いた秩父舎という寮舎の跡地に 1977 年建てられた「ハンセン氏病図書館」（後にハンセン病図書館）の建物が残っている。その前身は 1936 年に園内に建てられた図書館（建物は現存）に設けられた「ハンセン病文庫」であったが、アジア太平洋戦争期にすっかり荒れ果ててしまった。その再建に取り組んだのが 1941 年、12 歳で入所した山下道輔（1929〜2014）であった。

くわしくは、瓜生修治『ヒイラギの檻―20 世紀を狂奔した国家と市民の墓標―』(1998)、柴田隆行編・山下道輔著『ハンセン病図書館』(2011)、髙橋慶子『山下道輔さんのお話』(2015) などを参照してほしいが、以下、山下とハンセン病者たちの資料との関係を簡潔にたどってみよう。

1969 年、多磨全生園創立 60 周年の記念事業の一つとして図書館に「ハンセン氏病文庫」をつくり、関係資料を収集することになった。

平井千代子の回想によると、山下は全国の療養所の機関誌はもちろん、「新聞の切り抜き、雑誌類、全生園まつりのチラシから園の献立表まで」「ハンセンと名が出ているものは何でも集めた」という（平井 2015)。「残された資料には、必ずそこに生きた人の歴史がある。隔離された生活を強いられた人々、患者たちが互いに支え合って生活してきた姿がある」。そんな思いが山下の活動を支えていた（山下 2003)。

さらに、資料を集めただけでなく、入所者の作品の製本化も行った。例えば、1971 年 1 月、43 歳で亡くなった長浜清の詩集をガリ版刷りで製本化している。『過ぎたる幻影』である。

そうやってある程度資料が集まりはじめてきた段階で、図書館が理髪所になる計画が持ち上がった。そのため「ハンセン氏病文庫」専用の建物をつくろうという話になっていった。その話を推進したのが松本馨（1918〜2005）であった。松本は山下が入所したとき、寮父としていろいろと面倒をみた人物で、山下にとって「松本さんに出会わなければ、自分の人生は丸ごと変わっていたと思う」というほど影響を及ぼした。

松本は 1977 年 1 月号の『多磨』で、「人類史の中でハンセン氏病ほど悲惨で絶望的な病気、差別と偏見によって虐げられた病気はない。その病気はやがて世界から消えようとしている。二十一世紀後の人間は文献以外にハンセン氏病を知ることができなくなるであろう。それ故にハンセン氏病文献は貴

重な資料として後世に遺しておかねばならないし、最後のハンセン氏病患者として現代に生きているわれわれの責任として収集し、保管しておかなければならない」と思いを語っている。1969年4月号の『多磨』に書いた文章によれば、「強制隔離収容所の歴史に触れることを恐れ、現実のきれいな所だけをみせようとする」のは「過去の無い現実」であり、「危険な思想」だからと考えていたからであった。こうして松本は園内の反対論や消極論を押し切り、鉄筋コンクリート造の「ハンセン氏病図書館」を1977年春に完成させた（図4）。

　専用の図書館が完成すると、山下の資料収集は一層拍車がかかった。例えば、『山桜』については、1923年のバックナンバーが欠けていたので、全生園医局にあったものを借りだし、感覚の麻痺した手を器用に使って書き写した。筆者も閲覧したことがあるが、何か気迫といったようなものが伝わってくるようであった。ただし、12月号だけは偶然、コピー機をもってきてくれた人がいてあっという間に複製ができたという。

　その後、1993年6月に高松宮記念ハンセン病資料館がオープンすると、山下は資料を提供した。さらに同資料館が2007年4月に国立ハンセン病資料館としてリニューアルすると、ハンセン病図書館は2008年3月末で閉鎖となった。

　山下はいう。「図書館の仕事がどんなに忙しくても、途中でやめたいなんて、そんな魔がさすようなことは、全然思わなかった。仕事に熱中していたから、辛い思いは全く付いて回らず、むしろ楽しかった。ハンセン病の自分たちの歴史である生活の記録を何とか残していきたいなあと思っていたからね。それが生きがいだった」。

　ハンセン病関係のどんな資料でも収集につとめ、しかも単に保存するのではなく、死蔵とならないように人びとに積極的に活用してもらおうとした。それは、嶋田和子が『ハンセン病図書館』で書いているように「国家による隔離政策に対する山下さんの『抵抗』だった」。言い換えれば、もう一つの「らい予防

図4　「ハンセン氏病図書館」外観
（2023年5月筆者撮影）

法闘争」であった。

　山下は2014年10月20日、ガンにより全生園内の病棟で亡くなった。

　この拙い一文をまとめることができたのも、山下が資料を収集してくれたおかげである。深い感謝を捧げたい。

●参考文献

會田康範　2022「歴史を語る文化財」『文化財が語る 日本の歴史』雄山閣

荒井裕樹　2011『隔離の文学―ハンセン病療養所の自己表現史―』書肆アルス

アーレント・ハンナ　2017『全体主義の起源2　帝国主義〔新版〕』大島通義・大島かおり訳、みすず書房（原書初版刊行は1951年）

瓜生修治　1998『ヒイラギの檻―20世紀を狂奔した国家と市民の墓標―』三五館

江連恭弘　2003「多磨全生園におけるハンセン病関連資料の現状」『東村山市史研究』12

大門正克　2009『全集日本の歴史第15巻　戦争と戦後を生きる』小学館

金　貴粉　2019『在日朝鮮人とハンセン病』クレイン

木村知美　2005「ハンセン病療養所における多様な生―療養所入所者のライフ・ストーリーから―」京都精華大学大学院人文研究科2004年度修士論文

栗生楽泉園患者自治会　1982『風雪の紋―栗生楽泉園患者50年史―』

黒坂愛衣　2015『ハンセン病家族たちの物語』世織書房

国立多磨全生園内プロミン獲得促進委員会　1949『癩の新薬プロミン』

沢田五郎　1998『とがなくてしす―私が見た特別病室』ぶどうぱん通信（改訂版が2002年に晧星社より『とがなくてしす―草津重監房の記録』として刊行）

柴田隆行編・山下道輔著　2011『ハンセン病図書館』社会評論社

島　比呂志　1985『片居からの解放』社会評論社（増補版が1996年同社から発行）

全国ハンセン氏病患者協議会編　1977『全患協運動史―ハンセン氏病患者のたたかいの記録―』

髙橋慶子　2015『山下道輔さんのお話』ハンセン病文庫・朋の会

立石富生　2019「島比呂志生誕100年講演会『島比呂志の生涯と文学』」『国立ハンセン病資料館研究紀要』6

多磨全生園患者自治会　1979『倶会一処―患者が綴る全生園の七十年―』

多磨盲人会記念誌編纂委員会　1979『望郷の丘―多磨盲人会創立二十周年記念誌―』

津田せつ子　1998『病みつつあれば』けやき出版

平井千代子　2015「山下さんの思い出」『朋』39、ハンセン病文庫・朋の会

藤野　豊　2001『「いのち」の近代史―「民族浄化」の名のもとに迫害されたハンセン病患者―』かもがわ出版

藤野　豊編・解説　2003『近現代日本ハンセン病問題資料集成〈戦後編〉第2巻』不二出版

丸山眞男　1961『日本の思想』岩波書店

山下道輔　2003「ハンセン病図書館　山下道輔氏インタビュー　バリアフリー図書館を―隔離による文化の行方」『ハンセン病文学全集4　記録・随筆』月報、晧星社

らい予防法人権侵害謝罪・国家賠償請求訴訟原告団　1999『訴状「らい予防法人権侵害謝罪・国家賠償請求訴訟」』晧星社

記念物 **植物**

巨木や希少植物は現代に何を伝えているのか

磯野治司

植物の営みから人々の暮らしや環境がみえてくる！

1　天然記念物の植物とは

（1）天然記念物とは

　天然記念物という言葉には、何やら自然界の「貴重なもの」「珍しいもの」というイメージがある。具体的にいえば、動物ではわが国で絶滅したとされるカワウソやトキ、植物では阿寒湖のマリモや屋久島スギの原始林などが思い浮かぶのではないだろうか。

　この天然記念物をもう少し正しくいうと、「学術上貴重で、わが国の自然を記念するもの」であり、文化財保護法（1950年施行）によって指定される①動物、②植物、③地質鉱物、また、④これらに富む天然保護区域の4つを指している。文化財保護法の位置づけでは、同法第2条（文化財の定義）にうたう文化財6種の中の「記念物」に属し、「記念物」はこの「天然記念物」とともに「史跡」および「名勝」で構成される。

　なお、記念物のうちとくに重要度が高いものは、それぞれ「特別」の文字が付され、特別天然記念物や特別史跡などに位置づけられる。この2段階指定は、重要文化財と国宝の関係に近いものといえよう。

　こうした天然記念物の制度は、文化財保護法の前身である史蹟名勝天然紀念物保存法をはじまりとする。法制化された1919年（大正8）当時は、わが国で急速に近代化が進められた時期にあたり、無秩序な開発から貴重な自然を保護するために制定され、これまで一定の役割を果たしてきた。

　しかしながら、その後の社会情勢や環境の変化に伴い、制度の意義も変わり、現在では自然の成り立ちを知る「自然史」としての意義、文化や風土を

育む「自然誌」としての意義、人と自然がかかわる「文化史」としての意義が重視されるようになっている（文化庁記念物課 2006）。

したがって、ここでは地域の自然と文化の結びつきを学ぶ身近な教材として天然記念物の植物を取り上げ、巨木や希少植物が現代に語りかける意義について考えてみたい。

（2）天然記念物の植物

天然記念物を構成する4種のうち、最も指定件数の多いのが植物である。2023年（令和5）4月時点の件数は、特別天然記念物が29件、天然記念物が521件と、合わせて550件が指定されている。

これらの指定植物は、亀井幹夫らによると「個体」「個体群」「群落・群落複合」（以下、「群落」とする）の3つに分類され、個体は単体のもの、個体群は特定の種の個体群、群落は複数の種からなる植物群落が該当する（亀井ほか2002）。

これら3分類のうち、指定件数で最も多いのが個体である。1999年（平成11）の集計では262件（47％）と全体の約半数を占め、残る個体群は133件（24％）、群落は163件（29％）という割合であった。個体の内訳はスギが最も多く、サクラ、イチョウ、クスノキ、ケヤキと続いており（亀井ほか2002）、いずれも日本人に馴染みが深く、巨木となる種である。神社の御神木であるスギ、境内にそびえるイチョウやクスノキ、屋敷林のケヤキ、春に花見客で賑わうサクラは、巨木を聖なるものとみなす日本人の意識と深く結びついた文化財といえよう。

また、個体群ではクスノキとハナノキが多く、群落では暖温帯林が圧倒的に多い。暖温帯林はシイやカシなどの照葉樹林のことで、多くが鎮守の森といわれる社叢のため、人の手が加わらない地域の潜在自然植生を示すものと評価されていることがわかる。

なお、天然記念物といった場合、一般には国指定を指すものの、各自治体の文化財保護条例で定める天然記念物も数多く存在する。例えば、関東地方に位置する埼玉県の事例では、県指定の天然記念物が86件で、うち植物は67件（78％）と大半を占めている。先の3分類に照らせば、個体は45件（67％）、個体群と群落がそれぞれ11件（16％）となり、個体が3分の2を占める。県

の木であるケヤキが 7 件と最も多く、次いでイチョウとフジが 5 件と続く。また、群落では社叢と暖帯林が 73％ と突出しており、総じて国指定の状況と同様の傾向をうかがうことができる。

2　天然記念物の植物の歴史的背景

（1）「天然記念物」という思想

　日本に天然記念物の思想を伝え、その普及と法制化に尽力したのが東京帝国大学の植物学者、三好学である。三好は 1891 年（明治 24）から 3 年間ドイツへ留学し、そこで天然記念物の保護を体系化したコンヴェンツ（Hugo Conwentz;1855-1922）と親交をもった。帰国後に「名木の伐滅并に其保存の必要」（三好 1906）を発表すると、これに賛同した帝国議会貴族院は 1911 年に「史蹟名勝天然紀念物保存ニ関スル建議案」を採択。同年の史蹟名勝天然紀念物保存協会の発足を経て、1919 年には「史蹟名勝天然紀念物保存法」（以下、「保存法」とする）の制定へと展開していく。

　その間に三好が発表した「天然記念物保護の精神」（三好 1915）では、三好の考える天然記念物の定義や保存の目的、方法などを簡潔に述べているが、論中の「天然紀念物保護に対する誤解」という項は興味深い。この中で三好は、天然紀念物の保存が「産業的発達を阻むもの」や「守旧的無益の閑事業」ではなく、「好事家の好意を満たす」ものでもないことを説き、「見世物として遊覧物とする」ことへの注意さえ促している。

　こうした記述は制度の普及がいかに難事であったかを示しており、法制化においては三好が意図した学術的な資料の保存という目的よりも、もう一方の愛郷心の涵養といった、当時の「郷土保護」的な思想が大きく影響していたのである。

（2）黎明期の天然記念物の植物

　天然記念物の指定が開始されたのは、保存法が成立した翌年の 1920 年である。植物では埼玉県の「田島ヶ原サクラソウ自生地」や千葉県の「太東海浜植物群落」など 7 件が指定されており、種別は個体が 1 件、個体群が 3 件、群落が 3 件という内訳であった。

　このうち、サクラソウ自生地は荒川流域の原野に自生する群落である。「天然紀念物調査報告」（三好 1920）では、自生地の土壌が通常の原野と異なるため、サクラソウをはじめとする固有の植物群が「天然の花園の如く一大美観を呈する」としつつ、盗掘による被害が大きいとの状況を憂いている。また、開花後はチガヤが人丈を超えるものの、秋の刈り込みによる裸地化によってサクラソウが維持されていると指摘する。本来、コンヴェンツが定義する天然紀念物は人の介入がないものとするが、日本では指定当初から人為の影響を受けたものを含め、広義に解釈されていたことがわかる[1]。

　翌 1921 年には阿寒湖のマリモをはじめ 20 件が指定される。その内訳は個体が 2 件、個体群が 11 件、群落が 7 件で、1922 年には「三春の瀧桜」など 35 件が指定され、個体 15 件、個体群 14 件、群落 6 件という内訳となる。このうち、同時に指定された 5 本の桜はかねてより著名な桜が選ばれ、「日本五大桜」として注目されるに至った[2]。このように、指定当初は特定の個体群の自生地や原始林、高山、湿性の群落などの指定が先行していたが、すぐさまサクラ・ハナノキ・クスノキといった巨木の個体が指定件数を伸ばしていく。

　実際に戦前までは巨木の指定が突出して多く、戦後、現在の文化財保護法が 1950 年に施行されて以降は、巨木などの個体の指定が減り、面的な群落の指定が増加していくのである（亀井ほか 2000）。

（3）天然記念物の植物と課題

　上記のように、天然記念物の植物では当初から巨木が指定の対象とされ、戦前まではとくにこの傾向が強かった。地域の象徴として愛郷心に訴えやすいという点が理由であろう。こうした指定の偏りは問題の一つであるが、さらに問題視されるのは指定までの地域の関心の高まりに対し、その後の管理が行き届かず、樹勢の衰えた個体が多いことである。その原因は、管理体制の脆弱性と対象物の周辺環境や生態系への配慮が欠如していたためであろう（田代 1999）。

　現行の文化財保護法の下では、ようやく面的な群落の指定が増え、点の保存から面の保存へと転換が図られてきたが、近年では急激な温暖化や外来種の侵入など、新たな問題も生じている。

このため、身近な天然記念物の植物が適正に管理され、健全な状態であるかどうか、日常的に市民目線で注意していくことが大切なのである。

3 天然記念物の植物をよみとく

天然記念物の植物をよみとく場合、何に留意すべきであろうか。対象となる指定植物の種別によって見方は変わるが、まずは指定理由を知る必要がある。「指定基準」[3]によれば、植物では「名木・巨樹」「原始林」「高山植物体」「原野植物群落」など、11 項目が指定の要件とされている。何が評価されて指定になったのかという点は特に重要である。

その上で対象植物の特徴や性格、希少性や特異性、立地や環境、その植物の生活史にも注意する必要があろう。原生の植物でなければ、人の暮らしや生業、信仰といった人とのさまざまなかかわりを有している。その植物をとりまく人文的な側面を知ることは、対象となる植物の存在意義と魅力を発見することにつながるはずである。

ここでは、指定植物の具体的な事例として、国指定天然記念物である埼玉県北本市の「石戸蒲ザクラ」と、同市の市指定天然記念物「高尾カタクリ自生地」を取り上げ、植物文化財をよみといていく。

（1）石戸蒲ザクラの豊かな歴史性とは何か

石戸蒲ザクラは北本市の東光寺境内に所在する個体で、1922 年 10 月 12 日に国の天然記念物となった（図1）。その際、前述のとおり「三春瀧ザクラ」など 5 本の巨桜とともに指定されており、「日本五大桜」と称されている。令和 4 年には、いずれも指定から 100 年を迎えた。

蒲ザクラには、江戸時代から「蒲桜」という名がある。その理由は、この桜に源 範頼という頼朝の異母弟、義経の異母兄である武将の伝説がまつわるためで、範頼が「蒲冠者」と呼ばれたことから、蒲ザクラという名で親しまれてきた。この伝説については後述する。

①植物としての蒲ザクラ　植物としての蒲ザクラは、エドヒガンとヤマザクラの雑種とされる。調査者の三好学は指定書において「特殊ノ種類ニ属ス」とし、和名「カバザクラ」という独立した種を与えた。当初の学名には

Prunus media Miyos と三好自身の名がついており、その後、いくつかの変遷を経て、現在は *Cerasus×media cv.* Media となっている。

　今も市内の里山ではエドヒガンとヤマザクラが自生するが、前者は3月下旬、後者は4月中旬と開花期が異なるため、通常では交雑する可能性が低いという。ただし、和田博幸は異常気象時に両者が同時期に開花し、一粒種ができた可能性があると指摘する。同じ属で遺伝子の異なる種が交雑することで多様化し、環境変化に適応したとする説はとても興味深い（和田 2023）。

図1　指定当時の蒲ザクラ（北本市教育委員会提供）

　また、指定当時の蒲ザクラは4本の支幹を伸ばし、その中央に主幹の痕跡を残していた。四方に伸びた支幹は世代交代のヒコバエが大きく成長したもので、株元から束生して世代を重ねる性質がうかがえる。

　②江戸時代の蒲ザクラ　蒲ザクラは江戸時代から数多くの地誌・随筆に取り上げられ、江戸市中でも評判の桜であった。その理由は、範頼伝説がまつわる稀代の巨木であり、指定時の写真が示すように、鎌倉時代の板碑が周囲に林立する奇観を呈していたためである。

　蒲ザクラを紹介した文献には『甲子夜話』、『新編武蔵風土記稿』などのすぐれた随筆や地誌があるが、中でも滝沢馬琴の『玄同放言』は極めて秀逸である。

　当時、読本の大家であった馬琴は植物についても造詣が深く、『玄同放言』二巻に「植物の部」を著している。その際、蒲ザクラの掲載を希望したが、情報が少ないために一度は断念したという。その後、あきらめきれずに渡辺崋山に依頼し、崋山による蒲ザクラの踏査が実現することとなった。

　崋山が蒲ザクラを訪れたのは1819年（文政2）の5月下旬で、崋山が25歳の初夏である。板橋宿を出立した崋山は中山道を下り、1泊2日の強行軍で蒲ザクラを訪れ、範頼伝説を土地の古老から詳細に聞き取り、蒲ザクラをは

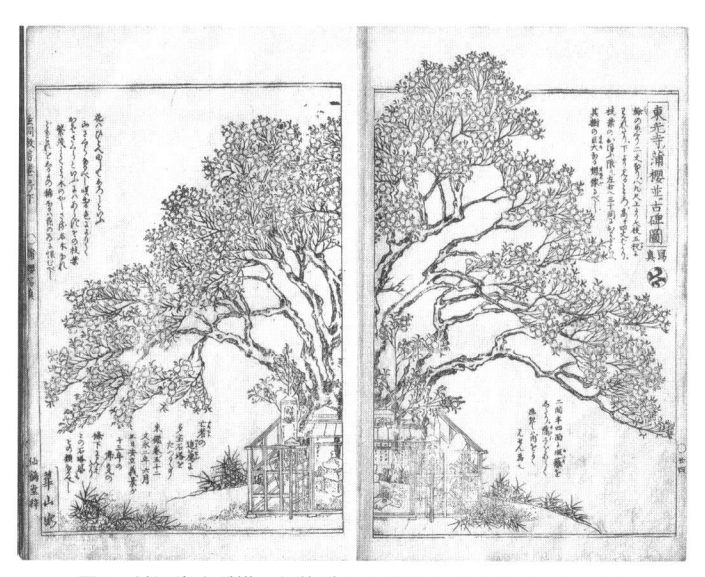

図2　渡辺崋山が描いた蒲ザクラ（滝沢馬琴『玄同放言』より）

じめ東光寺や板碑のスケッチを手早く描いている。蒲ザクラの図では（図2）、株元を囲う柵の表現に遠近法を用いており、西洋画を独自で学んだという若き日の崋山の絵画として貴重であろう。

『玄同放言』には、崋山が調査した蒲ザクラの詳細が記されている。「幹のめぐり二丈ばかり。八九尺上より大枝五又にわかれたり。下より見るところ高サ四丈ばかり。枝葉のおほう限り、左右へ三十間におよぶ」とあり、枝張りが50m余という大きさに驚いている。また、「花はひとへ（一重）にしてしろ（白）しという。山さくらなるべし。（中略）その枝葉繁茂して若木のごとし」とあり、樹勢が旺盛であった様子をうかがい知ることができる。

③蒲ザクラの範頼伝説　では、蒲ザクラの範頼伝説とはいかなるものであろうか。範頼は歴史上、兄頼朝から謀反の疑いをかけられ、1193年（建久4）に伊豆の修善寺に幽閉され、ほどなく誅せられたとされている。ただし、『吾妻鏡』では範頼の死について多くを語っておらず、範頼の終焉地の伝説が各地に残される要因となった。

蒲ザクラの範頼伝説では、範頼は伊豆から難を逃れて石戸の地に土着し、その際に突いてきた杖を立てると、それが桜の大樹に成長し、蒲ザクラになったという。いわゆる「杖立伝説」である。ただし、範頼伝説にはいくつかのバリエーションがあり、①範頼の墓標として植えた、②範頼が兜をかけた、③範頼が馬をつないだ、とも伝わっている。本来、伝説とは具体的な事物によって語られ、人智を超えた現象として伝えられる。その意味で伝説の原型は「杖立」のはずであるが、なぜ伝説が変化したのであろうか。

江戸時代から多くの人々が訪れると、例えば文人などの知識人は、伝説の由来である「杖立」については「杖が根付くはずがない」と否定的な反応を示した可能性が高い。おそらく、彼らを納得させる方便として、伝説が変化したのであろう。

蒲ザクラが所在する東光寺の本堂には範頼の位牌があり、地元では信仰に近い形で伝説が守られてきた。範頼という実態はないが、毎春、この世のものとは思えないほど爛漫と咲く蒲ザクラを目の当たりにする時、その伝説は疑いようのない確かなものと認識されたであろう。一方、東光寺から離れた周辺地域では、蒲ザクラの「杖立」伝説が今も息づいている。まさに柳田国男のいう「方言周圏論」に近い現象が看取される（金子1989）。

④蒲ザクラ周辺の文化財　蒲ザクラの根元には、かつて初期板碑群が林立していた。現在では収蔵庫に保存される板碑群のうち、貞永2年銘（1233）板碑はかつて日本最古の板碑とされ、他の初期板碑とともに全国的に知られた存在である。東光寺の周辺は広大な中世武士の居館とされ、歴史的には御家人石戸氏の館と目されている。おそらく東光寺は館の南西に設けられた石戸氏の持仏堂で、その傍らに累代の墓所が築かれ、板碑などの石塔が残されたものと考えられる。

　なぜ、中世武士の墓所に蒲ザクラが所在するのか。東光寺のほか、付近には範頼伝説を伝える二つの寺（跡）が所在しており、ともに市指定文化財の巨桜が所在する。範頼の鎮魂のために植えられた桜のように思えるが定かではない。いずれにしても蒲ザクラは植物学的に重要な文化財であるとともに、これをとりまく歴史性には目を見張るものがある。

（2）　なぜそこにカタクリが咲いているのか

　①自生地の概要とカタクリ　次に埼玉県北本市高尾に所在する「高尾カタクリ自生地」を取り上げ、特定の個体群の事例を紹介したい。この自生地は1996年に市指定天然記念物となった。カタクリが県内の平野部では希少で、荒川以東では唯一の自生地という点が評価されている。

　カタクリはユリ科の多年草で、深紅の花弁が反り返るように咲くのが特徴である（図3）。氷河期の遺存種といわれ、関東では北向きの斜面にのみ自生し、芽吹き前の落葉樹林に群生してかがり火を焚くように咲く。

　関東では自生地が特定の環境に限定されるため、埼玉県内でも分布が限られ、県のレッドリストでは「準絶滅危惧（NT）」に位置づけられる。

　②面白いカタクリの生活史　カタクリの生活史はさまざまな点で興味深い。一つはカタクリの成長速度である。前年に落ちた種子が発芽し、開花するまで

図3　自生地に咲くカタクリ

には8年以上の歳月がかかるという。初年は松葉のような1年生で、翌年から1枚葉のまま成長を繰り返す。開花の年には2枚葉となり、ようやく茎を伸ばして花をつける。自生地のテストグリッドで約150粒を播種し、経年観察をしたところ、8年目に数株が開花し、翌年以降に順次開花していった。開花までに8年以上を要しており、何とも気の長い植物である。

　また、1年間の生活のサイクルも特異である。例えば開花株では3月上旬に2枚葉が生じ、花茎を伸ばして4月初旬に花をつける。例年、開花の時期はソメイヨシノの開花期と同時期であったが、近年では温暖化の影響を受けて開花が早まっている。開花は1週間ほどで、その後、5月上旬のゴールデンウィーク頃には姿を消し、地上部では花茎と種子だけが残る。

　したがって、カタクリが地上で生活するのは、芽吹き前の春先から新緑が深まりを増す5月上旬までとなる。一年のうちの2か月間は地上で生活するが、残る10か月間は地中の球根で休眠するのである。ちなみに、この球根こそが本来の片栗粉で、現在ではジャガイモのデンプンが使われるものの、明治期まではこの球根が利用されていた。

　こうした日差しの注ぐ春先の短い期間に生活を完結させる植物や昆虫をスプリングエフェメラルというが、カタクリの生活史はまさに落葉樹林のサイクルに合わせたものと理解されている（守山1988）。

　ちなみに、カタクリの種子は蒴果（さくか）に5〜10個が実っており、開裂するとそのまま地上部に落ちることになる。種子の端部にはエライオソームというアリを誘引する物質が付属しており、アリが巣穴深くまで運ぶと発芽できないが、途中で取りこぼされた種子などがわずかに移動しつつ分布を広げるという。

　この点について、守山弘は1万年間に5kmを移動すると計算しているが、自生地の環境が限定されるカタクリでは、実際にはほとんど移動できず、氷河期からこの場所に遺存していた可能性が高いのである。

　③カタクリ自生地の保全管理　この自生地を調査したのは、指定前の1995年のことである。当時は斜面林そのものが放置されて昔ながらの管理がされておらず、下草が茂り、照葉樹の遷移が進んでいた。カタクリの芽が動き出す春先にも林床に光が届かず、カタクリの生育条件としては不適切なため、確認した2千数百株のうち、開花した株はわずか12株であった。

　そこで、その年の冬からアズマネザサやヤブコウジなどの下草を刈り、常緑

樹を適宜伐採し、落葉樹で構成される斜面林を整えていくと、翌年は倍の 24 株が開花した。その春から人工授粉、採種、播種というサイクルで管理を続けた結果、しだいに開花数が増加し、25 年を経た 2021 年には 5,000 株を超えるようになっている。このことから、カタクリの生育状況を昔なが

図4　整備されたカタクリ自生地

らの林の管理によって整えることは、とても有効であると理解できる（図4）。

　しかしながら、こうした管理を停止して林を放置した場合、再びカタクリは減少に転じることになる。天然記念物として自生地の斜面林を保護し、開発などから守ったとしても、適切な管理を行わなければカタクリを維持することはできない。雑木林などの落葉樹林と林床植物の保全の難しい点である。

　④カタクリが語るもの　最後にカタクリの保全をつうじて疑問に思った点を述べておきたい。それは、カタクリがなぜこの場所に自生しているのかという問題である。

　この自生地は、北本市西部の高尾地区に位置している。地名の「高尾」は土地の高いことを意味する「タコウ」が転訛したといわれ、大宮台地の中では最も標高が高い。しかも、最高地点（32.9m）である台地の北側斜面にこの自生地が位置するのである。同台地における唯一の自生地がここに所在する理由は、こうした地形と無関係ではないだろう。例えば房総半島のカタクリ自生地は、縄文海進の影響を受けたラインよりも上位に分布するという（岩瀬 1985）。大宮台地では自生地の南方約 8km で海進が止まっており、こうした自然史的な要因と分布の関係は注意すべき点である。

　また、自生地の斜面林はコナラ・イヌシデ・エゴなどで構成され、雑木林といわれる里山林である。これらは、元々人が燃料源や肥料源として管理してきた薪炭林であるが、こうした落葉樹と人との共生関係は、おそらく縄文時代に遡る。なぜなら、今から約 7,000 年前（縄文前期）の温暖化に際しては、氷河期以来の落葉樹は照葉樹に置き換わっていくはずで、移動が苦手なカタ

クリは絶えていく運命にあったといえよう。それでも、ここにカタクリが存在する理由は、縄文時代をつうじてこの落葉樹林が維持管理され、常緑樹への遷移をとどめてきたからに他ならない。

つまり、カタクリこそは縄文時代以来、人と林が共生関係にあったことを物語る「生き証人」というべき存在なのである。

4　視点を広げる──多様な価値をもつかけがえのない自然──

（1）社叢にみる天然記念物の意義

天然記念物の植物は、独立した個体の巨木と鎮守の森といわれる社叢の指定が多い傾向にあった。ともに神社や寺院に所在する事例が多く、信仰とのかかわりが深い。御神木とされる巨木は見るものを圧倒し、敬虔な意識を呼び起こすが、うっそうとして昼なお暗い社叢についても同様の意識を感じることであろう（図5）。

社叢の多くはシイ、カシ、タブノキ、ツバキなどの常緑樹に覆われ、高木・亜高木・低木・草本といった4階層で構成される。自然林そのものではないが、それに近い地域本来の潜在自然植生を示すものであり、「杜」とも呼ばれるその様は、明るい二次林である雑木林とは違った趣がある。

こうした社叢は、天然記念物でなくとも地域の人々の信仰に根差した文化的景観であり、地域のランドマークとして評価されることも多い。社叢の多くは明治末年の神社合祀令によって失われた経緯をもつが、開発の進む都市部においても普遍的に存在するため、地域に残された貴重な緑地としての意義をもつ。さらに、宮脇昭は社叢が果たす機能として「多彩な環境保全」「災害防止の機能」「生物多様性の維持」「地球温暖化抑制」など、多様な意義があると指摘している（宮脇2011）。

図5　梅園神社のスダジイ林
（埼玉県指定天然記念物）

ここでは鎮守の森を例としたが、植物の生態学的、文化的な側面はもとより、天然記念物が及ぼす現代的なさまざまな効果についても、多面的に捉えることが大切である。

（2）天然記念物とレッドリスト

さて、天然記念物の制度は貴重な自然を保護するという役割を担ってきた。同じく自然保護にかかわる法律には、かつて狩猟法・保安林法・国立公園法が同時に存在したが、1971年に環境庁が発足し、翌1972年に「自然環境保全法」制定されると、日本における自然保護の政策は大きな転機を迎える。

その後、1980年にラムサール条約およびワシントン条約へ加盟すると、1992年には「絶滅の恐れのある野生動植物の種の保存に関する法律」（種の保存法）、1993年には「環境基本法」が制定されていった。

このうち、「種の保存」を進めるうえで基礎となるのがレッドリスト（レッドデータブック）である。レッドリストは絶滅の危険がある動植物をリスト化したもので、絶滅・野生絶滅・絶滅危惧Ⅰ類・絶滅危惧Ⅱ類・準絶滅危惧・情報不足の6カテゴリーで区分される。

環境省が指定するレッドリストは希少な動植物を対象とするが、文部科学省が指定する天然記念物は必ずしも希少性だけでなく、文化的側面を重視する。また、現状では前者がリスト化にとどまるのに対し、後者が実際の種や自生地を保護するという点も異なるが、ともに自然保護の制度として意義をもつ。

なお、レッドリストは定期的に見直しが図られ、国のほかに都道府県でも策定されており、より地域の実情を反映したリストであるといえよう。

（3）生物多様性の時代を迎えて

天然記念物の植物から視点を広げると、人の生業、暮らし、信仰などの文化的側面、または立地や環境、気候といった自然史的な側面がみえてくるが、併せて地域の生態系や環境にも目を向けてほしい。足元の自然に目を向け、これを理解することは、近年、危機が叫ばれている「生物多様性」の保全につながるからである。

2008年には、「生物多様性基本法」が制定された。生物多様性には「生態系の多様性」「種の多様性」「遺伝子の多様性」という3つのレベルがあり、

多様な動植物が維持される状態は、私たちの持続可能で安全な暮らしを守ることに他ならない。

2023年、環境省は「生物多様性国家戦略2023-30」を策定し、その理解と行動を促している。一方、2006年の教育基本法の改正では、教育目標の一つに「生命を尊び、自然を大切にし、環境の保全に寄与する態度を養うこと」という項目が追加され（第2条）、環境教育の積極的な推進が図られるようになった。また、2019年の文化財保護法の改正では、文化財の保護を基本としつつも、その活用にウェートが置かれるようになっている。

ここでテーマとした巨木や希少植物などの天然記念物の保護は、身近な植物や里山などの環境に目を向ける入口となる。まずはさまざまな植物文化財に接し、イベントや保全活動などに参加することで理解を深めてほしい。こうしたアプローチは、深刻化する地球温暖化や生物多様性の危機といった環境問題を自分事として捉え、これを解決する意識と取組みにつながっていくのである。

◉註
1) 三好学は『史蹟名勝天然紀念物保存要目解説　植物の部』（1921、内務省）において「我邦にては便宜上該語（天然記念物）を広義に解釈し仮令野生ならざる植物にても場合により之を天然記念物と見做せり。」と説いている。
2) 告示の順に記すと「山高神代櫻」（山梨県）、「根尾谷薄墨櫻」（岐阜県）、「石戸蒲櫻」（埼玉県）、「三春瀧櫻」（福島県）、「狩宿下馬櫻」（静岡県）の5件である。
3) 「特別史跡名勝天然記念物及び史跡名勝天然記念物指定基準」（昭和26年文化財保護委員会告示第2号）

◉参考文献
岩瀬　徹　1985『房総の生物』河出書房
金子幸生　1989「伝説」『北本市史第6巻民俗編』北本市史編さん室
亀井幹夫・中越信和　2000「国指定天然記念物（植物）の指定方針とその変遷」『ランドスケープ研究』64、日本造園学会
亀井幹夫・中越信和　2002「天然記念物制度による植物保全の効果」『ランドスケープ研究』65、日本造園学会
文化庁記念物課　2006『天然記念物って、なに？』
宮脇　昭　2011「日本人と鎮守の森」『生態環境研究』18—1、国際生態学センター
三好　学　1906「名木の伐滅并に其保存の必要」『東洋学芸雑誌』23-301、東洋学芸社
三好　学　1915「天然記念物の精神」『新日本』5—4、富山房
三好　学　1920『天然紀念物調査報告―桜草ノ自生地ニ関スルモノ』内務省
目代邦康　1999「『史跡名勝天然記念物』と昭和初期の日本の自然保護運動」『学芸地理』54、東京学芸大学地理学会
守山　弘　1988『自然を守るとはどういうことか』農山漁村文化協会
和田博幸　2023「生物多様性の時代だからこそ貴重な石戸蒲ザクラ」『国指定100年記念講演会石戸蒲ザクラ』北本市教育委員会

有形文化財 **書跡・典籍**

書簡は何を語るのか

岡安儀之

> 書簡から近代を生きた人々の私的世界やネットワークをよみとく!

1 書簡とは

(1) 文化財としての「書簡」

「書簡」を文化財とイメージする人がどれほどいるだろうか。残念なことに、『国史大辞典』(吉川弘文館) には、「書簡」の語は所載がない。項目が設けられていないというこの事実は、「書簡」というものの歴史的な意味や価値を改めて考えてみるきっかけとして、決して悪いことではない。そもそも「書簡」は、歴史的な資源として重要なものとはいえないのだろうか。そんなことはない。例えば、鹿児島県および国立歴史民俗博物館が保管する「大久保利通関係資料」は国の重要文化財に指定されており、その中には大久保利通が幕府や新政府の重要な職務にある人物たちと交わした「書簡」が含まれている。このように文化財指定されている「書簡」は多く存在しており、研究資料として大変貴重である。

それでは、他の辞書では、「書簡」をどのように説明しているのだろう。『日本国語大辞典』(小学館) を見てみよう。

①てがみ。書状。書札。消息。

②文字を書くこと。筆跡。

③(「書」は書斎、「簡」は竹簡、筆筒の意) 書斎で用いる、筆・紙などの文房具。

本稿では、①の意味で「書簡」を分析していくこととするが、実はこれに類する語は非常に多く、歴史資料としてもさまざまな形態が存在する。実際、『国史大辞典』には、古文書上の分類項目である「手紙」という意味をもつ「書状」や「消息」の項目は存在し、その特徴を説明している。これ

らは文体を見ても、漢文やかな文字、候文（そうろうぶん）で書かれるものなどが存在し、時代や性別によっても差異がある。ただそこに共通していえるのは、「書簡」が何らかの目的のために、特定の相手に対して文書で意思や情報を伝える手段として、これまで作成されてきたということである。その意味で、「書簡」は送り手のメッセージを的確に知ることのできる、とても貴重な資料のひとつであるといえるだろう。とくに親しい人間関係の中で作成された「書簡」は、私的で公開を意図せずに書かれることが多く、書き手の従来のイメージを覆すような思わぬ大発見につながることさえある。このように「書簡」は、当時の人々の心情や生活の営みを我々に教えてくれる、後世に残していくべき貴重な文化財のひとつなのである。

（2）近代史料としての書簡

　書簡はその当事者が作成した一次史料であり、歴史資料として非常に重要なものである。近代日本において活躍した歴史上の人物の全集や関係文書などを見れば、その中には多くの書簡が収められている。例えば福澤諭吉のように全集とは別に、書簡集が刊行されているような人物もいる。大隈重信のようにほぼ自筆書簡を残さなかった例外的な人物もいるが、本心や駆け引きなどその人物の内実に迫ることのできる資料として、これまで多くの研究の材料として書簡は使用されてきた。

　また、書簡は著名な人物だけでなくリテラシーを有する多様な社会階層の間でも日常的に生み出されてきた。書簡には、読んだ受け手がその情報を受け取ると、次に返信をするために書き手にとって代わるという特徴がある。このように、書簡は対話的で双方的なコミュニケーションをベースとしているため、片方からの手紙のみなど、断片的にしか残っていない場合、交流の全貌を捉えることが難しくなる。また、書簡にはやり取りしている両者にとって、わかりきっていることはわざわざ書かないという特徴があるだけでなく、走り書きのようにかなりくずした筆跡のものも多い。そういったことから、第三者が読んでもなかなか内容を理解できないことがある。さらに残っていたとしても、宛先や作成時期などがわからない場合もある。いかに相互で交わされた書簡を収集し整理して、情報の穴埋めをしていくかが、書簡を歴史資料として分析する上で重要になってくる。

　本稿では、書簡研究のひとつの事例として、2020年（令和2）に東北大学文学部附属阿部次郎記念館から東北大学史料館に寄託され、現在も整理作業が行われている阿部次郎書簡の資料群を取り上げたい。

2　阿部次郎書簡の歴史的背景

（1）阿部次郎とは

　阿部次郎（1883〜1959）は、山形県（旧上郷村・現在の酒田市）出身の哲学者・美学者で、旧制第一高等高校、東京帝国大学文科大学で学んでいる。卒業後は定職には就かず、与謝野鉄幹の『明星』、友人斎藤茂吉の『アララギ』、北原白秋の『朱欒』や『スバル』などの雑誌に寄稿しながら文筆家として名を知られていく。また明治末年には夏目漱石の門下に入り、森田草平・小宮豊隆・安倍能成らと交流を結び、『東京朝日新聞』の「朝日文芸欄」の論客として頭角をあらわす。さらに、大正昭和期の学生必読の書となる『三太郎

図1　旧阿部次郎日本文化研究所（東北大学史料館所蔵）
2023年に閉館となった東北大学文学部附属阿部次郎記念館。

の日記』を刊行すると、大正教養主義や人格主義を象徴する存在となり、時代に大きな影響を与えていく。こうした知的青年のバイブルとしてベストセラーを生み出した阿部は、1922年（大正11）に東北帝国大学に法文学部が創設され、その翌年に美学講座が設けられると、初代教授として招聘されている。そして、1945年（昭和20）に退官するまで、当該期の東北帝国大学を代表する存在として活躍している。退官後は、1954年に私財を投じて財団法人阿部日本文化研究所を設立し、晩年まで思索活動を続けている。

　この研究所は、のちに東北大学文学部付属日本文化研究施設分館（研究施設としての機能は、1996年に設立された東北大学東北アジア研究センターへと受け継がれる）、ついで阿部次郎記念館となり、阿部の貴重な遺品を守ってきた。東北大学史料館に寄託された書簡もそのひとつということになる。この書簡資料の差出人を見ると、家族をはじめ、漱石門下や東北帝国大学関係者など、阿部の人生と深く関わった人々が名を連ねており、その交遊関係を知ることができる。また、『阿部次郎全集』にはない新資料も含まれており、阿部次郎研究の新たな地平を切り開くものとして注目されている。

　本稿では以上のような阿部の書簡を通した人々との交流に眼を向けることで、歴史を学ぶ教材として書簡が持っている可能性について、できる限り事例をあげ考えてみたい。

（2）遺言状と残された書簡

　阿部は、1920年にはじめて遺言状を書いてから、1年ごとに書き換えることを習慣としていた。数多く残された遺言状の中で、阿部は書簡の取り扱いについて語っているという。その内容について、阿部の孫にあたる小幡明子は、次のように述べている。

　　死後残された数十通の遺言状には「書簡は焼却すべし」と明記されているが、日記ほどの厳格さはなく「余に当てたる諸先輩諸友および諸後進の書簡中保存して後世に残すに値するものも亦可なり」「家族が記念として保存せんと欲するものはその意に任するも可なり」等のただし書きがあった。昭和十四年のくだりに「書簡集も亦公刊すべからず。書簡の乏しさは余の生涯の孤独と貧寒と懶惰とをしめす物にしてこれを集めて醜を後世に晒すに忍びざればなり。この意思も亦厳守せられんことを要

す」とある（青木ほか編 2010）。

　また、阿部の三女の大平千枝子は、阿部に関する著作の中で、「書簡整理」の一節を設け、次のように語っている。

　　蔵書（自宅書庫にあったもの、引用者注）のほとんどは日本文化研究所へ運ばれ、美術品は細かい紙片に至るまで博物館に納められて、もはやがらんどうに近い。それでも父の生活に合わせて設計された書斎のたくさんの引き出しには、父宛の書簡がぎっしりとつめ込まれていた。書簡の山を前に、私たちきょうだいのそれぞれの心境は複雑であった。

　　父の遺言通り焼却することが提案された。しかし私たちの手で、これだけのものを永久に失ってしまっては、日本文化に対して後ろめたい気が残るのは必定だし、ひいては日本文化を大切に保持しようという父の心にもそむく結果になる（大平 1999）。

　このように書簡を引き継いだ遺族たちは、遺言状の中で阿部が希望したように焼却処分することを検討していた。しかし、毎年書き換えられた遺言状を見ると、書簡に関する阿部の考えには明らかな揺れがあった。「後世に残すに値するもの」や「家族が記念として保存せんと欲するもの」などの条件を満たせば、書簡を残すことを阿部は認めていたのである。さらに著名人との書簡も多く、阿部の豊かな交友関係を示す書簡資料を破棄してしまうことの損失を考慮し、逆に保存管理していくことが阿部の精神を継承することにつながると遺族は判断したのである。

（3）寄託された阿部次郎書簡の経緯とその特徴

　こうした紆余曲折を経て、現在の形で東北大学史料館に寄託されるに至った阿部の書簡資料だが、当初の形のまま手つかずの状態で保存されてきたわけでない。2020 年に史料館に寄託された段階で、執筆者や関係機関ごとにひもで束ねられるなど、おおまかな整理作業は行われていた。

　阿部の書簡を収めた『阿部次郎全集』第 16 巻の解説（541 頁）に、「この書簡集には阿部が中学時代の明治三十年より歿年の四年前である昭和三十年に至る五十九年間に郵送され、また使により持参された書簡一二五二通及び未投函書簡三六通を収録した」（阿部 1963）とあることから、史料館に寄託された書簡も全集刊行の際には何らかの整理作業が行われたものと思

われる。

　その後、記念館で所蔵されている間に整理作業が行われたかどうかについては不明であるが、部分的に整理されたのではないかという出来事が起こる。

　阿部の三女・千枝子の東北大学の後輩にあたる青木生子（1944 年東北帝国大学法文学部を卒業し、その後日本女子大学に戻り教員となる。学長・理事長も務めた）は、千枝子の夫である大平五郎（東北大学名誉教授）から、阿部宛の膨大な手つかずの書簡類が残っている話を聞く。その中に、日本女子大学関係者のものが多数存在していることを知り、やはり東北大学の後輩で日本女子大学出身の原田夏子とともに遺族と交渉し、日本女子大学への寄託を実現させている。2004 年（平成 16）から 2005 年にかけて、実際に寄託された資料は、阿部次郎宛の日本女子大学関係者（麻生正蔵・茅野雅子・茅野蕭々・平塚らいてう・網野菊・板垣直子・湯浅芳子・鈴木悦）の書簡が 152 通。田村俊子関係の書簡が 26 通となっている。そして、この寄託された書簡は、日本女子大学関係者を中心に翻刻や注・解説などを加える作業が行われ、2010 年に翰林書房から青木生子・原田夏子・岩渕宏子編『阿部次郎をめぐる手紙』（日本女子大学叢書 5）として公開・刊行されている。

　2020 年に東北大学史料館に寄託された書簡資料の中から、現時点で日本女子大学関係者のものは発見できていない。『阿部次郎をめぐる手紙』の刊行によって公開された書簡は、現在も日本女子大学成瀬記念館に保存されている。書簡は主に、阿部が日本女子大学講師に就任した 1917 年から在職していた 1922 年までのものだけでなく、東北帝国大学法文学部教授に就任し仙台に移住した後の昭和前期までのものになっている。このことから日本女子大学講師を退任した後も、阿部と日本女子大学関係者との交流が続いていたことがわかる。

　これに対して、東北大学史料館に寄託された書簡は、阿部が師と仰いだ夏目漱石やその門下生、東北帝国大学関係者からの手紙や、これまで注目されることの少なかった学生との交流や阿部家の人間模様を伝える資料となっている。一部著名な人物を紹介すると、共に漱石を師事した岩波茂雄・野上豊一郎・森田草平、東北帝国大学関係者では青木正兒・児島喜久雄・新明正道・武内義雄・福井利吉郎など、同時代の文化人では江馬修・大西克礼・

九鬼周造・桑木厳翼・羽仁もと子などの書簡が残っている。現在も整理作業中のため正確な数字はわからないが、全体で 4,000 点くらいの数になるのではないかと推測され、阿部の広範な交流を示すものとなっている。

3　阿部次郎書簡をよみとく

（1）兄弟からの書簡

　阿部は、1883 年（明治 16）に教育者であった父・富太郎と母・ゆき（旧姓・竹岡）の次男として誕生している。阿部は 8 人兄弟で、上に長女・ます（1878〜1929）、長男・一郎（1880〜1959、農業指導者）、下に三男・堀三也（1888〜1959、陸軍軍人）、四男・余四男（1891〜1960、広島文理大学教授、動物学）、五男・竹岡勝也（1893〜1958、九州帝国大学・北海道大学・東北大学教授、文化史学）、次女・礼子（1896〜1967）、六男・六郎（1904〜1957、東京芸術大学教授、ドイツ文学）という構成になっており、阿部を含めた 4 名が大学教授になっている。寄託された書簡資料の中には、こうした兄弟から阿部に届いたものが数多く残されている。その一例を見てみよう。次の資料は、1912 年 2 月 12 日に、五男の勝也が山形から東京にいる阿部に送った葉書である。

　　白樺の二月号今達しました。有り難う御座います。

　　小包難有頂戴致しました。

　　白樺は気持の良い雑誌だと思ひました。

　　「お目出度い人」（ママ）「春の夢」又難有御座いました。

　　礼子は新しい詩集を得て喜んで居ります。

　　六ちゃんは僕には何故来ないのだらうと不平を申して居ます。日本昔噺は皆読んで終いましたから又何か送る事にして下さい。矢張り雑誌は一番喜ぶ様です。

　　おっ母さんには別に変りが御座いません。

　（阿部勝也書簡（阿部次郎宛）1912 年（明治 45）2 月 12 日、東北大学大学院文学研究科所蔵／東北大学史料館寄託）

　葉書の中で勝也は、1910 年に創刊された雑誌『白樺』をはじめ、武者小路実篤の小説『お目出たき人』（1911 年刊）、福田夕咲の詩集『春の夢』（1912 年刊）を送ってくれた感謝を阿部に伝えている。そして読み終えてしまった

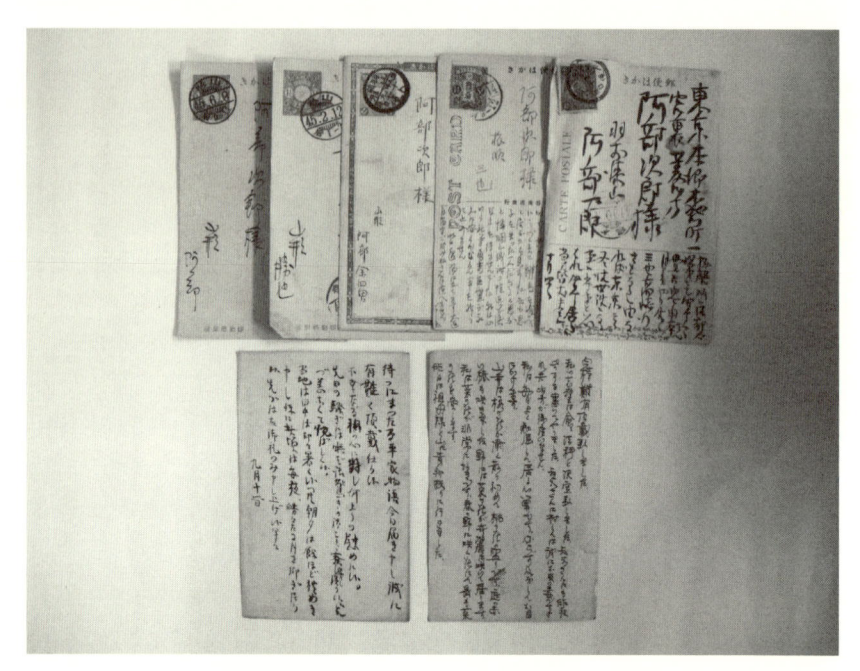

図2　兄弟からの書簡の一部（東北大学大学院文学研究科所蔵／東北大学史料館寄託）

　ものもあるので、また何か本や雑誌を送ってほしいと催促している。葉書に
は阿部と20才以上離れた末っ子の六郎も登場し、ほのぼのとした兄弟の交
流を目に浮かべることができる。実はこの頃、弟たちが阿部に送った書簡を
見てみると、本や雑誌を送ってくれた阿部への感謝を伝えるものが多く残っ
ている。阿部のいる東京から離れて生活する弟たちだが、書籍を通した阿部
の影響があったことがわかる。

（2）師への書簡

　書簡資料群の中には、阿部が師である夏目漱石に宛てて書いた書簡が4点
ほど残っている。その中から1914年11月19日の日付の入った書簡を紹介
したい。この書簡の中で阿部は、漱石の『こころ』を読んだ感想について述
べている。阿部が気になったのは、「先生と遺書」の後半で、明治天皇の崩御、
乃木希典の殉死を契機に、「明治の精神」に殉じて自殺を決行する部分であった。

　　此処まで来て、この心持とこの描写に緊切な興味を持つ自分が、振返っ

て前の部分の発展や進行や対照やその他の興味にひかれて来た自分を見ると何だか無駄なことをして来たやうな気がして少し淋しさを感じました、さうして生意気ですけれども先生の方から云へば先生の芸術の浪費のやうな気がしないわけに行きませんでした　これは批評でも何でもありませんが私の我儘から云へば、彼処の断面をもつと中心に立てゝほかの描写をもつと節していたゞいた方がもつと難有いやうな気がしました

（阿部次郎書簡（夏目漱石宛）1914 年（大正 3）11 月 19 日、東北大学大学院文学研究科所蔵／東北大学史料館寄託）

　阿部はこのように、物語の展開に不満をもらす書簡を漱石に向けて書いている。しかし、この書簡の入っていた封筒には切手や消印がないため、投函されず阿部の手元に残ったものと考えられる。実際に漱石のもとには、翌日穏やかな表現に書き改められた『こころ』の読後感を語る書簡（阿部 1966）が送付されている。率直な感想を自分の師にぶつけようとしたものの、冷静になって取りやめた阿部の心の葛藤とそれに関わる行動は、両者の関係性を考える上で大変興味深いものといえる。

（3）教え子からの書簡

　東北帝国大学教授となった阿部は日々教壇に立つ傍らで、漱石の木曜会にならい、毎週木曜日を面会日として夜自宅に学生を招き親睦を深めていた。阿部の木曜会には、文系の学生だけでなく医学部の学生、旧制二高や東北学院などの他の学校からもバラエティーに富んだ学生が集まり、同じく面会日を設けていた小宮豊隆と双璧をなしていたという。こうした木曜会のエピソードからも阿部が学生から慕われていた教員であったことがわかるが、両者の関係は教え子から届いた書簡からも知ることができる。

　　さて八月はじめ急に疎開いたすこととなりまして表記へまゐりましたため、荷物片付がなか〳〵出来ませず是非仙台へまゐり先生のお許にお尋ね度存じましたので一昨日急な用事もありましてまゐったのでございますがとう〳〵時間がなくてお伺い出来ず残念に存じました。

（河野多麻書簡（阿部次郎宛）1943 年（昭和 18）9 月 1 日、東北大学大学院文学研究科所蔵／東北大学史料館寄託）

　1943 年 9 月、阿部に届いたこの書簡の差出人は、1928 年に法文学部に入

図3　河野多麻（旧姓中村）　　　　図4　星野秀治

（図3・4とも東北大学史料館所蔵の『学生原簿』より）

学した河野多麻（1895〜1985）である。多麻は、在学中に芝蘭会という法文学部の女子大生を主とした親睦組織を発足させた中心人物だといわれている。入学時に他の学生より年配ですでに教員としての経験もあったため、史料館に残る『昭和三年入学法文学部学生原簿』には、「他学生ノ指導者ノ立場ニアリテ活動セリ」と記載されている。卒業後は、実践女子専門学校の教員となり、1975年には「うつほ物語伝本の研究」で東北大学から文学博士の学位を授与されている。多麻は、栗原郡築館町（現在の栗原市）に疎開することになったこと、また仙台に行って阿部に会いたい旨を連絡している。このように卒業後も阿部との交流を継続する学生は多い。

　　昭和十八年の新春を御壮健でお迎へになりましたこと、お喜び申し上げ
　　ます。私も陣中で餅を搗いて松の枝も飾り、大東亜聖戦下第二回目の正
　　月を祝ひ、元気益々旺盛であります。
　　仙台では広瀬川も氷に鎖されて青葉城も白い装ひの頃かと存じます。寒
　　い折とて何卒御自愛下さいます様、お願ひ申し上げます。（句読点、筆者）
　　（星野秀治書簡（阿部次郎宛）1943年（昭和18）1月8日、東北大学大学院文学研究
　　科所蔵／東北大学史料館寄託）

図5　卒業生と阿部次郎 （東北大学史料館所蔵）

　これは軍事郵便として、戦地から阿部のもとに届いた葉書である。差し出したのは、「中支派遣鏡第6814部隊」に所属する星野秀治、日付は1943年1月8日となっている。星野は法文学部文科に所属し、国文学を専攻した卒業生（1934年3月卒）である。星野が戦地から阿部に送った軍事郵便は現在確認できているものが4点ある。いずれも阿部の健康を心配し、自分は軍務に元気で励んでいることを伝えている。また、阿部自身戦地にいる星野に書簡を送っていることも星野の発言からわかる。日本から届く阿部からの便りが、戦地にいる星野の励みになっていたことは想像にかたくない。

　ここでは一部しか取り上げられなかったが、教え子から阿部に届く書簡は、たんに近況を報告するものから相談事（受験・結婚等）まで、その内容は多岐にわたっている。また、阿部が卒業生に書簡を送るという行動をしていたことも、教え子からの書簡を読むと見えてくる。阿部と教え子との関係は、これまで光が当てられることは少なかったが、今後阿部が送付した書簡も収集し、整理作業が進んでいくことで、新たな局面が見えてくるのではないだろうか。

（4）長女からの書簡

　日本社会に資本主義が浸透していき、労働者の貧困問題や社会的な矛盾が露わになると、日本でも社会主義が注目されるようになる。そして、1917年に起きたロシア革命は、日本の知識人たちに社会主義を強く意識させる契機となっていく。そんな風潮の中、阿部は『人格主義』（1922年刊）を主張し、「人格の成長と発展とに至上の価値を置」き、「物質主義と正反対の立場」（阿部1961）をとったため、社会主義者の間から痛烈な批判を受けることになる。

　阿部の長女・和子（1913～1989）は、1930年（昭和5）4月に東京女子高等師範学校（現在のお茶の水女子大学）に入学した。しかし、翌年10月に無産青年同盟女高師連盟に参加していたことを理由に治安維持法違反で検挙されてしまう。これを機に阿部は左翼思想に傾倒する和子に対して、さまざまな形で説諭を試みるが、和子の意志は固く合計4回の検挙を繰り返した。阿部が理想として掲げた人格主義は、実の娘からも批判されることになるのである。

　次の書簡は、1939年8月13日に和子が阿部と母の恒宛てに送ったもので

図6　家族写真（東北大学大学院文学研究科所蔵）
前列左から妻恒、三女千枝子、次女美知子。後列左から長女和子、阿部次郎、次男敬吾。
1939年（昭和14）8月自宅庭で撮影。

ある。この時すでに和子は三度の検挙を経験している。

　私が仙台で仕事をする場合、特高の方で妨害しやしないか、ということも心配するのですが、それを防ぐ為にも、私は、私といふものの信用を、大変大事だと思ひます。中央社会事業協会に居れば、県の社会事業協会とも結びつきが出来るわけですし、県の社会課にも認めてもらへるわけです。(阿部和子書簡（阿部次郎・恒宛）1939年（昭和14）8月13日、東北大学大学院文学研究科所蔵／東北大学史料館寄託)

　1934年、三度目の検挙をされた時に入った仙台署の留置場のなかで、和子は保育の道に進むことを決心したと後に回顧している（阿部和子遺稿・追悼集刊行会編1991）。そして、1936年4月に、家族に反対されていた保母になるため、尚絅女学校専攻部保姆科に入学。1938年3月に卒業し、東京で保育の仕事に就いている。この書簡はちょうどその頃、いずれ仙台で託児所を開設するという夢の実現のため、財団法人中央社会事業協会附属社会事業研究所への転職を相談する内容になっている。これまで阿部家にとって、和子はできれば隠したい存在のように扱われることがあった（大平2004）。しかし、今回整理公開された和子の書簡からは、不器用ながらも力強く生きようとするひとりの女性の姿を想起することができる。このように和子の書簡をよみとくことによって、自分の信念に基づき生きようとする娘と人格主義者の父との確執だけでなく、それを取り巻く阿部家の人間模様を知ることができるのである。

4　視点をひろげる―歴史資料としての書簡―

（1）複数の資料を照合することで見える世界

　史料館に寄託された阿部次郎の書簡資料の中には、宛名、差出人、作成・取得時期が不明なものが多数存在する。こうした書簡は歴史資料として扱いが難しく、価値も見出しにくい。最後に紹介する書簡は、筆跡や内容を見る限り長女・和子が阿部に送ったものと思われる。しかし、この書簡を入れていた封筒は残っておらず、作成時期も記載がない。その一部を見てみよう。

　間借りの事、やはりすることにきめました。いくら何でもせまい花子さんのおうちにそんなに長くお世話になることは出来ません。(中略)

心配して下さることはよくわかりますが、東京へ折角自分らしい生活を
しようと思つてやつてきたのに、又々そんなに束ばくされてはたまりま
せん。

お父さんはあまり私を信じなさすぎます。

私だつてもう子供ではありません。そんな無茶苦茶な行動をするわけが
ないではありませんか。充分充分慎重にやつてゐます。（中略）

どうぞおねがひします。いろ＼／ご迷惑をかけるかはり、私はもうあん
な運動には決してはいらずに真而目（ママ）に勉強しますから、どうぞおゆる
し下さい。（阿部和子（カ）書簡（阿部次郎宛カ）年月日不明、東北大学大学院文
学研究科所蔵／東北大学史料館寄託）

　この書簡からわかることは、まず書き手は東京で住居を借りようとしてい
ること。そして、強い態度で父親の賛同を得ようとしているが、過去に犯し
た過ちにより、信用されていないということである。

　はたしてこの書簡がいつ頃誰によって作成されたものなのか、はっきりし
た情報をこの書簡は教えてくれない。しかし、他の資料と照合することで、
その点が明らかになってくるのである。阿部は書簡以外に日記も多く書き残
している。その日記を丁寧に読み進めていくと、和子が最初に検挙されてか
ら、阿部家の人々がこの長女とどのように接してきたかがわかる。

　1931年10月に最初の検挙を経験した和子は、翌月に東京女子高等師範学
校を自主退学し、仙台の自宅に帰っている。和子にドイツ語を教えるなど更
生の機会を探る阿部だが、和子をめぐって家族内の喧嘩が頻発している。ま
た同窓会に和子を出席させないなど、和子が交友することを警戒している。

　そんな中、1932年3月28日の朝、降雨も気にせず、和子は家出を試みる。
家出に気付いた阿部らはすぐさま和子を捜索。翌日東京にいることを知る。
そして相談の結果、翌月には和子の東京生活を認め、職場も岩波書店に決定
する。こうして自活がはじまった和子に、阿部は20円送金している。以上
のように日記の情報を整理してみると、前に引用した差出人・宛先・作成時
期不明書簡と内容が一致することがわかり、この書簡が和子から阿部に向け
て、1932年4月1日から15日の間に送付されたものだということが判明す
る。つまり、複数の資料を照合し、情報の穴埋めをしていくことで、ひとつ
の資料でははっきりしなかったことが明らかになるということである。

歴史研究の楽しさは、パズル遊びに似ている。多くの資料を読み、自分の中にピースを集め、それを自分なりに実証的かつ客観的に組み上げていく。それは決して容易なことではないが、パズルが完成した時の喜びは何ものにも代えがたい。

（2）書簡は文化財

これまでさまざまな事例を挙げてきたが、書簡を分析することによってその人の心情や取り巻く人間関係などが見えてくる。その意味で、書簡は過去の出来事を現在に伝える貴重な歴史資料のひとつなのである。今もどこかで眠っている書簡資料を収集・整理・保存することは、後世に記録を伝えていく上で重要な作業である。しかし残念なことにどこからか散逸したのだろう、ネットオークションなどで個別に販売される書簡を見ることは珍しいことではない。文化財としての利用を考えた時、書簡は資料群としてまとまった形で収集保存した方が有効的な活用ができる。他の文化財に比べ、書簡がネット上に出品しやすいということもあるのかもしれないが、歴史資料として価値を与えられないまま散逸しているとしたら、それは大きな損失といってよい。

このような問題を検討する上でまず考えなければいけないのは、資料保存を行っているアーカイブ施設の一般への普及であろう。文書館などのアーカイブ施設の存在や役割を知らない人は多いと言わざるを得ず、アーカイブ施設側にとっても克服すべき大きな課題となっている。そこで重要になるのは、学校教育とアーカイブ施設の連携・協力だろう。

『高等学校学習指導要領（平成30年度告示）』「歴史総合」の「内容の取扱い」（61頁）には、「エ　年表や地図、その他の資料を積極的に活用し、<u>文化遺産、博物館や公文書館、その他の資料館などを調査・見学したりするなど</u>、具体的に学ぶよう指導を工夫すること。その際、<u>歴史に関わる諸資料を整理・保存することの意味や意義に気付くようにすること</u>。また、科目の内容に関係する専門家や関係諸機関などとの円滑な連携・協働を図り、社会との関わりを意識した指導を工夫すること」（下線筆者）と記されている。このように歴史教育の現場では、アーカイブ施設の利用だけでなく、歴史資料を保存収集することの意義も教えることが、現在求められているのである。実際にアー

カイブ施設と学校教育との連携は進められており、収蔵資料の教育利用ガイドを作成している施設も存在する。

　もちろん、こうした活動に課題がないわけではないが、今後も学校とアーカイブ施設の連携・協力を深め、地道にアーカイブズ（施設・資料）の重要性を浸透させていくことは大切である。そして、このような活動を通して、書簡資料を包括的に保存管理していくことの重要性を多くの人々が共有し、文化財として未来へと伝えていける環境づくりを進めていかなければならない。

●参考文献

青木生子・原田夏子・岩渕宏子編　2010『阿部次郎をめぐる手紙』日本女子大学叢書5、翰林書房
阿部和子遺稿・追悼集刊行会編　1991『子どもたちを主人公に親たちと歩んだ道』ドメス出版
阿部次郎　1961『阿部次郎全集』6、角川書店
阿部次郎　1963『阿部次郎全集』16、角川書店
阿部次郎　1966『阿部次郎全集』17、角川書店
大平千枝子　1999『父　阿部次郎』東北大学出版会
大平千枝子　2004『阿部次郎とその家族―愛はかなしみを超えて―』東北大学出版会
加藤　諭・曽根原理・岡安儀之・小嶋　翔・仁平政人・杉本欣久・伴野文亮「阿部次郎と法文学部」『東北大学史料館研究報告』18
小松茂美　1976『手紙の歴史』岩波書店
佐々木　隆　1990「近代私文書論覚え書」近代日本研究会編『近代日本の情報』年報・近代日本研究12、山川出版社
佐々木　隆　2000「近代私文書論序説」『日本歴史』628
曽根原　理　2023「阿部次郎に会うことを避けた竹内仁」『東北大学史料館研究報告』18
曽根原　理・伴野文亮・仁平政人　2024『阿部次郎ルネサンス　研究の新地平』ぺりかん社
竹内　洋　2018『教養派知識人の運命―阿部次郎とその時代』筑摩書房

歴史資料

ホーロー看板は戦後の社会をどのように描くのか

柳澤恵理子

ホーロー看板から高度経済成長期における家族の変化をよみとく！

1 ホーロー看板とは

　早速であるが、図1のような看板を見たことがあるだろうか。かつてタバコを販売する店の屋外に掲示されていた、琺瑯製の看板である。赤地に白の楕円が中央に大きく描かれ、その上から黒字で「たばこ」と記されたシンプルなものが多いが、時代によっては右から読むものもあるし、「たばこ」という文字が左上から右下に向かって斜めに記されているものもある。また、看板の下部に「フコク生命」や「中日新聞」「ギフト券取扱店」など、別の広告が記されていることが多いのが〈たばこ〉（以下、〈　〉は商品名）ホーロー看板の特徴である。なお、琺瑯は、現在「ほうろう」「ホーロー」などと表記されることが多いため、本稿で素材や技術について記す際は「琺瑯」、看板を含む製品について記す際は「ホーロー鍋」や「ホーロー看板」と表記する。

　ホーロー看板とは、鉄やアルミなどの金属板にガラス質の釉薬を焼き付けた琺瑯という素材で作られた看板のことである。近代以前の看板は木製や暖簾が主流であったが、明治時代末期頃に琺瑯製の看板が登場し始める（平松2008）。大正・昭和にかけてホーロー看板は大量に生産されるようになるが、通常、ホー

図1　ホーロー看板〈たばこ〉
（北名古屋市歴史民俗資料館蔵）

215

ロー看板には製作年は記されない。ただ、商品の発売時期などがわかればおおよそ検討がつくだろうし、看板に記された横書き文字が右から左方向に書いてあれば戦前のものだとわかる。近代以降、商品の宣伝にはホーロー看板を含め、新聞、ポスター、CMなど様々な広告媒体が利用されてきたが、ホーロー看板だけはほとんど見かけることがなくなってしまった。今では“昭和レトロ”、“ノスタルジー”などと宣伝文句をつけられ高値で売買されていたり、博物館に収蔵されて資料として展示されていたりする。しかし、かつては街を歩いていると目につきやすい、最も身近な広告であったと言え、大正・昭和という時代を象徴するものであった。そうした日本の原風景にマッチしていたホーロー看板から、当時の生活史を探ることができるのではなかろうか。

　本稿では戦後の食品系ホーロー看板に注目する。主として、1968年（昭和43）に発売された〈ボンカレー〉のホーロー看板を取り上げたい。敗戦から立ち上がった日本は、1955年から約20年間で先進国の中でも群を抜いて経済成長を遂げる。賃金が上がり、各家庭の所得が倍増していく中で、大量消費社会が誕生した。“三種の神器”と称されたテレビや冷蔵庫、洗濯機などの耐久消費財も普及し、便利な生活となった。「夫はサラリーマン、妻は専業主婦、子どもは2〜3人」という核家庭が増え、家庭の“画一化”が進んだのがこの時期であった。以上のような時代背景を踏まえて、〈ボンカレー〉のホーロー看板から読み取れる社会の変化について言及する。そして「4　視点を広げる」では、戦前と戦後の〈味の素〉のホーロー看板を取り上げ、記載された情報を比較して時代の変化を読み取る。

　このように、本稿ではホーロー看板を利用して戦後や高度経済成長期における社会の変化を捉える学びを提案したい。

2　ホーロー看板の歴史的背景

（1）近代以前の看板

　あらゆる広告媒体の中でも「屋外広告」に分類されるものに、看板、ポスター、広告塔などがある。これらは街を歩いていると目につきやすいものであるが、日常の風景に溶け込んでいるものも多い。今や珍しいものとなって

しまったが、かつてはホーロー看板もそのような存在であった。このような屋外広告の内、看板はいつ頃生まれたのであろうか。古くは、718年（養老2）の『養老律令』の注釈書『令義解』の「開市令」の条に以下のように記されていることがわかっている（谷1989）。

> 凡市毎肆立標題行名。謂肆者。市中陳物處也。題行名者。假如。題標牒云。絹肆布肆之類也。

（『新訂増補國史大系22律令義解』吉川弘文館より引用）

物を陳列するところである肆ごとに、「絹肆」「布肆」というように販売する品物を標記したものを立てることを義務付けたのである。このことから、8世紀には看板の原初のようなものを確認することができる。鎌倉・室町時代になると、目印の入った暖簾や店先に吊るす看板が出現し、明確に商品を販売するための広告としての看板が多く見られるようになってくる。16世紀に制作された上杉本「洛中洛外図屏風」に多くの看板が描かれていることはよく知られており、例えば、筆屋には筆の絵、床屋には櫛・ハサミ・剃刀の絵などが看板に描かれている。つまり、看板に描かれたものを見ればどのような店なのか判断できるようになっている。そして、江戸時代になって商工業が発展し、商品の流通が活発になると、看板も多様化してくる。当初は小形の長方形や高札形のもので軒先に吊り下げられていたのが、店前に立てる大きな衝立式の置き看板や掛け看板、軒看板、屋根看板など様々な形状のものとなった。製作にお金をかけるようになり、金銀箔や蒔絵で彩られた豪華なものが作られたため、看板は木地に墨書き、金具は銅製に限るといった禁令が出されたという（岩井2007）。看板は平面型のものだけでなく、例えば夜間に商いをする場合は行灯や提灯が看板として使用された。そのほか、米屋・魚屋・髪結屋などは表障子を用いた障子看板、餅屋・寿司屋などは旗看板や幟看板などが多かった（岩井2007）。現代においては看板と言えば平面型をイメージするが、店の名前や商品名を記したものはどのような形状のものであれ"看板"であった。

（2）ホーロー看板の歴史

明治時代になっても看板は有力な広告媒体であったが、その材質に変化が生じた。平面型の看板においては、墨やそのほかの顔料で文字や絵を描いた

図2　ホーロー看板〈精錡水〉
（北名古屋市歴史民俗資料館蔵）

木製看板は変わらずあったが、ブリキやトタンなどの近代的な材質にペンキを塗った看板が登場してきたのである。元々トタンは輸入品であったが、国内で生産が始まったことでトタン製看板は明治時代末期から流行する（岩井 2007）。

　そして、先述したように、琺瑯製の看板も同時期に登場してくるのである。琺瑯は光沢があり、さらに耐久性に優れていたため屋外看板に適していた。工芸分野において「七宝」として名高い琺瑯の技術は、すでに紀元前 1425 年頃のエーゲ海ミコノス島の出土品に見られ、その歴史は古い [1]。日本へは飛鳥時代にシルクロードを通って入ってきたと考えられ、幕末期には鋳鉄のホーロー鍋がつくられたが、実用品に用いられ始めたのは明治時代になってからであった。1885 年（明治18）に大阪の小田新助によって鉄板のホーロー鍋が開発された（藪田 1936）。同時期に和澤与一によってホーロー鉄器の製造が始められ、食器として陸海軍で使われるまでになる（杉本 2018）。ホーロー看板の製造が試みられるのは明治 30 年代から明治時代末期頃で、1915 年（大正 4）に東京琺瑯株式会社が、翌年に大阪の木山標記製造所が製造を始めたという（平松 2008）。本格的にホーロー看板の製造が始まるのは大正時代になってからであった [2]。一方で、1867 年（慶応 3）に実業家・岸田吟香（1833~1905）により販売された日本で最初の目薬・精錡水 [3] のホーロー看板が存在することが知られている（図2）。精錡水は新聞記者でもあった吟香の手により新聞や錦絵などで宣伝されて広まっていくが、彼が没した 1905 年以後は広告から姿を消していくため、精錡水のホーロー看板は明治時代に製作された可能性が高い。このように、ホーロー看板の始まりについては不明な点が多いが、いずれにせよ、明治時代末期から大正時代までに登場したと考えて良いだろう。

3　ホーロー看板をよみとく

（1）〈ボンカレー〉とは

　一口に食品系のホーロー看板と言っても様々なデザインのものがある。商品名だけを記したものもあれば、商品の絵入りのもの、著名人の写真を使用したもの、〈カルピス〉や〈オリエンタルカレー〉のようにキャラクターを使用したものなどがある。

　その中でも印象深いものが、女優の松山容子がレトルトカレーを白いご飯にかけてにっこりと微笑む〈ボンカレー〉のホーロー看板である（図3）。和服姿に洋食という、現代の視点からするとどこかミスマッチな組み合わせである。〈ボンカレー〉は大塚食品工業株式会社（現、大塚食品（株））が1968年2月12日に世界で初めて発売したレトルト食品として知られている。当時、カレーは洋食を代表する料理であり、カレー粉や缶詰での販売が主流であった。大塚食品は他社との競争に勝つためにこれまでのカレーとは違うものを作ることを考えていたところ、ア

メリカのパッケージ専門誌『モダン・パッケージ』に掲載されていた、軍用の携帯食としてソーセージを真空パックにしたものが目に止まり、これをカレーに応用することを思いついたという[4]。さらに大塚食品は「当時は主婦が働きはじめ、家庭内での『個食』が進み始めた時期。一人前入りで、お湯で温めるだけで誰がつくっても失敗しないカレーとして開発した」と述べている（宣伝会議 2018）。現代においてもレトルト食品は共働き世帯や独身世帯、高齢者層にニーズがあり、近年は包装材料がそのまま食器として使えるような商品が求められてきている（葛

図3　ホーロー看板〈ボンカレー〉
（北名古屋市歴史民俗資料館蔵）

良2001）。忙しい現代においては時短アイテムとして、今後益々需要が増していくだろう。

　〈ボンカレー〉は、販売から50年以上経った今も人気の商品である。現在の商品パッケージには、カレーの写真に赤や黄色などの暖色系の円が4つ重なったものがデザインされているが、発売当初は図3のようなデザインが商品パッケージとホーロー看板両方に起用された。なお、当初の〈ボンカレー〉のパウチは中のカレーの色が見える透明性のものであったが、光と酸素の透過を防ぐことができないことから賞味期限が2〜3か月であった。そこで賞味期限を延ばすために、発売翌年の1969年にアルミパウチに変更された（高橋2018）。よってホーロー看板にも透明パウチバージョンとアルミパウチバージョンがあり、図3は前者の貴重なものである。また、松山容子の隣に「牛肉　野菜入り」という文言が記されているが、これは当時、〈ボンカレー〉をルーと勘違いして一緒に野菜や肉を買っていってしまう人も多かったため、そのような説明文が付けられたのだと言う（高橋2018）。素うどんが50〜60円の時代に〈ボンカレー〉は1個80円であったため、「高すぎる」というのが世間の反応であったが、商品を置いてくれた小売店にホーロー看板を設置していくという営業手法で徐々に認知度を高めていった。この時ホーロー看板は、全国で9万5千枚も取り付けられたようである。

（2）〈ボンカレー〉の女性は何者なのか

　テレビが普及してから、茶の間でおなじみとなった著名人がホーロー看板に起用され始める。〈ボンカレー〉に松山容子を起用したのは、当時、国民的な食事であったカレーは“お母さん”が固形ルーやカレー粉を使って一から作るものであったことから、“お母さんをイメージできる女優さん”だったということが理由のようである（高橋2018）。現在、カレーは様々なメーカーで固形ルーやレトルト食品が販売されており、テレビのCMを見ていると女優に限らず、男性俳優がメインで起用されているものもある。また、カレーは一度にたくさん作って家族皆で食べるイメージの料理であることから、俳優たちが夫婦あるいは家族役で登場するCMもある。ボンカレーの場合も、CMでは松山容子と俳優の品川隆二（しながわりゅうじ）が夫婦役で出演していたが、ホーロー看板や商品パッケージは松山容子一人であった。つまり、“お母さん”であり、

家庭の"主婦"が「一人前で、誰が作っても同じ味」のカレーを紹介しているのである。

　筆者はこのホーロー看板を見た際、松山容子を知らない世代ということもあって、彼女がどのような"お母さん"であるのかイメージすることができなかった。筆者の親世代（1954年生まれ）に松山容子について聞いたところ、「洗練された女性」「剣術の強いヒロイン」「専業主婦というよりは働く女性」というイメージを持っていた。一方で「松山容子は働く女性のイメージだけれど、〈ボンカレー〉を持つ女性は専業主婦だと思う」という意見があった。もちろん、全員がそう思うわけではないだろうが、筆者世代の男性（1986年生まれ）に聞いても同じ意見であった。

　なぜ〈ボンカレー〉の女性に専業主婦イメージを持つのであろうか。そもそも、"主婦"とは何であるのか。そこで、戦後の家族史をたどりながら高度経済成長期において"お母さん""家庭の主婦"とはどのような存在であったのか見ていきたい。

（3）高度経済成長期における家族の変化

　〈ボンカレー〉が発売された1968年という時代は、日本は高度経済成長期真っ只中で、経済成長がいっそう著しい時期であった。戦後のインフレ対策として実施されたドッジ・ラインにより不況に陥っていた日本経済は、1950年の朝鮮戦争による特需景気を皮切りに活気を取り戻していく。高度成長の大きな要因は、重化学工業分野における企業の積極的な設備投資と技術革新であったとされている。企業が高い利益を得て労働者の賃金が上がったことにより、個人消費支出を促していくようになった。武田晴人によれば「設備投資と個人消費需要の二つを重要なエンジンにしながら、経済規模の拡大が産業構造の高度化を伴いつつ進展した」ということである（武田 2019）。1960年代後半から70年代前半は大量消費社会が誕生した時期でもあり、テレビや洗濯機、冷蔵庫などの耐久消費財の普及率も格段に高まった。兼業農家が増え、人口が都市部へ大量に流れたことにより公団住宅が建てられ、人々はそこに住み始めた。このように生活様式が著しく変わった時期であった。

　落合恵美子は、戦後日本の家族の形態を「家族の戦後体制」と名付け、(1)

女性の「主婦化」、(2) 再生産平等主義、(3) 人口学的移行期世代が担い手という構造的特徴があるとした（落合 1994）。この 3 つの条件が成立していたのが1955年〜75年までの20年間で[5]、まさに高度経済成長期にあたる。以下、落合の論を具体的に見ていこう。

まず、(1) の「主婦化」とは何であるか。「主婦化」するということは、それまでの女性たちは主婦ではなかったということである。元々、日本の女性たちはよく働いていて、明治時代初期の 1880 年代は 20 代〜40 代までの女性の 70％ が働いていたという。子育てを夫や親族、近隣の人たちと一緒に行っていたため、結婚や出産により仕事が中断するということが無かった。ところが近代化により、産業構造の転換が起こってくると女性の「主婦化」が進んでいく。「主婦化」はすでに戦前（第一次世界大戦後）から新中間層にて見られるが、その時は主婦のほかに家事使用人である「女中」がいた。これが戦後になると「主婦化」が大衆化し、圧倒的多数となっていく。高度経済成長期に第 2 次・第 3 次産業中心の就業構造に転換し、第 1 次産業、すなわち農家や自営業の就業人口が減少したことが大きな要因であった。夫が農家や自営業を辞めてサラリーマンになると、夫とともに働いていた妻（嫁）は自然と専業主婦になっていった。しかも戦後の家庭には女中はいなくなり、家電を利用して主婦が一人で家事を担うようになった。つまり「主婦」というものは近代において誕生したものであり、その大きな要因は「産業構造の転換」だったのである。これは日本に限らず欧米でも同様であった。

次に、(2) の再生産平等主義というのは、(1) に大きく関係している。これは、「皆が 24 歳くらいの適齢期に結婚して 2〜3 人の子どもがいる家庭を作る」というもので、画一主義的なものであった。こうした考えが生まれた背景には、一つはやはり、農業社会からサラリーマン社会へと産業構造が変化したことが関係している。農業において子どもは将来の働き手であるため、多く求められたが、サラリーマン社会では子どもはそのような存在ではなくなり、多く産むこともなくなった。むしろ子どもには別の意味を見出すようになった。そこには、もう一つの理由、フィリップ・アリエス（1914〜1984）が 1960 年に刊行した著書『〈子ども〉の誕生』（邦訳）が関係しているとされる。中世までは「子ども」というものは「小さい大人」でしかなかったが、

17、18世紀頃に中産階級の子どもが学校へ行くようになると、幼児ではないがまだ働いていない時期として、「子ども期」というものが生まれた。「子ども」は大人とは違う存在で、大人が可愛がって教育しなければならないという考えが現れたのである。そうなると、自然と「母」というものも生まれ、女性はまず「母」であるべきだという規範が現れる。このような背景があって、高度経済成長期の日本社会では「少数の子どもに母親がたっぷりと愛情を注いで育てるべき」という規範ができあがり、「夫はサラリーマン、妻は専業主婦、子どもは2～3人」という家庭が多数派となった。そこにはほかの親族はいないので核家族であり、こうした家族は「近代家族（きんだいかぞく）」とも呼ばれる。女性の年齢層別労働率曲線を見ると、25～29歳の労働率は1946～50年生まれの女性、すなわち団塊の世代の女性たちが一番低いことがわかる。当時の25～29歳といえば、ちょうど結婚して子どもを産む時期に当たるだろう。彼女ら（団塊の世代の女性たち）は結婚すると仕事を辞め、主婦となったのである。

　そして、(3) の「人口学的移行期世代」というのは1925～50年生まれの人たち（昭和1桁生まれから団塊の世代まで）で、ほかの世代と比べて人口が約2倍という特徴を持つ。働き手が多いということなので、高度経済成長は人口が多かったからこそ成し得たことでもあった。一方で、労働力過剰という事態も引き起こした。女性を「主婦」にするということは、ある意味で彼女たちの失業対策でもあった。

（4）ホーロー看板から読み取れるメッセージとは

　以上のことから〈ボンカレー〉が発売された1968年は、既婚女性の「主婦化」が進んでいる頃だということがわかり、〈ボンカレー〉の松山容子に専業主婦イメージを抱くことは大いに納得できるだろう。カレーを手にする彼女の背景に、戦後の近代家族、すなわち「夫はサラリーマン、妻は専業主婦、子どもは2～3人」という当時の一般的な家庭が透けて見えるようである。そして、女中がいなくなり主婦が家事を一手に引き受けることになった戦後の家庭において、レトルト食品は家電と同じ役割を持っていたのではなかろうか。

　また、「誰が作っても同じ味」のカレーであることも、当時の画一主義的な風潮を考えれば違和感はない。並松信久は、高度経済成長期において日本

の食生活や食文化が大きく変化したことを述べており、なかでもインスタント食品の台頭について「食品のインスタント化は、主婦が家事を担う「近代家族」が大衆化し、「サラリーマンの夫と専業主婦の妻」で構成される核家族の急増と、ほぼ同時進行でもあった」と指摘する（並松2020）。こうしたインスタント食品は便利である一方、主婦の手抜きを招くとの批判もあったようであるが、大量消費社会においてテレビが普及し、様々な情報が流通するようになると日本人の食生活も「均質化」「画一化」へ向かっていったという（並松2020）。皆が同じような生活を送っている時、テレビやホーロー看板で"国民のお母さん"がレトルトカレーを食卓に並べているのを見れば「主婦がレトルトカレーを食卓に並べるのは普通のことなのだ」「世間の食卓は今、〈ボンカレー〉を食べているのだ」と思い込むことはたやすいのではなかろうか。ましてやホーロー看板は、全国に9万5千枚も取り付けられたのである。宣伝効果は抜群であっただろう。

　しかし、〈ボンカレー〉のホーロー看板から読み取れることは、「近代家族」の姿だけではない。落合によれば、専業主婦率が最も高かった団塊の世代の女性たちは、子どもが中学校に入学した時期、30代で一斉に再就職していったという（落合1994）。1973年のオイルショック以降、夫たちの賃金の上昇が見込めず、家計を補助するために主婦たちは働く必要が生じたのである。同時に、1970年代初めに起こってきたウーマンリブ運動とも関係しているだろう。結婚しても退職しない風潮も出てきて、1960年代から70年代は「主婦化と脱主婦化のトレンドがまさにせめぎあっていた」のである（落合2005）。一度は専業主婦となったが、子どもが育ったあとの人生の方が長い。当時の〈ボンカレー〉は高額商品であったことからたまの贅沢品という位置づけだったかもしれないが、ホーロー看板からは、便利な食品を使って「外に出て働こう」、「"お母さん"の味に縛られず、自分らしく生きよう」と、主婦のこれからの生き方を後押しするようなメッセージが込められているのではなかろうか。

4　視点を広げる──ホーロー看板が象徴する時代──

　ホーロー看板は耐久性が高く、ロングセラー商品を紹介するのに長けた広

図4　ホーロー看板〈味の素〉（北名古屋市歴史民俗資料館蔵）

告媒体である。同じデザインのものを長く使用することができるが、〈ボンカレー〉のパウチが透明製からアルミ製に変わった時など、商品の変化に合わせて看板も作り替えていた。よって同じデザインに見えても、細部が異なるホーロー看板が存在する。ここでは同一商品のホーロー看板を比較し、時代の変化を読み取る学びを提案する。

　ここで取り上げるのは、〈味の素〉のホーロー看板である。〈味の素〉は1909年に発売されたうま味調味料で、東京帝国大学教授であった池田菊苗博士（1864〜1936）が発明したグルタミン酸ナトリウムを成分としたものである。当時、ヨード事業などで成功していた鈴木製薬所の2代目鈴木三郎助に事業化を依頼したことで販売が実現した[6]。

　〈味の素〉のホーロー看板は、赤い吸い物椀に大きく「味の素」と記されていることが特徴である。図4左のように長方形型の看板に吸い物椀が描かれているものもあれば、図4右のように看板そのものが吸い物椀型になっているものもある。シンプルだが、赤地に力強く書かれた「味の素」という字が目をひくデザインとなっている。両看板とも上部に穴が二つ空いているため、軒吊り用だとわかる。2代目鈴木三郎助は〈味の素〉の販売のために広告に力を入れ、新聞やパンフレット、看板を作っており、吸い物椀型の看板は発売当時からあるものだが、元々素材は木製であった。耐久性の問題からすぐにホーロー製に改められたという。明治時代末期の販売時から〈味の素〉のホーロー看板は作られていたことがわかる。

　看板に記された情報に注目したい。先述したように、ホーロー看板は製作年がはっきりしないものが多いが、記されている情報である程度予想可能で

ある。図4左の場合、文字が右から左方向へ記されているため戦前のものだとわかる。また、椀の蓋部分には「世界的調味料」とあり、「味の素」という文字の下には「株式会社鈴木商店　東京大阪」と書かれている。対して、図4右は文字が左から右方向に記されているため戦後に作られたものである。また、椀の蓋部分には「世界の調味料」とあり、「味の素」という文字の下には「登録商標」「味の素株式会社」と記されている。当時、〈味の素〉はそれまでになかった未知の食品であったため、販路を拡大させながら徐々に認知度を高めていき、販売開始から約10年かけてようやく赤字から脱出することができたという。2代目鈴木三郎助は、1912年に鈴木製薬所と〈味の素〉事業を一本化して合資会社鈴木商店を設立、1917年には株式会社鈴木商店とし、事業拡大に努めていく。よって、ホーロー看板に「株式会社鈴木商店」と記されているものは1917年以降のものだとわかるが、「世界的調味料」という言葉は1920年代から新しく加えられた商品のキャッチフレーズである。また、〈味の素〉の事務所（味の素本舗）は販売時から東京にあり、1910年には大阪出張所が設立されるが、大阪出張所は1920年に大阪支店に昇格する。よって「東京大阪」という表記がなされたのであろう。このことから、図4左のホーロー看板は1920年以降に製作されたものであると考えられる。

　一方、図4右のホーロー看板は先述したように戦後のものであることがわかり、さらに「味の素株式会社」と社名が変わっている。社名変更はどの会社においてもよく行われたことであるが、鈴木商店は時代にかなり翻弄されたことが窺える。株式会社鈴木商店は1932年に社名を「味の素本舗株式会社鈴木商店」に変更するが、戦時中の経済統制によって〈味の素〉事業の縮小を余儀なくされると、社名が実情にそぐわないとの理由から1940年に「鈴木食料工業株式会社」となる。軍需品の製造を強いられ、1943年には陸軍省の指示で社名が「大日本化学工業株式会社」となった。ここで創業者の「鈴木」の名前が消えることになったのである。戦後、ようやく〈味の素〉の生産に戻れることとなったが、ここでGHQによる財閥解体という危機が訪れる。アメリカはじめ連合軍の認識では、財閥とその財閥を主導してきた財閥一族が日本経済を支配し、軍国主義をサポートしたことで日本は侵略戦争を起こしたということであった。三井・三菱・住友・安田などの15財閥の資産が凍結、解体となり、持株会社整理委員会によって持株会社83社と財閥

家族56名が指定され持株が委員会へ譲渡、一般に売り出されていった。大日本化学工業株式会社は、この財閥解体の対象となることに危機感を抱いており、いくつかの対策を講じた。その一つが社名の変更だったのである。〈味の素〉生産に戻ることと、「鈴木」の名前を取り除くことで同族会社イメージを払拭し、1946年に「味の素株式会社」に改称したのであった[7]。また、看板の「登録商標」という文字からも同社の努力が窺われる。戦後、商品の広告に力を入れることで売り上げを伸ばしブランドイメージを向上させていたが、やがて〈味の素〉の商標に便乗して類似品や偽造品が出回るようになった。こうした粗悪品が〈味の素〉のブランドイメージを傷つけるとのことで、1955年の常務会で普通名称化防止策を決定し、他業者がグルタミン酸ナトリウムを添加した商品に「味の素入り」と記載することを原則として禁止するなどの対策を取った。そして、新聞などで商品のPRを行う際は〈味の素〉が登録商標であることを強調するようになったのである。このことから、図4右のホーロー看板は、味の素株式会社となった1946年以降のものであり、敢えて「登録商標」と記載されている点からは、1955年以降に製作されたとも考えられよう。

　以上のように、〈味の素〉のホーロー看板に記載された情報について社史と照らし合わせながら考察していくと、看板の製作年代をある程度特定することができただけでなく、一つの企業を軸に時代の変化を読み取ることができた。とくに、「味の素株式会社」への社名変更の背景には、戦後の日本経済の民主化、すなわち財閥解体という重要な出来事があった。こうした見方がすべてのホーロー看板において可能とは言えないが、ホーロー看板を利用して一つの企業の歴史を探ることで、日本の近現代史を把握することができると考える。とくに、現代においても馴染みがあり、子どもたちが知っている企業であれば自ら調べる意欲も沸くのではなかろうか。自分たちが暮らす地域発祥の企業であれば尚更である。

　本稿では、ホーロー看板を利用した戦後の日本社会・経済における学びを提案してきた。ホーロー看板は貴重なものになりつつあるが、今も時折見かけることがあり、現段階で文化財とは言えないものである。しかし、特定の時代を象徴するものとして注目すべき存在であり、多方面から近現代史の学びに利用することが可能ではなかろうか。

●註

1) 一般社団法人日本琺瑯工業会 HP「ほうろうの歴史」(https://www.horo.or.jp/tips/history/)（2022 年 11 月 30 日閲覧）

2) 平松は、1901 年に五十嵐某が鉄板琺瑯文字板を研究生産して鉄板琺瑯看板の基礎を作ったという記述を『日本琺瑯工業史』から抜粋したうえで、明治時代末期にホーロー看板の製作が始まると見なされることが多いが、1901 年の五十嵐某の研究生産は個人的な創業であったため、大正時代がホーロー看板の草創期にあたるとしている（平松 2008）。

3) 精錡水の歴史については「津山の歴史あ・ら・か・る・と」『広報津山』2021 年 7 月号（https://www.city.tsuyama.lg.jp/common/photo/free/files/14302/800_26-27.pdf）（2023 年 1 月 19 日閲覧）を参照。

4) ボンカレー公式サイト（https://boncurry.jp/）（2023 年 1 月 2 日閲覧）

5) 落合は、この構造が終わりを迎えたのが 1975 年としていたが（落合 1994）、1991 年のソ連崩壊やバブル経済の破綻など、90 年代こそが国際的にも国内的にも転機であったとする見方がでてきたことから、終わりは 15 年延長されたと述べている（落合 2005）。

6) 味の素グループの 100 年史（https://www.ajinomoto.co.jp/company/jp/aboutus/history/story/）（2023 年 1 月 10.11.12 日閲覧）

7) なお、味の素社は 1948 年に過度経済力集中排除法（集排法）の指定を受けることとなったが、集排法の適用面での緩和を受け、最終的に指定は解除されて解体を免れた。

●参考文献

岩井宏實　2007『ものと人間の文化史 136　看板』法政大学出版局

落合恵美子　1994『21 世紀家族へ─家族の戦後体制の見かた・超えかた』第 4 版、有斐閣

落合恵美子　2005「世界のなかの戦後日本家族」『日本史講座第 10　巻戦後日本論』東京大学出版会

葛良忠彦　2001「レトルト食品包装─日本におけるレトルト食品の歴史は、「ボンカレー」が商品化されたことに始まる」『Packpia』45（1）、pp.40-45

杉本厚典　2018「近代大阪における産業マップの作成─金属及び器具・車両・船舶工業の事例─」『大阪歴史博物館研究紀要』16、pp.33-64

宣伝会議　2018「ロングセラーブランドのコミュニケーション戦略（VOL.103）大塚食品ボンカレー」『宣伝会議』91

高橋綾子　2018「ザ・ユーザー大塚食品（株）ボンカレー 50 周年、パッケージから始まった技術革新　食生活の変化に対応「他にはない画期的なものを」」『コンバーテック』46、pp.2-7

武田晴人　2019『日本経済史』有斐閣

谷　峯蔵　1989『日本屋外広告史』岩崎美術社

並松信久　2020「高度経済成長期における食文化の変貌─食のフュージョン化をめぐって─」『京都産業大学日本文化研究所紀要』25、pp.198-150

平松弘孝　2008「琺瑯看板私考」佐溝　力・平松弘孝編『日本ホーロー看板広告大図鑑─サミゾチカラ・コレクションの世界─』国書刊行会

藪田利三郎　1936「琺瑯について」『大日本窯業協會雑誌』44（524）、pp.554-559

職人の作業がみられる博物館
足袋とくらしの博物館

島村圭一

　埼玉県行田市は日本有数の足袋(たび)の生産地として知られている。江戸時代、忍城(おしじょう)の城下町として発展し、周辺地域で綿栽培や青縞(あおじま)(藍染物)の生産が盛んで原料の入手が容易であったことなどから、足袋の生産が始まり、下級武士や農家の副業として発展した。

　明治時代後半には機械化により大量生産が可能となり、大正から昭和の初期にかけて全盛期を迎えた。1938年(昭和13)には、約200社で約8,500万足を生産し、全国の足袋の8割のシェアを誇った。市内には工場のほかに、足袋を保管するための足袋蔵が建てられ、80棟ほどが現存している。

　足袋は、13ないし14の工程で生産されるが、このような技術や、足袋をめぐる歴史や文化を後世に伝えるため、NPO法人ぎょうだ足袋蔵ネットワークが設立され、2005年(平成17)に足袋とくらしの博物館が開館した(開館は土日のみ)。博物館の建物は、牧野本店という老舗の足袋商店の大正時代後半に建てられた工場を、整備・改装したものである。

　博物館には、足袋に関する展示のほか、様々なタイプのミシンが置かれて工場が再現されており、足袋職人による足袋づくりの実演をみることができる。また、第2日曜日には「My足袋」づくりの体験もできる(有料で、事前申込が必要)。産業技術に関する展示をする博物館はあるが、職人による生産工程を実際にみることができるところは少ないだろう。職人の作業を間近にみて、息づかいを感じながら、ものづくりについて学ぶことができる。

　2017年には「和装文化の足元を支え続ける足袋蔵のまち行田」として日本遺産に認定された。

足袋とくらしの博物館 (筆者撮影)
上：職人作業　右：展示風景

収集は「もう一つの創造」
芹沢銈介コレクション

下山　忍

　1989年（平成元）に開館した東北福祉大学芹沢銈介美術工芸館は、日本を代表する染色作家・芹沢銈介（1895〜1984）の作品と収集品あわせて約1万5,000点を所蔵している美術館である。大学のキャンパス内にあり、学生への鑑賞教育・ワークショップなどを行うほか、一般来館者も積極的に迎えており、地域に開かれた大学ミュージアムとして所蔵品の展示・普及に取り組んでいる。

　芹沢銈介は、染色の伝統技法「紅型」との出会いをきっかけに、独自の芸術を創造し、「型絵染」の人間国宝に認定されたことで知られる。その作品は着物・のれん・屏風・本の装幀・商業デザイン・建築の内装など多岐にわたり、「見る」だけでなく「使う」ことによって一層豊かに感じられるものが多い。これは柳宗悦とも親しく民芸運動に深い共感を寄せていた芹沢が、芸術とは暮らしの中でこそ彩りを増すものだと信じていたからであろう。確かな技術と豊かな創造性によって表現される作品は、親しみやすさと明るさを持ちながら、静けさや気品を兼ね備え、多彩な魅力を放っていると言える。

　また、芹沢銈介は、自らの創作活動の参考とするために、多くの工芸品等を収集していたので、同館の所蔵する「芹沢銈介コレクション」には、アフリカのマスク・染織品・木工・土偶・土器等、中南米の染織品、インド・東南アジアの染織品・装飾品、中国・台湾・朝鮮の染織品、日本の染織品・絵馬・箪笥・漆器等、世界各地の資料が収蔵されている。これらは、いずれも人びとの生活に深く根ざしたものばかりであり、芹沢の思想と審美眼によって選ばれた美の世界が確立されていると言える。

　同館ではさらに、こうした芹沢の遺志を受け継ぎ、北国の染織品や東北のやきものを中心に新たな資料を収集している。これら「美術工芸館コレクション」の中には、貴重なアイヌの工芸品や絵画も含まれている。

東北福祉大学芹沢銈介美術工芸館の展示風景
（東北福大学芹沢銈介美術工芸館提供）

災害と文化財防災・歴史教育

會田康範

現在、私たちの日常生活は、災害と隣り合わせの生活であるといっても過言ではない。本稿を執筆している 2023 年は、1923 年 9 月 1 日に起こった関東大震災から 100 年である。それ以降も幾多の災害が発生し、筆者自身はこれまで直接的に大きな災害にあった経験はないが、この 2、30 年ほどを振り返ってみても阪神・淡路大震災や東日本大震災、さらには近年の西日本豪雨災害といった大規模な激甚災害のほか、日本国内だけでなく海外においても人類はこれまで多くの災害に見舞われてきた。日本の法的には「暴風、竜巻、豪雨、豪雪、洪水、崖崩れ、土石流、高潮、地震、津波、噴火、地滑りその他の異常な自然現象又は大規模な火事若しくは爆発その他その及ぼす被害の程度においてこれらに類する政令で定める原因により生ずる被害」を災害と規定している（災害対策基本法第二条）。

1995 年の阪神・淡路大震災では、被災後の復興に向けて人びとの間にボランティア意識が高まり、この年は日本におけるボランティア元年ともいわれている。金井景子編著『声の聴こえる防災教育』（学文社、2023 年）は、著者らが実践してきた被災地でのボランティア活動を通し、その要になっていることは被災地とともに生きる人びとの声に耳を傾け共生する意識であると説き、大いに賛同できる点である。

災害は自然災害と事故災害に分類されるが、ともに被災すれば、私たちの大切な人命や財産のみならず文化財にも大きな損害を与えることになる。こうした被災文化財を救済するため、阪神・淡路大震災の際に文化庁を中心にした文化財レスキュー活動が組織的に展開されるようになり、東日本大震災でもレスキュー活動により多くの被災文化財が救出された。こうした取り組

金井景子編著『声の聴こえる防災教育』

みを背景にして、2020年10月には国立文化財機構本部に文化財防災センターが常設され、文化財防災の恒常化が展開されるようになった。高妻洋成・小谷竜介・建石徹編『入門大災害時代の文化財防災』（同成社、2023年）では、同センター所属の専門家が有形の動産文化財のみならず、建造物や無形文化財、文化的景観や伝統的建造物群も含め、文化財ごとに対処法も異なる防災・減災、救済のための措置について具体的な経験に基づいて述べられている。そ

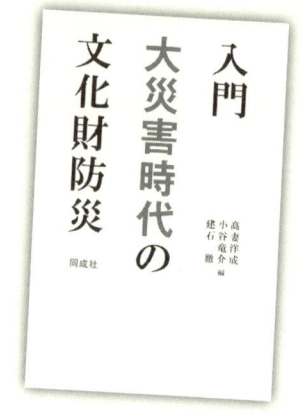

高妻洋成・小谷竜介・建石徹編
『入門大災害時代の文化財防災』

れに加え、文化財防災に関しての人材育成や地域ネットワークの重要性なども示され、極めて重要な指摘といえる。

　歴史学研究や歴史教育に携わる者としては、その人材育成に関し、前掲の金井らの実践に学び、その一例として被災地以外の大学等で歴史学や歴史教育を学んでいる学生、その教員らがボランティアとして被災文化財の救済活動に参加するなどの措置を講じることも有効な手立てになり得ると考える。なぜなら、あらゆる歴史叙述の根拠となる史資料は、文化財という一面を兼ね備えているのであり、そのことを最もよく理解している当事者である人材に他ならないからである。

　また改めていうまでもないが、文化財は人類の共有財産であると理解することが肝要で、それを保護しようとする活動の源泉には文化財保護思想の涵養が不可欠である。そのためには、学校の歴史教育の機会や博物館での取り組みも重要な役割を担っているといえるだろう。本書を刊行した目的とも照らし合わせ、こうした課題を今後も自分事として考えていきたい。

おわりに

　私たちは、前作『文化財が語る日本の歴史　政治・経済編』の「おわりに」の中で、明治神宮外苑再開発をめぐる問題について触れた。まず、その中で紹介させていただいた坂本龍一氏逝去の月について、誤記したことをお詫びしたい。正しくは、小池百合子東京都知事宛ての手紙を書いた2023年2月24日から約ひと月後の同年3月28日、坂本氏は71歳でその生涯を閉じ永眠したのであった。

　その後、東京では都知事選挙が2024年夏に展開し、選挙戦ではこの問題が一つの争点に浮上した。立候補者の一人であった蓮舫氏は、再開発にあたっての樹木伐採について、環境アセスメントなどを改めて厳格に検証し再開発の是非を住民投票も実施して再検討するとし、現職都知事小池百合子氏と争う姿勢を示した。しかし、七夕の日に行われた投票の結果、現職の再選となり、都知事選は幕を閉じた。

　再開発事業が政争の具となった一件だが、この問題はもともと市民運動、住民運動として立ち上がったものである。外苑の杜を市民、住民の手で守りたい、それは政治の手に委ねてばかりはいられない、という思いも源泉にあったのではないだろうか。なぜなら、この杜が誕生した歴史的背景を踏まえれば、全国各地の人びとから寄せられた寄付金や献木、青年団による勤労奉仕で営まれ人びとの健康や文化の向上に資されてきた杜だからである。だからこそ、この問題には、今後も一市民として注視していきたいと思っている。それは、

現代社会を生きる者の使命として地球規模での環境の保全・保護を考え、文化財でもある外苑の杜を未来の子どもたちにも受け継いでいってもらいたいと願う気持ちであるからに他ならない。

　都知事選の翌日、東京新聞のコラム「筆洗」は、童謡詩人金子みすゞの詩「七夕のころ」の一節「風が吹き吹き笹藪（ささやぶ）の、笹のささやきききました」などを引用し、この選挙について、「有権者はこのタイミングでの都政の刷新を望まなかったようである。（中略）小池さんの取り組みに対し、今しばらく、見守ってみようという気分もあったのだろう。（中略）小池さんには再度＜笹のささやきききました＞を教えたくなる。当選したからと独善に走らず、選挙戦で聞いた都民の声や対立候補の意見も大切な「ささやき」として耳を傾けていただきたい。神宮外苑の再開発問題についてもしかりである。都民の書いた願いの短冊。それは小池さんへの白紙委任状ではなかろうて」と述べている。そして、一部報道によれば、2024 年 8 月 27 日の時点で再開発事業者が樹木の伐採本数削減案をまとめた、とされている。今後も短冊に記した人びとの願いに行政や事業者が耳を傾け、協働してより良い方向に進むことを期待したい。

　さて、本書は「はじめに」でも触れたように、前々作、前作に続くものである。これまで同様、大切にした視点は、あらゆるモノは指定・登録の有無を問わず、文化財となる可能性を有するという点である。加えて、それはたとえ非現用となって倉庫の片隅に追いやられたモノ、あるいは身近なところに何気なく佇んでいるモノであっても、それを主語にして歴史を語ってもらおうという

点である。そうしたモノに焦点を当て、そこからどのような日本の歴史を紡ぎ出すことができたか、その評価は読者諸氏に委ねるしかない。多くのご意見、ご批判をいただければ編者としては大変ありがたく、今後はさらに読者諸氏と執筆者それぞれによって、文化財を通してより多くの新しい日本の歴史が紡ぎ出されることになるであろうと確信している。

　最後になりますが、これまで三作に及ぶ私たちの未熟な企画を書籍として世に送り出してくださった株式会社雄山閣の皆様に厚く御礼申し上げます。そして、その過程全般にわたり、編集者の桑門智亜紀氏には暖かく、時には厳しく叱咤激励していただいたお陰でここまで辿り着けたことを心から感謝します。

2024 年 8 月 31 日

會田康範・下山　忍・島村圭一

◉執筆者一覧◉ （執筆順）

工藤雄一郎 （くどう・ゆういちろう）

学習院女子大学国際文化交流学部教授

◉読者へのメッセージ
埋蔵文化財には過去の人々の生活文化を紐解く情報が詰まっています。まずは身近な遺跡を探してみましょう。

冨樫　進 （とがし・すすむ）

東北福祉大学教育学部准教授

◉読者へのメッセージ
私たちの身近にある文化財は、地域の歴史や文化の〈語り部〉です。文化財との〈対話〉を楽しんでみませんか？

松井吉昭 （まつい・よしあき）

元開智国際大学教授

◉読者へのメッセージ
文化財の考え方を取り入れての考察は、歴史の見方にも関わる。

石野友康 （いしの・ともやす）

加賀藩研究ネットワーク代表

◉読者へのメッセージ
ユネスコ無形文化遺産に登録された金箔（縁付金箔）について知っていただけると幸いです。

駒田和幸 （こまだ・かずゆき）

ミニコミ誌編集者・元高校教員

◉読者へのメッセージ
未文化財：歴として存在しながら史となり得なかったものたちのかすかな痕跡を探して。

磯野治司 （いその・はるじ）

北本市教育委員会参事

◉読者へのメッセージ
地域のさまざまな文化財に目を向け、地域の魅力を再発見してください。

岡安儀之 （おかやす・のりゆき）

東北大学学術資源研究公開センター史料館学術研究員

◉読者へのメッセージ
文化財は、多様な人間の営みにふれる貴重なツールです。大切に残していきましょう。

柳澤恵理子 （やなぎさわ・えりこ）

遠山記念館学芸員／埼玉学園大学非常勤講師

◉読者へのメッセージ
「昭和レトロ」なだけではないホーロー看板の魅力を、感じてもらえれば幸いです。

◉編者紹介◉

會田康範 (あいだ・やすのり)

学習院高等科教諭／獨協大学非常勤講師ほか
1963 年埼玉県生まれ。國學院大學大学院文学研究科博士後期課程単位取得満期退学

【主な著作・論文】
『川が語る東京―人と川の環境史―』山川出版社、2001 年（共編著）
『博物館学事典』全日本博物館学会編、雄山閣、2011 年（共著）
『もういちど読む 山川日本史史料』山川出版社、2017 年（共編著）
『「歴史的思考」へのいざない―人びとをつなぐ歴史の営み―』戎光祥出版、2024 年
「利用者の立場からみた歴史系博物館等への指定管理者制度導入について」『歴史学研究』第 851 号、
　　2009 年
「博物館史における三宅米吉の位置―「博学連携」史の一側面―」『國學院雑誌』第 118 巻第 11 号、
　　2017 年
「歴史系博物館と歴史教育・総合的な探究の時間の親和性について―「博学連携」と高校日本史教
　　育の課題を中心として―」青木豊先生古稀記念発起人会編『21 世紀の博物館学・考古学』雄山閣、
　　2021 年

◉読者へのメッセージ
文化財が語る日本の歴史に耳を傾けると、過去への理解はさらに広がります。

下山　忍 (しもやま・しのぶ)

東北福祉大学教育学部教授／東北大学文学部非常勤講師
1956 年群馬県生まれ。学習院大学大学院人文科学研究科史学専攻修士課程修了

【主な著作・論文】
『学力を伸ばす日本史授業デザイン』明治図書出版、2011 年（共編著）
『武蔵武士を歩く』勉誠出版、2015 年（共著）
「学習指導要領の改訂～『歴史総合』の趣旨～」『歴史と地理』727 号、2019 年
「北条義時の発給文書」北条氏研究会編『北条氏発給文書の研究』勉誠出版、2019 年
「高等学校におけるカリキュラム・マネジメントの推進～埼玉県立不動岡高等学校『F プラン』の事
　　例から～」『教職研究』2020、東北福祉大学、2021 年（共著）
「『アイヌ人物屏風』と『種痘施行図』～ 2 つのアイヌ絵の教材化をめぐって～」『東北福祉大学芹
　　沢銈介美術工芸館年報』12 号、2021 年
『文化財が語る日本の歴史』雄山閣、2022 年（共編著）

◉読者へのメッセージ
文化財と語り合うことで、様々なことが見えて来ます。

島村圭一 (しまむら・けいいち)

城西大学経済学部非常勤講師／宮代町文化財保護委員会委員長
1961 年神奈川県生まれ。上越教育大学大学院学校教育研究科修士課程修了

【主な著作・論文】
『みて学ぶ埼玉の歴史』山川出版社、2002 年（共著）
『50 場面でわかる「中学歴史」面白エピソードワーク』明治図書出版、2011 年（共編著）
『問いでつくる歴史総合・日本史探究・世界史探究』東京法令出版、2021 年（共編著）
「上杉禅秀の乱後における室町幕府の対東国政策の特質について」『地方史研究』第 249 号、1994 年
「近世の棟札にみられる中世の記憶―武蔵国埼玉郡鷲宮社の修造をめぐって―」佐藤孝之編『古文
　　書の語る地方史』吉川弘文館、2010 年

◉読者へのメッセージ
「未来の文化財」を探し、大切に伝えましょう。

2024年9月25日　初版発行　　　《検印省略》

文化財が語る　日本の歴史
社会・文化編

編者
會田康範・下山　忍・島村圭一

発行者
宮田哲男

発行所
株式会社 雄山閣

〒102-0071　東京都千代田区富士見2-6-9

Ｔｅｌ：03-3262-3231

Ｆａｘ：03-3262-6938

URL：https://www.yuzankaku.co.jp

e-mail：contact@yuzankaku.co.jp

振　替：00130-5-1685

印刷・製本
株式会社ティーケー出版印刷

ISBN978-4-639-02926-7 C0021
N.D.C.210　240p　21cm
©Yasunori Aida, Shinobu Shimoyama & Keiichi Shimamura 2024
Printed in Japan